W0325470

DROEMER

Über den Autor:

Matt Haig, Jahrgang 1975, ist ein britischer Autor. Seine eigenen Erfahrungen mit Depressionen und Angststörungen sind auch stets ein zentrales Thema in seinen Büchern. Zuletzt sind von ihm das Sachbuch »The Comfort Book« sowie die Romane »Ich und die Menschen« und der Bestseller »Die Mitternachtsbibliothek« erschienen. Im August 2024 erschien sein neuer Roman »Die Unmöglichkeit des Lebens«. Matt Haig lebt mit seiner Familie in Brighton.

MATT HAIG

NACHRICHT VON DAD

Roman

Aus dem Englischen
von Tatjana Kruse

DROEMER

Die Originalausgabe erschien 2006 unter dem Titel
»The Dead Fathers Club« bei Jonathan Cape, London.

Besuchen Sie uns im Internet:
www.droemer-knaur.de

MIX
Papier | Fördert gute Waldnutzung
FSC® C014496

Taschenbuchausgabe September 2024

Ein Imprint der Verlagsgruppe
Droemer Knaur GmbH & Co. KG, München
Die deutsche Erstausgabe erschien 2008
im Goldmann Verlag, München.

Published by arrangement with Canongate Books Ltd, 14 High Street,
Edinburgh EH1 1TE
Covergestaltung: Verlagsgruppe Droemer Knaur
nach einem Design von Peter Adlington
Coverabbildung: Peter Adlington
Satz und Layout: Adobe InDesign im Verlag
Druck und Bindung: GGP Media GmbH, Pößneck
ISBN 978-3-426-30833-2

2 4 5 3 1

WIE ICH DAD DAS ERSTE MAL NACH SEINEM TOD SAH

Ich ging den Flur hinunter und stieß die Tür auf und trat in den Rauch und alle verstummten, als ob ich der Geist wäre.

Carla, die Barfrau, trug ihre runden Ohrringe und ihre müden Augen. Sie schenkte Bier ein und lächelte mir zu und wollte etwas sagen, aber da floss das Bier über.

Onkel Alan, der Dads Bruder ist, trug den Anzug, der ihm zu eng war, und sein Hals wölbte sich über den Kragen wie der Schaum über dem Bierglas. Seine großen Hände waren noch fleckig vom Reparieren der Autos in seiner Werkstatt und sie lagen auf Mums Händen und Mum hatte den Kopf gesenkt, als ob sie traurig wäre, und Onkel Alan senkte auch den Kopf und hob Mums Kopf mit den Augen hoch. Er redete auf Mum ein und sah mich eine Sekunde lang an. Er schaute mich an, sagte aber nichts. Er wandte sich nur wieder Mum zu und Worte purzelten aus seinem Mund, die sie Dad vergessen ließen.

Oma mit ihren silbernen Krücken auf dem Stuhl neben ihr saß abseits und trank Saft, der rot war wie Blut.

Als sie mich entdeckte, kniff sie die Augen zusammen und ihr Gesicht sah noch faltiger aus. Ihre knochige Hand sagte Komm her, komm her, also ging ich hin und setzte mich zu ihr und sie starrte mich zuerst nur an, ohne etwas zu sagen. Sie blickte alle der Reihe nach an und machte Ssssss wegen ihrer Schmerzen, als ob sie etwas gestochen hätte.

Nach einer Weile sagte sie Ist ja gut, Kleiner. Alles wird wieder gut.

Oma wohnt in Sunderland und sie spricht Sunderländisch. Mum wohnte früher auch in Sunderland, aber sie hasst es und sagt, es ist eine Geisterstadt, und nur wenn sie sich mit Oma unterhält, spricht sie ein klein wenig Sunderländisch, aber meistens spricht sie ganz normal.

Oma sagte Jetzt bist du kein kleiner Hüpfer mehr, mein Sohn. Jetzt bist du der Mann im Haus.

Ich bin elf, also bin ich kein kleiner Hüpfer und ich bin auch kein Mann, aber ich sagte nichts, nickte nur ein bisschen mit dem Kopf und dann kam Carla mit einem Glas Pepsi.

Carla sagte mit ihrer krächzigen Froschstimme Da hast du ein Glas Pepsi, Süßer.

Sie stellte es auf den Tisch und lächelte mich mit ihren schmalen Lippen an und kratzte sich an einer trockenen Stelle am Arm und lächelte dann Oma an und ging zurück zur Theke.

Oma redete weiter und ich trank einfach meine Pepsi und sah die anderen Leute an. Ich glaube, die meisten waren froh, dass der Pub geöffnet hatte, und sie unterhielten sich lauter als bei der Beerdigung, weil Beerdigungen leise machen und Bier laut macht, also unterhielten sie sich jetzt fast normal.

Die Stammgäste wie Big Vic und Les standen an der Theke und rauchten Hamlet-Zigarren und redeten mit Carla.

Carla redete ständig mit Männern, seit sie geschieden ist und seit sie nicht mehr dauernd hinfällt und sich blaue Flecken holt. Mum hat immer zu Dad gesagt, dass sie Carla zwar für ein altes Flittchen hält, sie aber trotzdem richtig gernhat. Ich weiß nicht, ob Carla älter ist als Mum, weil sie nämlich Zwillinge in meiner Jahrgangsstufe an der Schule hat, aber sie sieht älter aus als Mum.

Les sah nicht glücklich aus, aber Les sieht nie glücklich aus und darum hat Dad ihn immer Les Miserable genannt. Und als ich zu ihm und Big Vic hinüberschaute, sah Big Vic zu mir und normalerweise lächelt er, wenn er mich sieht, oder sagt was Lustiges wie He, Philip, die Runde geht auf dich. Aber an diesem Tag sah er ganz schnell weg, als wir uns ansahen, als ob es gefährlich wäre, mir in die Augen zu blicken, oder als ob es ihn krank machen würde oder als ob meine Augen Laserstrahlen wären, die ihn in der Mitte halbieren könnten.

Ich sah auch weg und beobachtete Mum und Onkel Alan und ich wollte, dass Onkel Alans Hände aufhörten, Mums Hände zu halten, und sie hörten auch auf, als Renuka hinging und mit Mum sprach. Renuka ist Mums beste Freundin und geht mit ihr montags und donnerstags zum Stepp-Unterricht, wo sie eine Stunde lang auf Podeste treten, um ihren Hintern kleiner zu machen. Renuka war diese Woche oft bei Mum und sie hat 700 Tassen Tee gemacht. Onkel Alan sah auf einmal verärgert aus, denn wenn Renuka spricht, dann kann kein anderer reden, weil sie nie eine Pause macht.

Ich schaute mich weiter in der Bar um und Oma redete weiter auf mich ein und da habe ich ihn gesehen. Da habe ich Dads Geist gesehen.

KING OF THE CASTLE

Eigentlich soll man ja Angst haben, wenn man einen Geist sieht, aber ich hatte keine Angst, weil es sich total normal anfühlte, was komisch war, weil ich nämlich noch nie einen Geist gesehen hatte. Er stand einfach dort, hinter der Rauchwolke von Big Vics Zigarre, und sah mich an und hatte keine Angst vor meinem Blick wie all die anderen.

Carla stand neben ihm und servierte Getränke, aber sie bemerkte ihn nicht, und ich schaute mich um und außer mir schien ihn niemand zu bemerken. Nachdem Carla die Getränke serviert hatte, ging sie durch Dads Geist hindurch und sah sich im Spiegel an, auf dem *Castle & Falcon* steht, weil das der Name von unserem Pub ist.

Dads Geist trug dieselben Sachen, die Dad trug, als ich ihn das letzte Mal gesehen hatte, und das war beim Frühstück an dem Tag, an dem er starb. Ich hatte ihn wütend gemacht, weil ich eine PlayStation wollte. Er trug sein T-Shirt, auf dem *King of the Castle* stand, und das Wort CASTLE war in roten Großbuchstaben geschrieben wie auf dem Schild vor dem Pub. Aber jetzt waren die Farben verblasst, weil Dad ganz bleich war und durchscheinend wie die Geister im Spukhaus in Disney World, und aus seinen Haaren sickerte Blut.

Oma sagte Was ist los, mein Kleiner?

Sie drehte sich um, um zu sehen, was ich sah, aber sie konnte nichts sehen, und Dads Geist forderte mich mit der Hand auf, ihm zu folgen.

Ich sagte zu Oma, dass ich aufs Klo müsse.

Ich ging an der Theke vorbei und den Flur hinunter zum Hinterzimmerbüro, durch dessen Tür Dads Geist einfach hindurchging.

Ich sah schnell nach, ob mich jemand beobachtete, aber das tat keiner, also machte ich die Tür auf, weil ich nicht hindurchgehen konnte, und Dads Geist stand in der Ecke beim Schreibtisch und der Computer war eingeschaltet, was komisch war.

Er nickte in Richtung Tür, also machte ich sie zu und dann sagte er Hab keine Angst.

Ich sagte Hab ich nicht.

Seine Stimme klang wie immer, aber anders, als ob er weit weg stand, aber ich konnte ihn deutlicher hören als je zuvor. Das ergibt keinen Sinn, aber so klang er eben.

Und das Zweite, was er sagte, war Es tut mir leid.

Ich sagte Was denn?

Er sagte Alles.

Und als er das sagte, dachte ich, er würde über die Vergangenheit sprechen, als er noch am Leben war, aber jetzt bin ich mir da nicht mehr so sicher.

Ich ging durch den Raum und wollte ihn berühren und meine Hand fuhr direkt durch ihn hindurch und ich spürte gar nichts, nur dass es ein wenig wärmer wurde, aber vielleicht habe ich mir das auch nur eingebildet.

Ich glaube, es hat Dads Geist nicht gefallen, dass ich das gemacht hatte, aber er hat nichts gesagt. Trotzdem habe ich es nicht wieder getan.

Ich sagte Bist du ein Geist?

Eine blöde Frage, aber ich wusste nicht, was ich sagen sollte.

Er sagte Ja.

Ich sagte Wo warst du?

Er sagte Ich bin nicht immer hier. Es ist, als ob ich an- und wieder ausgeknipst werde.

Und ich sagte Wie eine Glühbirne?

Und er lächelte, aber traurig, und meinte Ja, wie eine Glühbirne. Es fällt mir schwer zu kontrollieren, wohin ich gehe, aber ich mache Fortschritte.

Und ich sagte Warst du schon einmal im Pub?

Er nickte und sagte Du hast geschlafen.

Dann fragte ich ihn, ob er andere Geister sehen könne, und er sagte Es gibt viele Geister in Newark und an manche muss man sich erst gewöhnen, weil sie alle aus verschiedenen Zeitaltern stammen.

Und ich sagte Es muss komisch sein, Geister sehen zu können.

Er sagte Das stimmt.

Dann waren wir eine Weile still und dann sagte er Philip.

Also sagte ich Was ist?

Aber ich wollte es eigentlich gar nicht wissen, weil ich seiner Stimme anhören konnte, dass er etwas Schlimmes sagen würde, wie damals, als Opa gestorben war.

Er sagte Ich muss dir etwas sagen.

Und dann schwieg er kurz und sah zur Tür und ich fragte mich, warum er zur Tür sah, aber da kam auch schon Onkel Alan herein, der sonst nie ins Büro kam, und Onkel Alan warf einen Blick auf den Computer und sagte Deine Mum hat gesagt, ich soll nach dir schauen.

Und er lächelte und mit seinen großen Händen hielt er sich ein Glas Whisky vor den großen Bauch. Und er kam zu mir und berührte mich an der Schulter und sagte Geht es dir gut, Philip?

Und ich sagte Ja.

Und er sagte Es war ein harter Tag für uns alle.

Ich sagte Ja.

Ich wollte nichts weiter, als dass er mich nicht länger an der Schulter anfasste.

Ich konnte sehen, wie Dads Geist ihn musterte, und er sah ihn auf eine Weise an, wie ich es noch nie erlebt hatte, schon gar nicht bei seinem Bruder, und ich wusste, es gefiel ihm nicht, dass Onkel Alan im Büro war. Also sagte ich Ich komme gleich, ich such nur was.

Onkel Alan seufzte, wodurch die Luft nach Whisky roch, und er wollte etwas sagen, aber er war nicht mein Dad, also ging er wieder nach draußen und schloss die Tür hinter sich.

Dann sah ich Dads Geist an und der flackerte und schrie, aber ohne Ton, und dann wurde er wieder sichtbar und meinte Ich kann wahrscheinlich nicht mehr lange bleiben.

Dann verblasste er fünf Sekunden lang völlig, bevor er zurückkam.

Er versuchte etwas zu sagen, aber ich konnte nur hören Es war kein

Und dann versuchte er es immer wieder.

Es war kein

Es

Es war

Es war kein

Es war kein Un

Er verschwand und ich rief Dad Dad Dad! Komm zurück!

Aber er kam nicht zurück.

Dann hörte ich eine Stimme sagen Oh Philip und es war die Stimme von meiner Mum und ich wusste nicht, wie lange sie schon dort gestanden hatte, und Onkel Alan stand hinter ihr und berührte ihre Schulter, aber ihr lief es dabei nicht kalt den Rücken herunter wie mir.

DIE SCHLECHTE NACHRICHT

Dad war gestorben, weil sein Auto kurz vor Kelham, das ist ein Dorf in der Nähe von Newark, gegen ein Brückengeländer gerast war. In *East Midlands Today* wurde eine Aufnahme gezeigt und darauf sah man den Wagen, der über den Rand der Brücke hing, als ob er gleich in den Fluss Trent stürzen würde. Alle Scheiben waren zersplittert, wie Spinnweben, und eine Frau sagte in den Nachrichten, dass die Brücke zwei Monate gesperrt werden müsste, als ob die Brücke das Wichtigste wäre.

Bevor wir die Nachrichten ansahen, kam ein Polizist an die Hintertür und ich kannte den Polizisten, weil er schon einmal im Pub gewesen war und mit Dad geredet hatte. Der Polizist hatte ein Gesicht wie ein leerer Teller und er öffnete und schloss den Mund ganz oft, ohne dass etwas anderes herauskam als Luft.

Ich beobachtete sie vom Treppenabsatz aus und sie konnten mich unten nicht sehen. Alles konnte ich nicht hören, aber ich wusste, dass etwas nicht stimmte, weil der Polizist seine Mütze an die Brust presste.

Und dann gingen sie ins Büro und schlossen die Tür und ich konnte ewig nichts hören, doch dann hörte ich Mum. Sie heulte wie ein WOLF und das Geräusch tat mir im Bauch weh und ich schloss die Augen und versuchte, den Polizisten zu hören, aber ich verstand nur Es tut mir leid und das sagte er immer und immer wieder.

Es tut mir leid

Es tut mir leid
Es tut mir leid

Und ich wusste, dass er nichts falsch gemacht hatte, weil er Polizist war, und Polizisten sagen nur, dass es ihnen leidtut, wenn etwas ganz Schlimmes passiert ist. Also wusste ich sofort, was mein Bauchweh zu bedeuten hatte. Und ich sah, wie der Polizist ging, und er hielt seine Mütze in der Hand, aber nicht mehr an die Brust gepresst, als ob die schlechte Nachricht, die da drin gewesen war, entwichen wäre. Und ich sah Mum und sie sah mich, aber sie sah mich nicht richtig, und sie ging zum Heizkörper an der Ecke im Flur und setzte sich ganz eingesunken auf den Boden und weinte und hielt sich den Kopf und schüttelte ihn und sagte Nein nein nein nein nein und alles um uns herum sah unverändert aus, nur größer, und ich wollte zu ihr gehen und ihr sagen, dass alles in Ordnung war, aber das wäre eine Lüge gewesen, und darum setzte ich mich nur und tat gar nichts.

DIE SCHRECKEN

Dads Geist kam später zurück, als alle im Pub gegangen waren und ich auf meinem Zimmer war.

Dads Geist tauchte flackernd auf und anfangs sah er so aus, als ob er zu große Schmerzen hätte, um sprechen zu können, aber dann sagte er Philip, du musst keine Angst vor mir haben.

Ich sagte Hab ich nicht.

Er sagte Ich muss dir etwas sagen.

Er verschwand flackernd und tauchte wieder auf.

Er sagte Es war kein Unfall.

Ich sagte Was?

Er sagte Es war kein Unfall, mein Sohn.

Ich sagte Wie meinst du das?

Er sagte Schau aus dem Fenster.

Ich stand vom Bett auf und trat hinter den Vorhang und sah zum Parkplatz hinunter und die Straßenlampe zeigte, dass er leer war, bis auf den Ford Ka.

Er sagte Kannst du sie sehen?

Ich sagte Wen?

Er sagte Dort bei den Altglascontainern.

Ich sah zu den drei Altglascontainern, die Dad auf Befehl der Stadt hinten auf dem Parkplatz hatte aufstellen müssen.

Ich sah nach links und da stand ein Einkaufswagen und in einem von seinen Rädern hatte sich eine Plastiktüte verfangen und sie flatterte im Wind, als ob sie versuchte zu fliehen.

Er sagte Rechts davon.

Ich blickte zur anderen Seite der Altglascontainer und konnte nur die Betonverkleidung sehen und den Sockel, aus dem ein Stück herausgebrochen war.

Er sagte Sie sind alle dort, kannst du sie jetzt sehen?

Ich sagte Wen?

Er sagte Den Club.

Ich sagte Was für ein Club?

Er sagte Der Club der toten Väter.

Meine Augen taten mir weh, so sehr bemühte ich mich, etwas zu erkennen, aber es sah immer noch aus, als wäre niemand dort.

Ich trat hinter dem Vorhang vor und sagte Was für ein Club der toten Väter?

Ich stellte die Frage zu laut, denn ich konnte hören, wie sich Mum im Nebenzimmer umdrehte, weil sie noch nicht schlief, und sie rief Philip?

Ich rief Ja?

Sie sagte Was machst du da?

Ich sah Dads Geist an und er legte den Finger auf die Lippen und schüttelte den Kopf.

Dads Geist sagte Mum darf nichts davon erfahren.

Ich sagte Nichts.

Mum rief Versuch zu schlafen.

Ich rief Ist gut.

Und dann rief Mum Gute Nacht.

Und ich rief Nacht.

Und ich sagte nichts mehr, ich hörte nur zu, wie Dads Geist mir vom Club der toten Väter erzählte.

Zum Club der toten Väter gehörten Geister von Vätern aus Newark, die sich hinter dem Pub trafen, weil die meisten schon immer hierhergekommen waren, denn es ist der älteste Pub in der Stadt.

Sie trafen sich nicht im Pub, weil Geister drinnen leichter flackern als draußen, und es ist sowieso egal, wenn man ein Geist ist, weil man keine Kälte mehr spürt und die Beine vom vielen Stehen nicht müde werden.

Ich fragte flüsternd, damit Mum mich nicht hören konnte Gibt es im Club der toten Väter auch Römer?

Dads Geist sagte Römer?

Ich nickte und sagte Römische Soldaten?

Er sagte Nein, aber es gibt einen aus der viktorianischen Ära.

Ich sagte Oh.

Viktorianer waren nicht so gut wie Römer, aber Dads Geist schien traurig zu sein, dass ich nicht an dem Viktorianer interessiert war, also fragte ich Wie heißt er?

Dads Geist sagte Er redet nicht.

Ich kletterte ins Bett und fragte Hat ihm jemand die Zunge herausgeschnitten?

Er sagte Nein.

Dann sagte Dads Geist eine Weile nichts, er stand nur so da und ich beobachtete ihn und ich konnte durch seinen Bauch hindurch mein Aquarium sehen.

Dann sagte Dads Geist Die Schrecken haben ihn gekriegt.

Ich sagte Die Schrecken?

Dads Geist sagte Am Ende kriegen sie jeden Geist.

Ich zog meine Decke hoch und fragte Was sind die Schrecken?

Dann erzählte er mir, was die Schrecken sind, und während er es mir erzählte, spürte ich, wie das Blut in meinem Körper ganz kalt wurde, und nachdem er es mir erzählt hatte, flackerte Dads Geist und ich sah, wie sein Gesicht beim Flackern aufschrie, aber ich konnte den Schrei nicht hören.

Dann sagte er Die meisten Geister leiden für sich allein, aber es ist leichter, wenn man mit anderen reden kann.

Ich fragte Gibt es deshalb den Club?

Und ich glaube, er sagte Ja, aber ich weiß es nicht genau, weil er flackernd verschwand und in die Schrecken eintrat, und ich rief Dad? Dad? Dad? Aber er kam nicht zurück.

Mum rief Philip?

Ich sagte nichts. Ich kroch nur tiefer unter die Decke, aber ich konnte nicht einschlafen.

GUPPY NUMMER SECHS

Es war morgens früh und ich dachte gerade darüber nach, was Dads Geist damit meinte, dass es kein Unfall war. Ich wollte, dass er zurückkam und es mir sagte, aber er kam nicht. Ich sah aus dem Fenster zu den Altglascontainern, doch da war er nicht, also setzte ich mich ans Fußende von meinem Bett und schaute meinen tropischen Fischen zu.

Ich dachte, wie komisch es sein musste, in einem Aquarium zu leben, einfach nur herumzuschwimmen und darauf zu warten, dass etwas zu essen herabsinkt. Ich wusste nicht, ob es nett ist oder nicht, so als Fisch in einem Aquarium zu leben und nichts zu tun. Ich fand, dass es bestimmt nett war, weil sie nicht miteinander stritten, sondern sich alle gut verstanden. Die Neonfische und die Guppys und die Mollys und der Kaiserfisch. Sie schnappten nie nacheinander. Ich sah genauer hin und dachte, da stimmt doch was nicht, da ist doch was komisch. Und ich zählte die Guppys.

eins

zwei

drei

fünf

vier

Und ich suchte nach einer anderen großen Flosse, aber sie war nicht da, darum hob ich den Deckel und spürte die Wärme des Wassers auf meinem Gesicht. Ich sah den Guppy mit dem Bauch nach oben im Wasser schwimmen und er war weiß. Das passiert, wenn ein Guppy stirbt. Die Farbe geht dann weg und dann sind sie nur Leichen, einfach weiße Leichen. Und die anderen Fische schwammen unten und es machte ihnen nichts aus, dass sie eines Tages mit dem Bauch nach oben schwimmen würden und alle Farbe aus ihnen verschwunden sein würde, und ich fragte mich Wo geht die Farbe hin? Und ich wusste es nicht.

Ich nahm das Netz und fischte den Guppy heraus und als das Netz ins Wasser tauchte, bekamen die anderen Fische Angst vor dem Netz und schwammen schnell weg, aber sie mussten umdrehen, weil das Aquarium kein Fluss wie der Amazonas war, wo sie herstammen. Ich holte den Guppy heraus und ließ das Wasser wie Regen, wie Tränen abtropfen und ich sagte Ist ja gut, das Netz ist jetzt weg.

Und die anderen Fische beruhigten sich wieder und ich holte den Guppy aus dem Netz und spülte ihn im Klo hinunter und er war vom Aquarium befreit und auf dem Weg zum Fluss, wenn auch nicht zum Amazonas, und ich legte das Netz wieder neben das Aquarium und zog den ganzen Rotz hoch und schluckte ihn hinunter. Ich hörte, wie sich Mum im Bett umdrehte, und kurz darauf klingelte das Telefon und ich rannte schnell nach unten, falls Mum noch schlief.

Ich nahm den Hörer ab und sagte Hallo.

Die Frau in der Leitung sagte Hallo? Hallo? Bist du das, Philip?

Ich kannte die Stimme, weil sie sich wie eine Feder auf meinem Nacken anfühlte. Es war meine Geschichtslehrerin, Mrs. Fell.

Ich sagte Ja.

Es war das erste Mal, dass ich seit der Stunde über Familienstammbäume mit Mrs. Fell redete.

Sie sagte Hallo Philip, ich bin es, Mrs. Fell. Ich wollte nur wissen, wie es dir geht?

Ich log und sagte Es geht mir gut.

Es fühlte sich komisch an, mit einem Lehrer zu telefonieren, selbst wenn es Mrs. Fell war. Es war noch komischer, als mit Dads Geist zu reden.

Sie sagte Alle an der Schule sind in Gedanken bei dir.

Und ich dachte Was denken die wohl? Aber ich sagte das nicht laut und dann sagte Mrs. Fell Wir können es kaum erwarten, dich wiederzusehen.

Ich wusste nicht, was ich sagen sollte, und das einzige Wort, das mir in den Kopf schoss, war Ja, also verwendete ich es.

Sie fragte Ist deine Mum da, Philip?

Ich sagte Ja.

Ich wollte noch etwas über die Römer sagen, aber ich tat es nicht.

Sie sagte mit einer Stimme, die klang, als würde sie auf Zehenspitzen schleichen Kann ich mit ihr sprechen?

Also rief ich Mum! Mum! Telefon!

Und Mum stand auf und kam mit ihrem Schlafhaar die Treppe herunter und sie fragte mit den Augen Wer ist es?

Ich antwortete Schule.

Mum nahm den Hörer und sagte mit ihrer traurigen Stimme Hallo? Ja. Ja, das ist es. Ja. Nein. Das war es, aber es wird besser. Nein. Allem Anschein nach nicht. Nein. Ja. Oh, ja, das denke ich schon. Ich glaube, er will. Ich denke, es wird ihm guttun. Ja. Absolut. Danke schön. Oh, das. Oh. Danke. Auf Wiederhören.

Mum legte den Hörer auf die Gabel und sagte gähnend Sie wollte nur nachfragen, ob du an dem Ausflug zum Hadrianswall teilnimmst. Sie meint, es würde dir guttun. Ich habe ihr gesagt, dass du mitfährst.

Ich sagte Aber

Aber mir fiel nichts ein.

Während Mum im Bad war und sich fertig machte, setzte ich mich vor das Aquarium und sah die fünf Guppys an und dann sah ich, dass sich etwas im Aquarium spiegelte. Es spiegelte sich nicht normal, es spiegelte sich wie die Spiegelung von etwas, also drehte ich mich um und es war Dads Geist und ich sagte laut Dad?

Er sagte Leise.

Er legte den Finger auf die Lippen und dann sagte er mir, was er mir sagen musste.

Er erzählte mir von einem Mann aus dem Club der toten Väter, der Ray Goodwin hieß.

Ray Goodwin war der erste Geist, den Dads Geist gesehen hatte, nachdem er seinen Wagen verlassen hatte, und er war es auch, der ihm vom Club der toten Väter erzählte.

Ray Goodwin war Minenarbeiter gewesen, der seine Arbeitsstelle verloren hatte, und er war vor elf Jahren ermordet worden, ein Jahr, bevor Dad den Pub gekauft hatte, und das Jahr, in dem ich auf die Welt gekommen war.

Ich fragte Wie ist er ermordet worden?

Und Dads Geist stockte, als ob er die Antwort nicht wüsste, und dann sagte er Ich weiß es nicht. Ray redet über alles, nur nicht darüber.

Ich fragte mich, warum Dads Geist mir von Ray Goodwin erzählte. Dann sagte er, Ray Goodwin sei der Einzige, der ihm die Wahrheit über Geister erzähle.

DIE WAHRHEIT ÜBER GEISTER

1. Menschen werden nur zu Geistern, wenn sie ERMORDET werden.
2. Einige Geister – wie Dad – erfahren erst, dass sie ermordet wurden, wenn sie schon tot sind, aber sie finden es immer heraus.
3. Die Schrecken kriegen alle Geister.
4. Die Schrecken lassen sich nur aufhalten, wenn die Geister keine Geister mehr sind.
5. Geister hören nur dann auf, Geister zu sein, wenn sie gerächt werden.
6. Geister sind erst dann gerächt, wenn der Mörder getötet wird.
7. Nicht alle Lebenden können Geister sehen, nur ein paar Lebende und das sind meistens die Kinder der Geister.
8. Wenn die Lebenden in der Nicht-Zeit keine Rache nehmen, dann bleiben die Geister für immer Geister.

ONKEL ALAN IST GEFÄHRLICH

Ich sagte nichts, weil ich nichts begriff. Ich starrte nur einfach durch Dads Geist hindurch und beobachtete die schwarzen Mollys und die fünf Guppys, die wie in Wolkenformation gemeinsam durch das Aquarium schwammen.

Er sagte Alle Geister wurden ermordet.

Ich hörte, wie Mum aus der Dusche kam, und sie rief Philip? Alles in Ordnung? Philip?

Und Dads Geist sagte Sag Ja, Philip.

Ich sagte laut Ja.

Dann sagte Dads Geist Ich musste es dir sagen, Philip. Ich musste es dir sagen, weil du der Einzige bist, der mich sehen kann.

Ich flüsterte In den Nachrichten war da niemand.

Er schüttelte den Kopf und sagte Es war auch keiner da.

Dann sagte er Die Bremsen haben nicht funktioniert. Ich drückte das Bremspedal und da war nur Luft.

Und ich sagte Oh.

Und er sagte Das hat jemand getan. Jemand hat das Bremskabel vorsätzlich gekappt, Philip. Jemand, der sich gut auskennt mit Autos.

Die Worte drangen zwei Mal in meinen Kopf. Beim ersten Mal waren es nur Worte und das zweite Mal, nachdem Dads Geist sie ausgesprochen hatte, kam eine Silbe nach der anderen.

Je

mand

der

sich

gut

aus

kennt

mit

Au

tos

Die letzten beiden Silben klangen lauter, als ob sie in Großbuchstaben wären.

AUTOS.

Und dann sagte er etwas, was ich genau zur selben Zeit dachte, wie er es sagte, weil ich zuerst glaubte, die Stimme sei in meinem Kopf, und er sagte Es war dein Onkel Alan.

Und ich sagte Nein.

Dann sagte er Alan will dieses Haus. Er will deine Mum. Er war immer eifersüchtig.

Und ich sagte Nein.

Und Dads Geist sagte Ich habe ihn gesehen. Ich habe ihn gesehen, Philip. Ich habe gesehen, wie er sagte Es tut mir leid. Er sagte ES TUT MIR LEID, Philip. Ich habe gesehen, wie er über die Brücke fuhr und nach Spuren suchte. Ich weiß, dass er es war, Philip.

Und dann sah er mich an und sagte es noch einmal.

Ich weiß, dass er es war.

Du musst mir vertrauen.

Ich weiß, dass er es war.

Und ich sagte Nein nein nein.

Er sagte Onkel Alan ist gefährlich. Er wird jeden umbringen, der ihm im Weg steht, Philip. Dazu gehörst auch du, Philip. Und was passiert, wenn der Tag kommt, an dem Mum ihn langweilt? Dann wird er sie auch umbringen, Philip.

Die Worte quetschten meine Brust zusammen und ich musste fest ans Atmen denken, um Luft zu kriegen.

Er sagte Du musst ihn aufhalten, Philip.

Ich meinte Ich sag's der Polizei.

Er sagte Du kannst der Polizei nichts sagen, weil es keine Beweise gibt.

Ich sagte Aber du hast ihn doch gesehen.

Er sagte Geister zählen nicht als Beweis.

Ich sagte Ich werd's Mum erzählen.

Er sah jetzt wirklich wütend aus und sagte Du kannst Mum nichts erzählen, Philip. Das bringt euch beide nur noch mehr in Gefahr.

Ich sagte Ich werde ihn bitten, uns in Ruhe zu lassen.

Er sagte Nein, Philip, nein. Er wird nicht auf dich hören.

Ich sagte Was soll ich denn dann tun?

Er stand da und sein Gesicht bewegte sich ungeheuer lange gar nicht, als ob er ein durchsichtiges Foto wäre, und dann sagte er mit einer Stimme, die meine Brust noch viel mehr zusammenquetschte Du musst ihn umbringen, Philip.

Du musst mich rächen.

DAS LOCH IN DER WAND

Nachdem Dads Geist weg war, ging ich nach unten zum Bücherregal im Büro und zog das Buch mit dem Titel *Murder Most Foul* heraus. Als ich aus dem Büro kam, stand Mum auf der Treppe und sie hatte ihr komplettes Make-up aufgelegt und sie trug ihre engen Jeans und ihr weißes Top mit dem kleinen Krokodil darauf und sie sagte Was versteckst du da hinter deinem Rücken?

Ich sagte Ein Buch über die Römer.

Sie klatschte in die Hände und sagte mit ihrer Ich-reiße-mich-zusammen-Stimme Tja, beeil dich, mach dich fertig. Wir müssen dir Geld für den Hadrianswall besorgen.

Ich ging nach oben und versteckte das Buch unter dem Bett und machte mich dann fertig.

Als wir zu dem Loch in der Wand kamen, tippte sie die Zahlen ein und gab ein Geräusch von sich und tippte die Zahlen noch einmal ein und gab wieder ein Geräusch von sich und dann tippte sie die Zahlen noch einmal ein und sagte Nein.

Ich sah sie an und sie flüsterte leise Nein. Warum? Nein.

Wir betraten die Bank und stellten uns in der Schlange an und warteten und eine riesige Fettfrau kam und sagte Will hier jemand mit Scheck bezahlen?

Mum sagte Nein, aber der Automat hat gerade meine Karte eingezogen.

Die riesige Fettfrau sagte Da müssen Sie sich an den Auskunftsschalter wenden.

Mum sagte Das Geld ist vor drei Tagen eingegangen, mit der Karte ist alles in Ordnung.

Die riesige Fettfrau sagte Am Auskunftsschalter hilft man Ihnen weiter.

Mum sagte Normalerweise ist das Konto ausgeglichen.

Die riesige Fettfrau sagte Der Auskunftsschalter ist gleich dort drüben.

Sie wies in Richtung des Auskunftsschalters und ich und Mum gingen zu einem Schild, das wie ein großer schwarzer Lutscher aussah, und dahinter warteten wir und wir warteten ziemlich lange, weil ein alter Mann in einem Altmännermantel sich über eine Frau ärgerte, die dem alten Mann zunickte und lauter Sachen sagte, die ihn nur noch ärgerlicher machten.

Und ich sah mich unter den ganzen Leuten um und all diese Leute sahen sehr traurig aus, bis auf die Menschen hinter den Schaltern und die Menschen auf den Bankpostern und den Bankprospekten. Alle Posterleute sahen sehr glücklich aus und alle lächelten und hinter allen war es weiß, als ob sie im Himmel wären.

Mum trat zu der Frau mit dem breiten Lächeln und den Roboteraugen hinter dem Schalter und sagte Der Automat hat gerade meine Karte eingezogen. Ich weiß wirklich nicht, aus welchem Grund.

Die Frau sagte Aha. Sind Sie hier Kundin?

Mum sagte Ja. Ich habe versucht, Geld von meinem …

Die Frau trug ein Namensschild, auf dem Janice Greenfield stand. Sie sagte Aha, ich brauche nur einige Angaben, dann sehe ich auf dem Bildschirm nach.

Janice Greenfield stellte ihre Fragen und Mum gab ihre Antworten.

Janice Greenfield sagte Carol Noble, richtig? Verheiratet?

Mum sagte Ja.

Janice Greenfield lächelte und tippte in die Computertasten und sagte Aha. Ja. Sie haben Ihr Konto überzogen.

Mum sagte Nein, das kann nicht sein nein ich

Janice Greenfield sagte Aha. Laut Computer haben Sie bereits mit mehreren Zahlungen Ihr Konto überzogen.

Mum sagte Das Geld ist gestern eingegangen.

Janice Greenfield sagte Aha.

Sie tippte noch mehr Sachen in den Computer und sagte Aha. Ja, hier ist es. Aber Ihr Konto ist trotzdem nicht ausgeglichen.

Und Mum sah nach hinten auf die Schlange trauriger Menschen und dann sagte sie mit leiser Stimme zu Janice Greenfield Wie kann ich meine Karte wiederbekommen? Ich brauche sie heute.

Janice Greenfield sagte Aha. Ich will sehen, ob wir Sie bei einem Kundenberater unterbringen.

Und sie sah in einem großen Buch nach und sie nickte in das Buch und dann lächelte sie Mum an und sagte Ja, wenn Sie mir bitte folgen wollen, Mrs. Noble.

Und wir folgten Janice Greenfield zu einer Gruppe Stühle und sie ging weg und da trat ein Mann mit Brille und komischen Schultern aus einer Tür und sagte Mrs. Noble und Mum ging in das Zimmer und ich wurde allein auf einem Stuhl zurückgelassen.

Und dann flackerte Dads Geist vor mir auf, mitten in der Bank, und er sagte Es ist nicht mehr viel Zeit.

Ich sagte Wofür?

Er sagte Um Onkel Alan umzubringen.

Ich sagte Warum?

Er sagte Jedes Jahr meines Lebens wird zu zwei Tagen.

Ich sagte Wie bitte?

Ein Mann mit einer Aktentasche und einem Stockschirm, der wie ein Schwert aussah, spazierte durch Dads Geist hindurch und sah mich an, als ob ich verrückt wäre, und dann ging er nach draußen.

Dads Geist sagte Das ist die Nicht-Zeit.

Ich fragte Was ist die Nicht-Zeit?

Er sagte Die Zeit, in der die Rache stattfinden muss.

Ich fragte Und was ist, wenn die Rache nicht stattfindet?

Er sagte Mein Geist würde nie zur Ruhe kommen und ich würde auf ewig die Schrecken erleiden müssen. Ray Goodwin sagt, die Schrecken werden immer schlimmer, bis jeder Geist so stumm endet wie der Viktorianer. Ray hat versucht, den Schrecken zu entkommen, aber er hat es nicht geschafft. Niemand konnte ihn sehen, nicht einmal seine Tochter. Aber ich habe dich, Philip. Du kannst mir zur Flucht verhelfen, Philip. Du musst mir helfen, in Frieden zu ruhen.

Ich wollte nicht, dass Dad unter den Schrecken leiden musste, also sagte ich Wie lange dauert die Nicht-Zeit?

Er sagte Bis zu meinem nächsten Geburtstag.

Dads Geburtstag war der 10. Dezember. Wir hatten den 20. September.

Dads Geist sagte Du hast elf Wochen, Philip.

Ich rechnete im Kopf nach und sagte Zweiundachtzig Tage.

Dad sagte Stimmt.

Ich sagte Ich fahre zum Hadrianswall.

Er nickte und sagte Du musst fahren. Du musst so tun, als sei alles ganz normal, sonst bringst du deine Mum in große Gefahr, Philip. Du musst es tun, wenn du zurückkommst.

Dann sagte er Der 10. Dezember. Das ist der letzte Termin.

Ich sagte Der 10. Dezember.

Dads Geist sagte Wenn du mich lieb hast, Philip, wenn du mich auch nur ein wenig lieb hast, dann wirst du mir Frieden schenken.

Ich wollte nicht, dass Dad die Schrecken für alle Ewigkeit spüren musste, also sagte ich, ich tu's.

Da kam Mum aus dem Raum und sagte Philip, mit wem um alles in der WELT redest du da?

Dads Geist sah mich an und sagte Erzähle ihr nichts, Philip. Sie darf es nicht wissen.

Ich sagte nichts und sie sah mir ins Gesicht und sah etwas darin, das sie nicht wütend auf mich werden ließ, und sie ging nach draußen und ich ging mit ihr nach draußen und sie sagte Verdammte, blöde Bank.

Dads Geist war flackernd verschwunden, als wir in den Ford Ka stiegen, und Mum war irgendwie weggeflackert, weil sie überhaupt nichts sagte. Sie fuhr den falschen Weg und ich fragte mich, wohin wir fuhren, und dann parkten wir vor Onkel Alans Werkstatt.

Onkel Alan gehört die Werkstatt zusammen mit einem anderen Mann, der Mr. Fairview heißt. Mr. Fairview zitiert immer die Bibel, aber Mr. Fairview kommt nie in die Werkstatt, weil er kein MECHANIKER ist wie Onkel Alan.

Onkel Alan hat viel Geld und Mr. Fairview auch und wenn man viel Geld hat, dann ist man mit anderen Leuten, die viel Geld haben, befreundet, wie in einem Club.

Onkel Alan wollte Dad einmal Geld geben, um die Hälfte des *Castle* zu kaufen, aber Dad hatte Nein gesagt und Mum und Dad haben gestritten und Mum hat die blau-weiße Salatschüssel zerschlagen, die sie in den Ferien auf Mallorca gekauft hatte. Das waren die Ferien gewesen, als wir in einem Glasbodenboot gefahren waren und die Fische unter Wasser gesehen hatten.

Mum sah in den Rückspiegel und sagte Es dauert keine Minute, Philip.

Ich hatte Angst, dass Mum sich mit Onkel Alan traf, weil er ein Mörder war, aber ich versuchte, normal zu tun, wie Dads Geist es mir aufgetragen hatte, und ich sagte zu Mum Ist gut.

Mum mag Onkel Alan, weil er ein Charmeur ist. Ein Charmeur ist ein Mann, der Frauen mag, und er schaut Frauen in die Augen und lächelt nur mit der Hälfte des Mundes, meistens mit der rechten Hälfte. Ein Charmeur ist meistens geschieden. Onkel Alan ist von einer Frau geschieden, die Trisha heißt und nicht ermordet worden ist. Trisha lebt in Devon und Mum sagt, sie nimmt Schmerzmittel, auch wenn sie gar keine Kopfschmerzen hat.

Onkel Alan trägt eine blaue Uniform und er hat immer schwarze Hände von den Autos und er ist fünfzig, also älter als Dad, aber er ist größer als Dad, weil Dad nur mittelgroß war.

Ich beobachtete sie und konnte sehen, wie Onkel Alan Mum etwas gab, und ich sah einen anderen Mann in einem Trainingsanzug, der sich über einen Motorraum beugte.

Mum kam nach sechs Minuten aus der Werkstatt, nicht nach einer, und auf dem Heimweg gab sie mir an der Ampel das Geld für den Hadrianswall und sie sagte mir nicht, dass es von Onkel Alan war, aber ich wusste es und ich hoffte, dass Dads Geist mich nicht beobachtete.

HADRIANSWALL

Mrs. Fell sagte Viele Römer glaubten, der Hadrianswall sei das Ende der Welt, weil in jenen Tagen alle davon ausgingen, dass die Erde eine Scheibe ist und wenn man zu weit geht, fällt man vom Rand und stirbt.

Dann sagte sie Wo ihr jetzt steht, war einmal das nördliche Ende des Römischen Reiches und darum war es für viele Soldaten, die hier arbeiteten, ein Furcht einflößender Ort.

Es war kalt und der Wind machte pfeifende Geräusche unter unseren Mänteln, als wären sie Musikinstrumente, und ich glaube, alle wollten wieder nach drinnen gehen und sich aufwärmen, sogar Mrs. Fell, die einen orangefarbenen Mantel trug, auf dem QUIKSILVER stand, aber Charlotte Ward hob die Hand.

Mrs. Fell sagte Ja, Charlotte?

Und Charlotte fragte Kamen die Soldaten alle aus England oder kamen sie aus Rom?

Der Kragen von Mrs. Fells Mantel schlug ihr ins Gesicht und sie zupfte ihn wieder zurecht und sagte Die meisten waren keine Britannier. Nicht alle kamen aus Rom, sie stammten oft aus wärmeren Orten in den südlichen Teilen des Reiches. Stellt euch vor, wie das gewesen sein muss! Nach vielen Jahren im warmen Sonnenschein überquerten sie den stürmischen Ärmelkanal und kamen in ein Land, das als überaus unfreundlich bekannt war. Hier gab es nicht nur schlechtes Wetter und Berge, viele Britannier hassten es, zum Römischen Reich zu gehören, und warfen Steine oder Gemüse oder spuckten die neuen Soldaten sogar an.

In diesem Augenblick spürte ich, wie mir jemand in den Nacken spuckte, und ich langte mit der Hand hin und drehte mich um und sah, wie mich Dominic Weekly und Jordan Harper mit geschlossenen Lippen auslachten. Mrs. Fell konnte sie nicht lachen sehen, aber sie sah, wie ich mich umdrehte.

Sie sagte mit einer weichen Stimme, die in dem Wind sehr leise und still war Philip, stimmt etwas nicht?

Ich sagte Nein, Miss.

Ihre lockigen Haare wurden ihr ins Gesicht geweht und sie schob die Locken hinter die Ohren und redete weiter.

Dominic sagte Helmchen, was macht dein Dad?

Jordan kicherte hinter mir und Dominic wiederholte es lautlos.

Was macht dein Dad?

Was macht dein Dad?

Was macht dein Dad?

Was macht dein Dad?

Mrs. Fell sagte Die Soldaten wussten, dass hinter diesem Wall nicht nur das Ende der Welt war, sondern dass sich dort auch die gewalttätigsten Stämme befanden, von denen sie je gehört hatten.

Ich wischte mir die Hand an der Jeans ab und da fragte Charlotte Ward Wie lang war der Wall, Miss?

Was macht dein Dad?

Was macht dein Dad?

Was macht dein Dad?

Was macht dein Dad?

Mrs. Fell sagte Der Wall verlief quer durch das ganze Land, von Osten nach Westen. Er maß 80 Meilen und war über viereinhalb Meter hoch, drei Mal so groß wie ich.

Was macht dein Dad?

Was macht dein Dad?

Was macht dein Dad?

Was macht dein Dad?

Mrs. Fell sagte Dominic, möchtest du uns etwas mitteilen?

Dominic sagte Nein, Miss.

Jordan kicherte einen Furz aus dem Mund.

Dann sagte Mrs. Fell Wo wir jetzt stehen, befand sich einst einer der Wachtürme. Könnt ihr in der Erde die Steine sehen, die einen Bogen bilden? Diese Wachtürme schickten Signale den Wall entlang, wenn Eindringlinge kamen. Meistens kämpften die Soldaten allerdings nicht. Einen Großteil der Zeit versahen sie langweiligere Aufgaben, mussten beispielsweise Reparaturen durchführen oder die Leute kontrollieren, die den Wall passierten. Wie wenn ihr in den Ferien verreist und euren Pass zeigen müsst! Es gab Dörfer in der Nähe und Orte, an denen die Soldaten essen und trinken konnten, aber dennoch muss es für sie sehr schwer gewesen sein, in diese raue Welt zu kommen, weit weg von ihren Familien, und hier neu anzufangen.

diese

raue

Welt

Charlotte sagte Haben sie ihre Familien jemals wiedergesehen?

Mrs. Fell sagte Manchmal haben sie sie wiedergesehen, aber sie mussten 25 Jahre in der Armee dienen und hinterher blieben einige hier und einige kehrten nach Hause zurück, aber die römischen Männer lebten im Durchschnitt 41 Jahre und beendeten den Dienst frühestens mit 43 Jahren, weil man in die römische Armee erst mit 18 eintreten konnte. Darum hatten viele von ihnen keine Möglichkeit, ihre Familien jemals wiederzusehen, Charlotte.

Und sie redete immer weiter, aber ich sah nicht hin, ich dachte, dass Dad genau 41 war, als er starb, und ich fand das komisch.

Wir wohnten in einer Jugendherberge und die lag am Ende der Welt und bestand aus drei Gebäuden. Eines der Gebäude war groß und das war das Hauptgebäude und dort aßen wir. Und in diesem Gebäude bekamen wir Kartoffelbrei, der aus dem größten Topf aller Zeiten serviert wurde, und er schmeckte EKELHAFT und war klumpig.

Ich saß am Tisch der Lehrer und Mr. Rosen sagte Ist alles in Ordnung, Philip?

Und ich sagte Ja.

Und es gab noch zwei Gebäude und eines war ganz nett und dort schliefen die Mädchen und ein paar der Jungen, aber das andere war schrecklich und aus dunkelbraunem Holz und früher war dort der Stall gewesen, wo sie die Pferde gehalten hatten, und es gab darin acht Betten und das waren Stockbetten.

Mrs. Fell und Mr. Rosen zeigten allen, wo sie schliefen, und ich schlief im Stall und ich musste über Dominic Weekly schlafen. Und ich konnte ewig lange nicht einschlafen und meine Gedanken rasten echt schnell und ich sah ganz viele Dinge, die wie Fotos in meinem Gehirn aufblitzten. Ich sah den Steinkreis im Boden und andere Sachen wie die Wiese mit den Kühen, an der wir unterwegs im Minibus vorbeigekommen waren. Und dann musste ich an Dad denken und ich fragte mich, ob er gerade im Club der toten Väter oder in den Schrecken war. Ich machte mir Sorgen um Mum und hoffte, dass Onkel Alan nicht bei ihr war, und ich hoffte, er würde ihr nichts antun.

Und dann schlief ich allmählich ein, aber es war kein richtiger Schlaf. Es war irgendwie zwischen Schlafen und Wachsein und nach einer Weile hörte ich mich selbst reden und ich redete Unsinn und sehr schnell und ich sagte

kelhamistinnewarkkelhamistinnewarkkelhamistinnewarkkelhamistinnewark

was total blöd ist, weil Kelham nicht in Newark ist, sondern zwei Meilen weit weg, wo Dad starb. Aber ich wurde immer lauter und obwohl ich mich selbst hören konnte, konnte ich nicht aufhören, denn ich war nicht richtig wach und dann hörte ich lautes Lachen und das war Dominic und da wachte ich auf und ich hatte Angst, weil er es gehört hatte und jetzt sagte

kelhamistinnewarkkelhamistinnewarkkelhamistinnewarkkelhamistinnewark

und dann lachten die anderen Jungs im Dunkeln und es gab nichts anderes im UNIVERSUM, nur noch dieses Lachen.

Dominic sagte Helmchen ist durchgeknallt.

Jordan sagte Durchgeknallt durchgeknallt durchgeknallt.

Aber das war nicht das Ende, denn meine Augen wurden schwer, auch wenn mein Gehirn ganz schnell arbeitete, und ich schlief wieder ein, aber es war kein guter Schlaf und ich hatte Albträume, aber ich wusste nicht, wovon sie handelten, und als ich aufwachte, stand ich auf dem Holzboden und das Fenster war eingeschlagen und an meinen Händen war Blut und ich schrie irgendwas und das Licht wurde eingeschaltet und gleich darauf hielt mich Mr. Rosen an den Schultern und sagte Ist schon gut, Philip, ist schon gut, beruhige dich und ich sah mich in den Gesichtern um und alle Augen hatten Angst, sogar die von Dominic, und alle Augen summierten sich und summierten sich in mir und machten meine Beine zittrig und ich fiel auf den Boden und dann war wieder alles schwarz.

DIE DISCO

Am nächsten Tag fragte mich Mrs. Fell, ob ich nach Hause fahren wolle. Sie sagte, sie habe mit Mum telefoniert und Mum mache sich Sorgen, aber sie überlasse es Mrs. Fell und mir.

Ich sagte Will Mum, dass ich nach Hause komme?

Mrs. Fell sagte mit ihrer Federstimme und ihren hübschen Augen Sie sagte, wenn du nach Hause fahren möchtest, dann darfst du das.

Und ich fragte mich, ob das bedeutete, dass Mum wollte, ich solle nach Hause kommen oder nicht.

Mrs. Fell sagte Du musst heute Nacht nicht im Stall schlafen. Du kannst im anderen Gebäude bei Mr. Rosen schlafen.

Und ich dachte darüber nach und ich dachte daran, was passieren würde, wenn ich nach Hause fuhr und dort wieder zur Schule ging. Und ich dachte an die römischen Legionäre, die 25 Jahre lang nicht nach Hause durften, und ich schaute auf meine Hand mit den Pflastern und den beiden braunen Blutflecken, die wie Augen aussahen, und ich dachte an Dads Geist, der mir aufgetragen hatte, mich normal zu verhalten.

Ich sagte zu Mrs. Fell Ich bleibe.

Mrs. Fell lächelte mich an und berührte meine Schulter, was ich mochte, und sagte Prima.

Und dann ging sie zum Minibus und ihre lockigen Haare wurden zur Seite geweht.

Als ich zu den anderen Jungs ging, sprach keiner mit mir

außer Dominic und der nannte mich weiter Durchgeknallt und fragte mich Wo ist Kelham?

Ich setzte mich in einen der Minibusse ganz vorn neben Mr. Rosen. Er ist stellvertretender Schuldirektor und unterrichtet Geografie und Sport.

Mr. Rosen ist ein netter Lehrer mit haarigen Händen und einer guten Uhr, aber er ist streng. Manchmal brüllt er und bekommt einen dicken Hals wie der Unglaubliche Hulk, aber sein Hals wird rot und ein bisschen blau, nicht grün, und wenn er brüllt, dann springen kleine Spucketropfen aus seinem Mund, als ob sie Angst vor seiner Stimme hätten.

Aber er war sehr nett zu mir und sagte Es ist keine Schande, wenn man schlafwandelt, Philip.

Er erzählte mir, dass er, als er so alt war wie ich, im Schlaf ins Zimmer seiner Schwester spaziert war und sich ein Buch genommen und neben ihrem Bett gewartet hatte. Er sagte Ich habe geträumt, ich sei in der Leihbücherei.

Ich lachte, aber ich wusste schon, dass das nicht so schlimm war, wie ein Fenster einzuschlagen, und ich glaube, er wusste das auch.

Und dann sagte Mr. Rosen nichts mehr und ich sah aus dem Fenster und an der Scheibe hingen Regentropfen wie kleine Welten und draußen waren Gras und Steine und Schafe und es war alles hügelig und ich fragte mich, ob Dads Geist all die Geister der ermordeten Römer sehen könnte, wenn er jetzt hier wäre. Und ich fragte mich, ob Kaiser Hadrian ermordet worden war und ob er je zurückkam, um nachzusehen, was von seinem Wall noch übrig war, und ob er traurig wurde, wenn er nur noch ein paar Steine im Boden sah, auf denen Gras wuchs und ein paar Leute mit Landkarten standen, die sich die Steine anschauten und dabei am liebsten nach Hause gehen würden.

Wir fuhren an einen Ort mit anderen Bauten der Römer und die waren 130 nach Christi Geburt errichtet worden, das war acht Jahre, nachdem sie angefangen hatten, den Hadrianswall zu bauen, also im Jahr 122 nach Christi Geburt.

Wir hatten Pläne der Bauten und es gab dort Küchen und Toiletten und Schlafzimmer, aber das sah man nicht an den Steinen im Boden, nur in den Plänen. Und Mrs. Fell und Mr. Rosen sprachen darüber, aber ich hörte nicht richtig zu, ich fühlte mich komisch, als ob mein Körper nur Luft wäre und als ob nichts real wäre und mein Herz nicht normal schlüge. Es schlug nicht pochpoch pochpoch pochpoch, es schlug eine Zeit lang poch pochpoch poch pochpoch, und da dachte ich, ich müsse sterben, aber dann hörte es wieder auf, darum sagte ich es niemandem.

Zum Mittagessen gab es verkohlte Rinderhackbällchen, die dünn und zäh waren wie Schuhsohlen, und noch mehr Kartoffelbrei aus dem großen TOPF.

Und dann gab es eine Disco, aber eigentlich war es nur das CD-Gerät von Mrs. Fell, das sie von zu Hause mitgebracht hatte. Sie spielte Musik und es war Beyonce und alle Mädchen tanzten, aber keiner der Jungs tanzte, außer an den Stellen, wo gerappt wurde. Mr. Rosen tanzte, wie Dad getanzt hatte, also wie ein Vogel, der nicht fliegen kann, aber Mrs. Fell konnte gut tanzen und sie trug Make-up und war grün um die Augen, was komisch klingt, aber hübsch aussah. Ich muss sie lange angesehen haben, denn sie ertappte mich und sie winkte mit den Armen, dass ich zu ihr kommen und tanzen solle, und sie tanzte mit Charlotte Ward und einer Gruppe Mädchen und Mr. Rosen, darum wollte ich nicht kommen. Aber Mrs. Fell gibt niemals auf, also kam sie zu mir und nahm mich an der Hand und zog mich auf die Tanzfläche und Jordan kicherte mich an und das Kichern breitete sich wie ein Lauffeuer aus, auf Dominic und sogar auf Siraj, der mein Freund gewesen war, als Dad noch lebte.

Mrs. Fell sagte Komm schon, Philip, komm und tanz.

Ich stotterte Ich ich ich.

Mrs. Fell sagte Komm schon.

Dann lachten alle Jungs, aber Mrs. Fell konnte das nicht hören und sie führte mich in den Kreis der tanzenden Mädchen und mein Herz schlug plötzlich wieder merkwürdig. Ich tanzte, aber ich wollte es eigentlich nicht, weil es ein Mädchensong über Jungs war, und alle Jungs starrten zu mir herüber und stießen sich mit den Ellbogen an und mein Gesicht war FEUERROT.

Mrs. Fell wollte nur nett sein, weil sie dachte, ich wäre einsam, aber manchmal ist nett sein so schlimm wie schrecklich sein. Also tanzte ich, ohne mich groß zu bewegen, ich wedelte nur ein bisschen mit den Armen und es war schlimm und ich sah nur die Gesichter der anderen und Mr. Rosen schlug mit den Flügeln und lächelte mich an und ich wünschte, er wäre böse auf mich und würde mich nicht mit Samthandschuhen anfassen.

Mr. Rosen fragte Alles in Ordnung, Philip?

Ich sagte Ja.

Und nach 100 Minuten endete der Song und ich setzte mich in die Nähe der Jungs, aber nicht zu ihnen. Dann lief ein Song, den ich früher gemocht hatte, bevor Dad starb, und er klang jetzt schrecklich dämlich wie Roboter. Und dann machten Dominic und Jamie Western und Jordan einen Liegestütze-Wettstreit und Dominic gewann.

Ich sah zu Mrs. Fell und ich hatte das Gefühl, ich hätte sie verärgert, weil sie noch wie vorher tanzte, aber nicht mehr lächelte, und ich fühlte mich schlecht, weil ich sie verärgert hatte.

NACH DER DISCO

Nach der Disco war Schlafenszeit und ich ging mit Mr. Rosen hinaus und rannte im Regen zum Stall. Mr. Rosen holte meine Tasche, die sehr SCHWER war, und wir rannten zu dem Gebäude, in dem ich schlafen sollte.

Ich schlief im selben Zimmer wie Mr. Rosen und Mrs. Fell lag im Nebenzimmer. Ich hörte ihre Füße auf dem Boden und ich hörte, wie sie ihre Kleider auszog. Sobald ich im Bett war, tat ich so, als würde ich schlafen, damit ich nicht mit Mr. Rosen reden musste, aber als er sich auszog, öffnete ich meine Augen zu einem ganz schmalen Schlitz und ich sah Mr. Rosens Rücken und er war so behaart wie Wolverine und ich fragte mich, ob ich jemals auch so einen haarigen Rücken haben würde wie er, und ich hoffte es sehr.

Mr. Rosen legte seine Kleider auf einen Stuhl und er war sehr leise und versuchte, mich nicht aufzuwecken, obwohl ich gar nicht schlief, und ich dachte, wie nett das von ihm war, und ich sah zu, wie er ins Bett stieg, und ich dachte, dass Lehrer eigentlich ganz normale Menschen sind.

Und er schlief ziemlich schnell ein und er schnarchte, aber es war kein normales Schnarchen. Es klang wie eine Tür, die sich knarzend öffnete, und ich hörte ihm einfach zu, leise knarz leise knarz, und ich versuchte, nichts Schlimmes zu denken, aber es war schon arg dunkel. Es war so dunkel, dass sich die Schwärze wie helles Licht anfühlte, wie wenn es so still ist, dass sich die Stille laut anfühlt, aber es war nicht ganz still wegen dem Regen und dem Wind und Mr. Rosen. Und dann wartete ich sehr lange. Es dauerte vielleicht zwei Stunden oder fünf Minuten, weil die Zeit im Dunkeln anders vergeht. Und dann kam Dads Geist und sah mich.

Dads Geist kam durch die Tür, aber die Tür war schwarz und deshalb sah es so aus, als käme er aus dem Nichts, als ob er aus Licht wäre, das stärker wurde und ihn formte.

Er kam zu mir und hatte den Finger auf die Lippen gelegt und auf seinem T-Shirt stand immer noch King of the CASTLE. Und ich wollte ihn fragen Wie bist du hierhergekommen?, aber sein Finger befahl mir, leise zu sein wegen Mr. Rosen. Aber er musste mir die Frage vom Gesicht abgelesen haben, weil er sagte Ray Goodwin hat mir beigebracht, wie man fliegt.

Und dann sagte er Ich bin wegen Mum hier.

Ich sagte Wie meinst du das? Geht es um Onkel Alan?

Und er presste den Finger auf die Lippen und sah nach, ob Mr. Rosen immer noch knarzte, und das tat er, darum sagte Dads Geist Mum wird heute Abend in große Schwierigkeiten geraten.

Dann sagte er Du musst ihr sagen, dass sie den Pub verlassen soll, weil es in genau vier Stunden Ärger geben wird. Du musst sie anrufen.

Und bevor ich sagen konnte, dass ich kein Handy hatte, sagte er, Mr. Rosens Handy liegt hier neben seinem Bett. Du kannst es nehmen und von den Toiletten aus telefonieren. Du musst sie anrufen und ihr sagen, sie soll bei Renuka übernachten.

Das war dumm, weil Mum mir sowieso nicht glauben würde, und ich konnte doch Mr. Rosens Handy nicht einfach mitgehen lassen, aber Dads Geist sagte Mums Leben ist in Gefahr, Philip. Das ist jetzt sehr wichtig.

Und er sagte Leben wie LEBEN und ich dachte, wenn es stimmt, dann könnte ich auch noch Mum verlieren, und mir war Dad lieber gewesen, als er noch Dad und kein Geist gewesen war, und ich wollte nicht, dass Mum ein Geist würde, also deckte ich mich ganz leise auf und schlich auf Zehenspitzen an die Stelle, auf die Dads Geist zeigte, und nahm das Handy.

Mr. Rosen hörte auf zu schnarchen und nicht zu schnarchen und machte schmatz schmatz schmatz Essgeräusche.

Ich erstarrte und hielt den Atem an, mit dem Handy in der Hand, und wartete, bis er sich auf die andere Seite rollte und wieder in Schnarchschlaf fiel.

Dann folgte ich Dads Geist durch die Dunkelheit und versuchte, immer dann aufzutreten, wenn Mr. Rosen schnarchte, damit er mich nicht hörte, und ich kam an die Tür und öffnete sie so wenig wie möglich, weil dadurch Licht hereinfiel, und ich schlüpfte hindurch und ließ sie leise ins Schloss fallen.

Und ich ging den Flur entlang und Dads Geist war da und wirkte im Licht noch bleicher als vorher. Auf Zehenspitzen schlich ich an Mrs. Fells Zimmer vorbei und an dem Raum, in dem Charlotte Ward und alle anderen Mädchen schliefen. Die Wände waren weiß und der Teppich war blau und wie ein Topfkratzer unter meinen Füßen. Ich ging zu den Toiletten und es stand Wasser auf dem Boden und ich hoffte, dass es Wasser war, und Dads Geist sagte Philip, du musst sie anrufen, du musst ihr sagen, dass sie den Pub verlassen soll. Es werden Männer kommen, böse Männer.

Ich drückte die Zahlen 01636 und fragte Dad Was soll ich denn sagen?

Und er sagte Egal, bring sie nur dazu, den Pub zu verlassen.

Ich wählte den Rest der Nummer 366520 und es machte klick und mein Herz setzte einen Schlag aus.

Es fing an zu klingeln und Dads Geist fragte Und? Was ist?

Und ich sagte Es klingelt.

Es klingelte drei Mal und dann gab es noch ein Klicken und dann meldete sich Mum mit blasierter Stimme, wie wenn sie mit Lehrern spräche, und sie sagte Sie sind mit den Nobles verbunden. Im Moment kann leider niemand an den Apparat kommen. Bitte hinterlassen Sie eine Nachricht nach dem Signalton.

Und dann machte es Piep und ich rief Mum, bist du da? Mum, ich bin's, bist du da? Du musst das Haus verlassen, weil ich weiß, dass etwas passieren wird. Etwas wirklich Schlimmes.

Und dann sagte Dad Versuch die andere Nummer.

Ich sagte Welche Nummer?

Er sagte Die von der Bar.

Also wählte ich die Nummer der Bar. Als das Telefon klingelte, hörte ich Schritte draußen und ich steckte das Handy in die Tasche meines Pyjamaoberteils, aber es waren nur Mädchenschritte auf dem Weg zu den anderen Toiletten.

Ich zog das Handy wieder aus der Tasche und da hörte ich Dads Stimme, Dads echte Stimme, nicht seine Geisterstimme und sie sagte Hallo, Sie sind mit dem *Castle and Falcon* verbunden, Nottinghamshires Heimat des ECHTEN Ale. Wir haben derzeit geschlossen, hinterlassen Sie bitte Ihre Nachricht nach dem Signalton.

Pieps.

Mum hatte anscheinend vergessen, das Band neu zu besprechen. Es war ein komisches Gefühl, Dads Stimme vor seinem Geist zu hören, und ich vergaß, etwas zu sagen, aber dann nickte Dads Geist und ich wusste, was das Nicken bedeutete, also sagte ich mit lauter ruhiger Stimme Mum. Mum. Kannst du mich hören? Mum. Mum, ich bin's. Du musst heute Nacht bei Renuka schlafen, weil im Pub etwas Schlimmes passieren wird. Mum. Wach auf. Bitte wach auf.

Und ich redete immer weiter, aber Mum wachte nicht auf und ich wurde leise, weil ich hörte, wie nebenan die Spülung ging und Mädchenschritte an der Tür vorbeigingen.

Und ich schaute Dads Geist an und flüsterte Was soll ich jetzt tun?

Ich hatte Angst, dass er wieder flackernd verschwinden würde, aber er flackerte kein bisschen.

DER MINIBUS

Dads Geist sah mich mit dem ernstesten Gesicht an, das ich je gesehen hatte, wie Norman Osborn im ersten *Spiderman,* als er das Nervenserum entwickelt, bevor er zum Grünen Kobold wird, und Dads Geist sagte Neben seinem Handy lagen Schlüssel.

Und ich sagte Was?

Er sagte Neben Mr. Rosens Handy lag ein Schlüsselbund. Das werden die Schlüssel für einen der Minibusse sein.

Mein Gesicht war jetzt noch ernster als Dads Geistergesicht, weil ich große Angst hatte vor dem, was er sagen würde, und vor dem, was ich sagen würde, und es war einer dieser Augenblicke, wo man die Worte kennt, bevor man sie sagt, aber man sagt sie trotzdem, als ob man sie aus einem Buch abliest, und sie gingen wie folgt.

Er sagte Du musst die Schlüssel an dich nehmen.

Ich fragte Warum?

Er sagte Du musst den Minibus fahren.

Ich sagte Das kann ich nicht.

Er sagte Ich bringe es dir bei. Ich werde dir sagen, was du tun musst. Du bist schon einmal gefahren. Weißt du noch, ich habe dich auf dem Parkplatz in Mums Ka fahren lassen.

Ich sagte Das war ein Kleinwagen, kein Minibus und ich bin nur zehn Minuten gefahren und es war Blödsinn und das ist Diebstahl und ich kriege Schwierigkeiten.

Er sagte Manchmal muss man etwas tun, was falsch ist, um etwas Größeres zu tun, das richtig ist. Mum kommt heute Nacht in große Schwierigkeiten, Philip. In ganz große Schwierigkeiten. Später werden Männer in den Pub kommen, Philip. Sie haben Baseballschläger dabei und einer von ihnen hat eine Waffe. Du musst zu Mum und sie in Sicherheit bringen.

Ich sagte Wir haben nicht mehr genug Zeit.

Und er sagte Du hast genug Zeit. Sie kommen um halb fünf in den Pub, wenn es auf den Straßen ruhig ist. Jetzt ist es erst Mitternacht und wenn wir schnell fahren, brauchen wir drei Stunden.

Mir fielen noch andere Sachen ein, die ich hätte tun können, beispielsweise es einem Lehrer sagen, aber die hätten mir nicht geglaubt, oder Renuka oder Oma anrufen, aber ich wusste ihre Telefonnummern nicht. Ich hätte die Auskunft wegen Renukas Nummer anrufen können, aber sie hat eine Geheimnummer wegen der schlimmen Telefonanrufe, und mir fiel Omas Adresse nicht ein. Dads Geist konnte Gedanken lesen, denn er sagte Es gibt keine andere Möglichkeit.

Ich ging den Flur zurück.

Die Stille kreischte und ich kam an die Tür und ich drückte den Griff nach unten und hielt den Atem an, als ob ich tauchen wollte. Ich öffnete die Tür und schloss sie, aber nicht ganz, und Dads Geist ging durch mich hindurch und lief voraus und zeigte auf den Boden, wo die Schlüssel lagen. Mr. Rosen schnarchte und ich ging in die Knie und atmete nicht und meine Hand fuhr nach unten und berührte den Teppich und dann bewegte ich meine Hand wie eine SPINNE und berührte kaltes Metall und nahm die Schlüssel in das geballte Faustgefängnis und stand auf und wollte hinausgehen, in die immer noch dunkle Unterwasserwelt, und Mr. Rosen drehte sich um und sagte meinen Namen wie in einer Frage Philip? und ich sah Dads Geist an und Dads Geist sagte Sag ihm, dass du auf die Toilette gehst, und ich sagte Ich gehe auf die Toilette und Mr. Rosen machte ein Geräusch, das wie Okay klang, aber er war schon wieder eingeschlafen und Dads Geist zeigte auf meine Schuhe und meinen Pulli auf dem Boden und ich hob sie auf und ging nach draußen und klinkte die Tür zu.

Wir liefen rasch den Flur hinunter und leise über den Topfkratzerteppich und einer meiner Schuhe wollte fliehen und den Minibus nicht stehlen und glitt mir allmählich aus den Armen. Ich hastete an Mrs. Fells Zimmer vorbei und an den Toiletten und an dem Zimmer der Mädchen, aber am Ende des Flurs fiel der Schuh mit einem Plumps zu Boden. Ich hob ihn auf und drückte die Tür am Ende des Flurs auf, deren Glasscheibe wie ein Matheheft aussah, und dann ging ich nach rechts, vorbei an den Postern vom Hadrianswall und vom Kastell Housestead und dem Feuermelder und kam an die andere Tür, die einen Spezialgriff hatte, den ich umdrehen musste, aber Dads Geist ging einfach hindurch.

Draußen war es KALT und ich setzte mich auf die Stufe unter der Lampe und zog meine Schuhe an. Sie fühlten sich komisch an, weil ich keine Socken trug, und ich zog meinen Pulli über, aber mir war immer noch kalt, weil ich nur meine Pyjamahosen anhatte.

Dads Geist war schon halb über den Parkplatz und forderte mich mit der Hand auf, mich zu beeilen, also stand ich auf und rannte und ließ meine Schritte lauter werden, je weiter wir uns vom Gebäude und dem Licht entfernten.

Und dann sah ich, wie Dads Geist weiß wurde und eine merkwürdige Form annahm, mit vielen geraden Linien, die sich in der Luft bewegten, und die Linien kamen rasch auf mich zu und so fliegen Geister. Und als er bei mir war, landete er und sah wieder aus wie Dads Geist und sagte Es gibt zwei Minibusse.

Ich sagte Ja, das weiß ich.

Er sagte Lass mich die Schlüssel sehen.

Ich zeigte ihm die Schlüssel und er sagte Ich glaube, die sind für den roten Minibus, nicht für den weißen.

Und ich ging zum Parkplatz und ich konnte den roten Bus nicht sehen, weil man im Dunkeln Farben nicht sehen kann, aber ich konnte den weißen sehen, also ging ich zu dem anderen Minibus.

POCHPOCHPOCH

Es war mittlerweile sehr WINDIG und neben dem Parkplatz standen Bäume und sie waren nur schwarze Formen wie dünne Hälse mit runden Gesichtern und wilden Haaren und der Wind brachte sie dazu, die Köpfe zu schütteln, und ihre Haare schienen zu sagen Tu's nicht, klau den Minibus nicht.

Ich sah zum Gebäude zurück und zu dem anderen Gebäude und zum Stall und ich dachte an die anderen, die schliefen, und mir wurde übel, aber dann dachte ich an Mum und das war wichtiger. Ich ging zu dem roten Minibus und steckte den Schlüssel ins Schloss und meine Hände zitterten nicht nur, weil es KALT war, und Dads Geist hatte recht gehabt, es war der richtige Schlüssel.

Ich sah zum Himmel auf, warum, weiß ich nicht, und die Wolken waren wie schwarzer Rauch, aber da waren eine Lücke und ein paar Sterne, die wie Geister von der Erde fortflogen, und ich kletterte in den Minibus und die Tür war schwer und Dads Geist war bereits drin.

Der Sitz war hoch und ich streckte meine Beine aus wie ein Gummimensch und meine Füße berührten gerade so die Pedale. Dads Geist zeigte mit dem Finger und er sagte Das ist die Kupplung und das ist die Bremse und das ist das Gas, genau wie im Ford Ka.

Dann sagte er was über die Gangschaltung und erklärte mir, wie man sie benutzt, und es ging genauso wie im Ka, nur VIEL SCHWERER.

Und ich sagte Soll ich die Scheinwerfer anmachen?

Er sagte Erst wenn du auf der Straße und weg von den Häusern bist.

Und ich legte den Sicherheitsgurt an, aber Dads Geist brauchte keinen und ich fragte mich, ob Dads Geist schlimme Erinnerungen an die Brücke in Kelham hatte, aber falls ja, dann sagte er es nicht. Ich drehte den Schlüssel um und der Motor sprang an und warme Luft strömte herein und ich tat, was Dads Geist mir sagte, um den Minibus zu lenken, was ziemlich schwer war, und ich konnte ihn nicht bewegen, weil ich nicht Dominic bin und nicht einmal einen einzigen Liegestütz schaffe.

Es war wie bei den Wagenrennen im Circus Maximus, wo die römischen Sklaven starben, weil sie die vier Pferde nicht im Zaum halten konnten.

Und als ich wendete, brüllte Dads Geist RECHTS RECHTS RECHTS, weil die Räder auf das Gras vom Parkplatz gerieten und beinahe in den Graben rutschten. Und er versuchte, das Lenkrad zu packen, und vergaß, dass er ein Geist war, und seine Hand ging durch das Lenkrad hindurch, aber ich dachte fest an Spiderman und machte mich stärker und der Minibus blieb auf dem Parkplatz und dann fuhren wir hinaus auf die Straße, die wie eine Schlange war, sehr schmal und kurvig.

Es gab einen Riesenlärm und Dads Geist sagte Wir sind zu schnell für den ersten Gang.

Ich hatte das Gefühl, schon meilenweit gefahren zu sein, aber die Jugendherberge war immer noch direkt hinter uns, und dann hörten wir ein Geräusch wie einen Motor und das Geräusch wurde lauter. In dem Moment sagte Dads Geist Oh Gott.

Ich fragte Was ist?

Er sagte Sie folgen uns.

Ich sah in den Rückspiegel und die Scheinwerfer vom weißen Minibus wurden hinter uns schnell größer und die Scheinwerfer waren hell und besaßen Strahlen wie Dads Geist, wenn er flog.

Dads Geist sagte Den Fuß aufs Pedal.

Und ich presste den Fuß nach unten und dieses Ding, das aussah wie ein Sekundenzeiger, schoss durch die Zahlen 15 20 25 30 und die Hecke neben der Straße verschwamm, aber die Scheinwerfer hinter uns waren jetzt echt nahe und wollten uns überholen. Und als der andere Minibus auf einer Höhe mit unserem war, konnte ich Mr. Rosen und Mrs. Fell sehen, die durch die Scheiben brüllten, und Mr. Rosen fuhr und Mrs. Fell wedelte mit den Armen und sie war im Pyjama und ich konnte sie nicht hören, aber ich wusste, sie wollten, dass ich stehen blieb, und Mrs. Fell sah ängstlich aus.

Und ich blickte in ihre Gesichter und Dads Geist rief SCHNELLER und das war der Moment, wo der Minibus zu weit nach links kam und wir fuhren auf dem Grünstreifen und ich kam nicht wieder herunter und alles wurde zittrig und ich hopste auf meinem Sitz auf und ab und Dads Geist rief BREMSEN, aber mein Fuß wackelte viel zu stark. Und dann wurden wir nach oben geschleudert, als ob der Boden ein Pferd wäre, aber wir kippten nicht um wegen der Hecke und wir schrammten an der Hecke vorbei und dann blieb der Minibus mit einem Hüpfer stehen und mein Kopf schoss nach vorn und mir tat der Hals weh. Ich sah nach links und Dads Geist war verschwunden und ich hörte, wie die Tür geöffnet wurde und Mr. Rosen rief Philip, Philip, kannst du mich hören?

Ich konnte ihn hören, also drehte ich mich um und sah, wie Mr. Rosen die Tür ganz aufmachte. Er stieg ein und befreite mich aus dem Gurt und sagte Kannst du stehen?

Ich sagte Ja, ich glaube schon, ja.

Ich sah Mrs. Fell und sie stand auf der Straße im Dunkeln in ihrem Pyjama und auf den Feldern hinter ihr waren die Geister römischer Soldaten, die Holzkarren voller Steine zogen, und ein anderer Geist stützte die Hände auf die Hüften und trug eine Uniform, die in der Nacht rot und golden funkelte, und sein Gesicht war wütend traurig wie das von Mr. Rosen, und er hatte einen Bart und vielleicht war es Kaiser Hadrian und mein Herz schlug wie wild pochpochpoch-pochpochpochpochpochpochpochpochpochpochpoch-pochpochpochpochpochpochpochpochpochpochpoch-pochpochpochpochpochpochpochpochpochpochpoch-pochpochpochpoch

DAD DY

Dad ist ein komisches Wort, wenn man es immer und immer wieder sagt, Dadadadadadadadadadadada, es klingt wie Gewehrfeuer. Mum ist auch komisch. Mumumumumumumumumu. Sieht aus wie muhmuhmuhmuhmuh, wie bei einer Kuh in einem Kleinkinderbuch. Vater ist auch komisch Vat er und Mutter Mutt er und Daddy oder Dad dy

Dad

dy

Dad

dy

Dad

dy

Dad

dy

ing

Wenn man Newark new ark buchstabiert, bedeutet das neue Arbeit, und wenn man die Buchstaben mischt, bekommt man wanker und das bedeutet Wichser oder bei town bekommt man nowt und das bedeutet nichts.

MRS. PALEFORT

Mum und dem Castle war nichts passiert. Dads Geist hatte mich angelogen und jetzt steckte ich in GROSSEN SCHWIERIGKEITEN. Ich hatte einen Minibus kaputt gefahren und Mr. Rosen und Mrs. Fell in Mrs. Paleforts schwarzes Buch gebracht.

Mrs. Palefort war die Direktorin und sie wollte mich und Mum sprechen, als ich vom Hadrianswall zurückkam, also gingen wir in ihr Büro, das auf der linken Seite liegt, wenn man die Schule betritt, bevor man den Flur sieht, der an der Bibliothek vorbei in die Aula führt, wo montags und mittwochs und freitags alle zusammenkommen.

Mum klopfte an die Tür klopf klopf und ich sah, dass sie ihre Ringe nicht trug. Wir warteten und Mum sah mich an und sie trug ihren schwarzen Hosenanzug und die Haare hatte sie zurückgebunden und sie schloss die Augen und stieß die Luft durch die Nase aus und hinter uns wurde gekichert und gestarrt und Worte wurden gehustet, die sich tief und tiefer in mich hineinbrannten.

Wir warteten und warteten hinter der braunen TÜR und rochen den durchdringenden Geruch des sauberen, funkelnden BODENS, gemischt mit Mums Parfüm, und dann sagte eine Stimme ganz verschwommen aus dem Nichts Herein bitte.

Mum nickte mir zu, ich solle die Tür öffnen, also tat ich es und der Raum blätterte sich auf, bis ich Mrs. Palefort sehen konnte, die mit dem schlimmsten Gesicht, das sie JEMALS hatte, dasaß, die Hände zu einer Kirche mit einem Kirchturm ANEINANDERGELEGT, aber eine umgekippte Kirche, die seitlich auf dem Schreibtisch lag.

Mrs. Palefort hatte dunkelbraune und hellweiße Haare, zu einem Knoten gebunden, und eine hohe Stirn und eine große, eckige Brille, die die obere Hälfte ihres Gesichtes schmelzen ließ, aber die untere Hälfte blieb starr, wie eingefroren.

Es gab zwei leere Stühle auf der anderen Seite des Raumes und Mrs. Palefort nickte mit dem Kopf einen Millimeter und das bedeutete Setzen Sie sich dorthin.

Mrs. Palefort sagte Sicherlich muss ich nicht erläutern, warum ich Sie beide zu mir gebeten habe.

Mum sagte in ihrer bemüht-blasierten Stimme Nein, das müssen Sie nicht.

Und dann sahen Mum und Mrs. Palefort mich an, bis ihre Augen genug Kraft hatten, meinen Kopf zum Schütteln zu bringen.

Als Mrs. Paleforts Augen bekommen hatten, was sie wollten, wandten sie sich Mum zu und Mrs. Palefort sagte Wissen Sie, wie viele Kinder dieser Stadt jetzt zu öffentlichen Schulen außerhalb von Newark pendeln?

Mum sagte Nein, das weiß ich nicht.

1000 lautete die Antwort und dann sagte Mrs. Palefort Können Sie sich vorstellen, welchen Schaden ein solcher Vorfall unserem Ruf zufügt? Die Hälfte unseres Einzugsgebiets pendelt bereits nach Lincolnshire. Die bessere Hälfte, um ehrlich zu sein. Da brauchen wir wohl kaum Siebtklässler, die auf Schulausflügen Minibusse stehlen und das einen Monat vor der Inspektion durch die Schulbehörde. Verstehen Sie mich?

Mum sagte Ja, ich verstehe.

Mrs. Palefort gab ein Geräusch von sich, dann schloss sie die Worte in ihrem Mund ein und fiel in langes Schweigen wie das hier

Und dann brach sie das Schweigen und sagte Unter normalen Umständen hätten wir keine andere Wahl, als Philip von der Schule zu nehmen, entweder vorübergehend oder dauerhaft.

Als sie das sagte, wollte Mum auch etwas sagen, aber Mrs. Palefort hob ihr Kinn, als ob sie über Mums Worte hinwegkletterte, und sagte Mrs. Noble, ich verstehe, dass es sich hier nicht um normale Umstände handelt und dass Philip immer noch über den Verlust seines Vaters trauert. Ich verstehe auch, dass Philip vielleicht Schlafwandler ist oder sich zumindest nicht wirklich bewusst war, was er da tat. Aus diesem Grund darf er vorerst bei uns bleiben. Natürlich unter besonderen Bedingungen.

Mum verlor ihre Blasiertstimme und fragte Besondere Bedingungen? Was für besondere Bedingungen?

Und die ersten besonderen Bedingungen hörte ich nicht, weil ich auf meine verzerrten Umrisse in einer der Trophäen auf dem Regal an der Wand schaute. Aber Mum sagte später, die besondere Bedingung lautete, dass ich einmal die Woche die Schultherapeutin aufsuchen musste, aber das war schon in Ordnung, weil die Schultherapeutin Mrs. Fell war, die auch Therapeutin war, nicht nur Lehrerin.

Und dann hörte ich auf, in die Trophäe zu blicken, und hörte, wie Mrs. Palefort immer noch redete und sagte Aber selbstverständlich müssen wir, sollten diese Probleme anhalten, über die Möglichkeit einer SCHÜLERVERSETZUNG nachdenken, was bedeuten könnte, Philip ganz von der Schule zu nehmen. Ich bin jedoch sicher, dass sich Philip im Lauf der Zeit besser an unsere schulische Umgebung anpassen wird, und ich bezweifele, dass wir mit weiteren Vorfällen zu tun haben werden, in denen es um Schulminibusse geht. Meinst du nicht auch, Philip?

Sie wollte ein Ja, also gab ich ihr eins.

RUDYARD KIPLING

Mrs. Fell erklärte uns den Ersten Weltkrieg und erzählte uns von einem Mann namens Erzherzog Franz Ferdinand. Er wurde erschossen und so begann der Krieg und dann starben deshalb Millionen und Abermillionen von Männern und das bedeutet, dass es in ganz Europa Millionen und Abermillionen Geister von Soldaten gibt und nur einen Geist von Erzherzog Ferdinand und ich wette, die Soldatengeister sind sauer auf ihn.

Mrs. Fell gab uns ein kopiertes Blatt Papier mit Fakten über den Krieg und oben über den Fakten standen ein paar Worte von einem Mann namens Rudyard Kipling, der wegen dem Dschungelbuch berühmt ist, das ich gesehen habe, als ich noch klein war, das ich mir jetzt aber nicht mehr ansehe, weil ich zu alt bin und weil es auf Video und nicht auf DVD ist, und wo Balu der Bär singt *Ich wäre gern wie du*, und die Worte auf dem kopierten Blatt lauteten:

»Falls jemand fragt, warum wir sterben mussten,
So sagt ihm, dass unsere Väter uns zu belügen wussten.«

Common Form, Epitaphs of the War (1914–1918)
Rudyard Kipling (1865–1936)

Ich wusste nicht, was Epitaph oder Common Form bedeutete, aber die Worte oben auf dem Blatt gefielen mir, weil mein Vater gelogen hatte, was die Männer anging, die in den Pub kommen würden, und ich bin zwar nicht gestorben, aber ich bin in GROSSE SCHWIERIGKEITEN geraten. Und diese Worte sagten mir, dass ich die Wahrheit sagen sollte darüber, dass Dads Geist gelogen hatte und mir gesagt hatte, ich solle den Minibus nehmen. An diesem Tag war ich später wieder bei Mrs. Fell und sie war jetzt nicht meine Lehrerin, sie war meine Therapeutin, aber sie sah genau gleich aus, außer dass sie den Kopf jetzt, wo sie meine Therapeutin war, schräg gelegt hatte.

Sie fragte mich Warum hast du das gemacht, Philip?

Ich sagte Weil mein Vater gelogen hat.

Sie sagte Wie bitte?

Und ich sagte Falls jemand fragt, warum wir sterben mussten, so sagt ihm, dass unsere Väter uns zu belügen wussten.

Sie musterte mich sehr lange mit ihrem schräg gestellten Kopf, aber sie sah immer noch ausnehmend hübsch aus, auch mit schrägem Kopf, vor allem, wenn sie dabei die Nase kräuselte.

Mrs. Fell ist die hübscheste Lehrerin, weil sie grüne Augen hat, die tief in einen hineinsehen können, und schwarze, lockige Haare und ein strahlendes Lächeln und ihre Oberlippe ist wie ein M, nur flacher, und ihre Unterlippe ist links größer als rechts und sie trägt Lippenstift, aber keinen grellen, wie Mums Lippenstift, und sie hat eine weiße Haut, die ganz weich ist. Sie trägt nette Kleider, wie Jeans und ein rosa T-Shirt, auf dem SPORTLICH steht, und sie hat eine Kette mit einem kleinen goldenen Kreuz mit einem Jesus daran und der hatte Nägel in sich. Und sie stammt aus Ollerton, das liegt in der Nähe von Newark, aber sie spricht nicht Nottinghamshirisch, das traurig klingt, weil die Worte nach

u
n n
t e
e b
n gehen und ihre gehen nach o

und sind nicht pelzweich, obwohl sie Mrs. Fell heißt. Sie sah mich nur aus ihren schrägen Augen an, so wie ich in mein Aquarium schaute, um nachzusehen, ob ein Fisch gestorben war.

Nach einer Weile sagte sie sehr leise, als ob ich Eierschalenohren hätte Das stammt aus einem Gedicht, Philip.

Ich sagte Ja, das weiß ich, aber mein Dad hat mich wirklich angelogen, als wir am Hadrianswall waren.

Sie sagte Du hast eine sehr schlimme Zeit hinter dir.

Und ich sagte Ja, mein Dad ist gestorben.

Sie sagte Ja, das weiß ich.

Ich sagte Es war nicht mein Dad, der mich belogen hat.

Sie lächelte, aber sie hörte auf zu lächeln, als ich sagte Es war der Geist von meinem Dad.

Sie sagte Philip, wenn ein Junge in deinem Alter mit etwas Furchtbarem und Schwierigem zurechtkommen muss, so wie du, dann kommt es vor, dass man manches durcheinanderbringt.

Ich sagte Er kommt manchmal zu mir und spricht mit mir, aber er ist nicht immer da. Er flackert an und aus wie eine kaputte Glühbirne.

Sie seufzte und kräuselte wieder ihre Nase und machte die Augen zu schmalen Schlitzen und sagte Philip, du hast eine außergewöhnliche Fantasie und das ist etwas Gutes, wirklich. Aber du musst lernen, die Dinge, die real sind, von den Dingen zu trennen, die nicht real sind.

Ich sagte Mrs. Fell, glauben Sie an Geister?

Ihre Nase zuckte ein wenig, als ob die Frage ein Ball wäre, den man ihr ins Gesicht geworfen hätte, und sie sagte Nein, das tue ich nicht.

Ich sagte Das habe ich auch nicht, bis ich Dads Geist gesehen habe.

Sie sagte Philip.

Ich sagte Ich erfinde das nicht.

Sie sagte Ich weiß, Philip. Wenn etwas Schreckliches passiert ist, fällt es einem oft schwer zu erkennen, was real ist und was nicht.

Ich sagte Er hat mir gesagt, dass Mum in Schwierigkeiten steckt und ich den Minibus stehlen muss.

Sie schrieb etwas auf ein Papier und sah mich wieder LANGE an und dann nahm sie das kleine, goldene Kreuz zwischen Daumen und Zeigefinger und zog es an der Kette entlang. Dann sagte sie Und steckte deine Mum in Schwierigkeiten, als du zurückgekommen bist?

Ich sagte Nein.

Sie sagte Na also.

Ich sagte Er hat gelogen.

Sie sagte Philip, du musst versuchen, diese Dinge zu ignorieren, denn sie sind nur Teil deiner Fantasie.

Ich sagte Ich kann nicht anders.

Sie sagte So etwas wie »kann nicht« gibt es nicht, Philip. Du kannst auch anders.

Ich sagte Ich habe keine andere Wahl.

Sie sagte Du hast immer eine Wahl. Das Leben ist voller Wahlmöglichkeiten, Philip. Es besteht daraus. Du kannst alles ignorieren, was du ignorieren willst, und irgendwann wird es weggehen.

Ich sagte Was ist mit den Soldaten?

Sie fragte Was für Soldaten?

Ich sagte Die aus dem Ersten Weltkrieg. Die, deren Väter gelogen haben.

Sie sagte Das ist etwas anderes.

Ich fragte Warum?

Sie sagte Das ist Geschichte, Philip, nicht Fantasie. Eigentlich ist es ein Gedicht, darum ist es beides.

Ich sagte Wenn ich alt und tot und Geschichte bin, bin ich dann im Recht?

Sie sagte Philip, dir fehlt dein Dad sehr. Möchtest du ein wenig darüber reden?

Ich sagte Nein.

Sie sagte Möchtest du über deinen Dad reden? Wie er so war?

Ich sagte Er hat komische Stimmen gemacht.

Ihre Augenbrauen fuhren zusammen wie dünne Raupen, die sich küssen wollten, es aber nicht konnten, und sie wiederholte Komische Stimmen?

Ich sagte Ja. Wenn er mir einen neuen Fisch gekauft hat, dann hat er die Stimme nachgemacht, mit der der Fisch spricht. Den Guppys hat er immer blasierte Stimmen gegeben und die Mollys klangen so

Und ich machte ihr die Stimme der Mollys vor und sie hätte beinahe gelacht.

Und ich sagte zu ihr Aber sein Geist ist nicht komisch, er ist nur traurig und wütend.

Ich wollte ihr nicht vom Club der toten Väter erzählen oder von den Schrecken. Sie glaubte nicht an Geister, darum würde sie auch nicht an den Club der toten Väter oder an die Schrecken glauben. Und ich wollte ihr nichts davon erzählen, was mir Dads Geist über Onkel Alan gesagt hatte, weil ich nicht wusste, ob das nicht vielleicht auch erlogen war, und falls er nicht gelogen hatte, könnte sie es Mum erzählen und dann würde Onkel Alan noch gefährlicher.

Mrs. Fell sagte Weiß deine Mum von alldem?

Ich sagte Nein.

Mrs. Fell fragte Was glaubst du, was sie darüber denken würde?

denken

denken

Ich sagte Sie würde denken, ich sei dumm.

Mrs. Fell sagte Warum hast du es mir erzählt?

Ich sah ihren Arm an. Er hatte Sommersprossen und weiche Härchen und ich wollte ihre Haut berühren, tat es aber nicht.

Ich sagte Ich weiß nicht.

Mrs. Fell sagte Du hast gesagt, dass der Geist deines Dads wütend ist. Worüber ist er deiner Meinung nach wütend?

Ich fand, das war eine komische Frage, weil Mrs. Fell nicht an den Geist meines Dads glaubte, und warum interessierte sie sich dann dafür, worüber er wütend war, aber ich sagte ihr nicht die Wahrheit, ich sagte nur Keine Ahnung.

Dann stellte Mrs. Fell noch eine komische Frage und die lautete Wann hast du das letzte Mal den Geist deines Vaters gesehen?

Und ich sagte, dass ich ihn seit dem Hadrianswall nicht mehr gesehen hätte.

Sie lächelte, als ob ich ihr die RICHTIGE ANTWORT gegeben hätte.

KAISERFISCH

Alle Fische sind gleich und kein Fisch ist besser als der andere, aber ehrlich, wenn es einen besten Fisch gäbe, dann wäre es der Kaiserfisch. Der Kaiserfisch, den ich habe, ist 15 Zentimeter lang und er hat blaue und gelbe Streifen an seinem Körper, der rund und flach ist. Der richtige Name des Kaiserfisches steht in meinem Buch über Tropenfische und er lautet Holocanthus ciliaris, das ist lateinisch, wie es die Römer gesprochen haben, aber der Name, den ich dem Fisch gegeben habe, lautet Gertie, das ist die Kurzform von Gertrude und das ist ein lustiger Name.

Kaiserfische sind schwer zu halten, weil sie mäkelig sind, und ihr Wasser muss immer zwischen 26 und 28 Grad Celsius warm sein, weil sie sonst schmelzen oder erfrieren. Ich habe nur einen einzelnen Kaiserfisch, was nicht gut ist, weil Kaiserfische zu zweit besser sind, denn dann haben sie einen Partner und mit dem bleiben sie ein Leben lang zusammen.

Der Kaiserfisch, den ich habe, kommt aus dem

AMAZONASBECKEN

in Südamerika, wo es sehr warmes Wasser gibt, wie in meinem Aquarium. Kaiserfische gehören zu einer Familie namens Chaetodontidae. Ich glaube nicht, dass die Fische wissen, wie lang ihr Name eigentlich ist.

Das Beste am Kaiserfisch ist, dass er verschwinden kann, obwohl er so groß ist, weil er nämlich so flach ist, dass man ihn nicht sieht, auch wenn er direkt vor einem ist.

DIE MÄNNER, DIE DEN PUB KAPUTT SCHLUGEN

Der Lärm drang in meinen Traum.

In meinem Traum spielte ich Fußball auf einem Hügel und ich spielte gegen eine ganze Fußballmannschaft und ich war echt gut, wie damals in der Grundschule, aber das Spielfeld wurde immer steiler und jedes Mal, wenn ich den Ball trat, rollte er in mein Tor oder in eine Ecke und ich verlor zwanzig zu null. Dad war Schiedsrichter und ich versuchte, ihm zu sagen, dass das Spielfeld ein Hügel war, der immer steiler wurde, aber er meinte Schlechte Fußballer geben dem Spielfeld die Schuld, Philip, schlechte Fußballer geben dem Spielfeld die Schuld.

Und dann hörte ich in meinem Traum die Schulglocke, aber es war eigentlich keine Schulglocke und das Spielfeld wurde furchtbar steil, als ob sich eine Falltür öffnete, und ich fiel hinein und landete im Bett.

Es war noch dunkel und mein Wecker zeigte 4 Uhr 27 und ich hörte wieder den Lärm. Er kam von unten. Es waren schlagende und klirrende Geräusche, als ob jemand Glas zersplitterte.

Ich kletterte aus meinem Bett und ging im Dunkeln aus meinem Zimmer.

Ich stieg die Treppe nach unten, auf der Seite der Stufen, die der Wand am nächsten lagen, weil es da nicht knarrte, und ich stieg immer weiter nach unten und es gab noch ein schlagendes Geräusch, aber es war kein Fenster. Ich wartete auf der Treppe und wusste nicht, was ich tun sollte, und da sah ich Dads Geist zum ersten Mal seit dem Hadrianswall und Dads Geist sagt Halte sie auf.

Ich sagte Wie?

Er sagte Schrei.

Ich sagte Das will ich nicht.

Er sagte Schrei.

Ich sagte Das will ich nicht.

Er sagte SCHREI.

Ich sagte DAS WILL ICH NICHT!!!!!!!

Und die Männer, die den Pub kaputt schlugen, mussten mich gehört haben, denn sie riefen etwas und ich sah einen von ihnen, der durch das zerbrochene Glas in der Tür stieg, und er war ganz schwarz angezogen, sogar im Gesicht und das nennt man eine

Sturmhaube

und dann rannten sie aus dem Pub und mein Körper konnte sich nicht bewegen, nicht einmal meine Finger, und als Nächstes tauchte Mum hinter mir auf dem Treppenabsatz auf, mit ihrem Schlafhaar und die Hand an den Hals gepresst und einem ängstlichen Gesicht.

Sie rannte an mir vorbei die Treppe hinunter und an Dads Geist vorbei, ohne ihn oder mich zu bemerken, und ich hörte eine Sekunde lang gar nichts und dann rief ihre Stimme durch die Tür Mistkerle diese Mistkerle diese verdammten Mistkerle.

Und dann forderte mich Dads Geist auf, zu ihr zu gehen, und ich ging auch zu ihr und in dem Augenblick sah ich den Pub.

Der Pub war völlig zertrümmert, alle Flaschen und die Tür, und die Kasse stand offen und das ganze Geld war weg. Mum saß unter der Kasse auf dem Boden hinter der Theke.

Dads Geist war dort und er sagte Sag ihr, sie soll aufstehen.

Ich fragte Warum?

Mum merkte nicht, dass ich mit niemand sprach.

Dads Geist sagte Sie wird sich an den Scherben schneiden.

Ich sagte Mum, steh auf, du wirst dich an den Scherben schneiden.

Sie sah mich an, als ob sie gar nicht gewusst hätte, dass ich da war, und dann stand sie auf und sie zitterte.

Dads Geist sagte Sag ihr, sie soll die Polizei rufen.

Ich sagte Soll ich die Polizei anrufen?

Mum sagte Nein, nein, das mache ich schon.

Und sie ging mit ihren nackten Füßen durch die Scherben und als sie am Telefon war, sagte Dads Geist Sie müssen ihren Plan geändert haben.

Ich sagte Was?

Und er sagte Sie müssen ihn um einen Monat verschoben haben, aber sie waren es ganz eindeutig, Philip.

Ich sagte Ja und ich dachte bei mir, ich würde Dads Geist von nun an immer glauben.

BARBAREI

Als ich am nächsten Tag nach Hause kam, setzte Onkel Alan Holzplatten in die eingeschlagenen Fenster und hämmerte Nägel ein.

Er sagte Ist schon gut, mein Sohn.

Das Wort Sohn gab mir einen Stich und ich sah das Schwarze an seinen Händen, das er nie abwusch, und ich dachte, es wird schwer sein, jemanden zu töten, der so massige Hände hat und Nägel so fest einschlagen kann. Seine Hände waren so groß wie der Königskaiserfisch, das ist der größte Kaiserfisch und der ist zu groß für mein Aquarium.

Ich ging nach oben und Mum machte Tee in der Küche.

Ich versuchte, mich normal zu verhalten, und darum las ich in dem Buch über die Römer in Britannien von Graham Fortune, aber ich konnte nur einen Satz lesen. Der Satz lautete

> Für die römischen Soldaten war der
> Hadrianswall mehr als nur eine
> Verteidigung gegen die kaledonischen
> Stämme – er verkörperte auch die
> Trennungslinie zwischen der bekannten
> Welt aus Ordnung und Zivilisation und der
> unbekannten Welt aus Chaos und Barbarei.

Ich wusste nicht, was Barbarei bedeutete. Es klang, als habe es etwas mit Haareschneiden zu tun, aber das passte irgendwie nicht. Die Abbildung im Buch zeigte Stämme mit langen, verfilzten Haaren und die Römer mit kurzen Haaren oder Helmen, also hatte Barbarei vielleicht doch etwas mit Haarschnitten zu tun.

Ich konnte nicht weiterlesen, darum fütterte ich meine Fische.

Ich war gerade damit fertig, sie zu füttern, und beobachtete die fünf Guppys und sah zu, wie sie an die Oberfläche kamen und nach den größten Flocken schnappten, die zu groß für sie waren. Dann fraßen die Neonfische unter ihnen die Teile, die den Guppys aus dem Maul fielen und langsam durch das Wasser nach unten rieselten. Ich saß auf dem Bett und sah den Flocken zu und wischte mir den Geruch der Flocken an den Hosen ab und da sah ich Dads Geist im Aquariumglas.

Ich drehte mich um und er sagte Hallo, mein Sohn.

Sein Gesicht war trauriger als vorher und ich wusste, es lag daran, dass er die ganze Zeit in den Schrecken verbracht hatte.

Dann sagte er Es tut mir leid.

Ich fragte Was?

Er sagte Die Sache mit dem Minibus. Dass ich den falschen Tag erwischt habe.

Ich sagte Ist schon in Ordnung.

Er sagte Deine Mum war nicht in Gefahr. Sogar gestern Nacht waren deine Mum und du sicher.

Ich sagte Die Männer haben den Pub zusammengeschlagen. Sie hätten uns auch zusammenschlagen können.

Er sagte Nein, das war nicht sein Plan. Er wollte euch beiden nur Angst einjagen. Er muss das öffentliche Kameraüberwachungssystem überlistet haben. Er wusste, die Polizei würde nichts unternehmen können.

Ich sagte Es waren drei Männer.

Er sagte Ja, aber es war die Idee von einem Mann. Er hat die anderen beiden bezahlt. Wahrscheinlich schlägt er das Geld einfach auf ihren Lohn. Sie arbeiten für ihn in der Werkstatt.

Ich sagte Nein.

Er sagte Ja. Mein Bruder. Mein Blut.

Ich fragte Warum?

Er sagte Er will den Pub, Philip. Er will deine Mum.

Dads Geist fing an zu flackern, aber ich verstand seine letzten Worte, bevor er weg war und die er mit seiner ernsten Geisterstimme sagte

Furcht

lässt

ihn

näher

kommen.

Und dann war Dads Geist fort.

SIN

Mum rief Alan! Philip! Tee ist fertig!

Ich wollte nicht, dass Onkel Alan zum Tee blieb, aber ich konnte nichts dagegen tun, weil Onkel Alan jetzt fast jeden Tag zum Tee blieb.

Mum hatte Chili sin carne gemacht. Mum sagt Chili sin carne ist Chili ohne Fleisch und in Mums Weight Watcher Kochbuch steht, dass SIN auf Spanisch ohne heißt und Spanisch spricht man in Mexiko und von dort kommt Chili. Und CON heißt mit und carne heißt Fleisch und sie hat es mit Tofu statt mit Fleisch gemacht, weil Tofu weniger Fett hat, und Onkel Alan hat nonstop geredet, Worte Worte Worte.

Du bist hier nicht SICHER, so ganz allein.

Was, wenn es noch mal vorkommt.

Brian würde wollen, dass du SICHER bist.

Ich könnte im Gästezimmer schlafen.

Mach dir um meine Wohnung keine Gedanken, ich kann sie untervermieten.

Da würde ich sogar noch was verdienen.

Siehst du, mein Wahnsinn hat Methode.

Ich könnte mit anpacken.

Du wirst mich gar nicht weiter bemerken.

Ich bin ohnehin die meiste Zeit, die Gott werden lässt, in der Werkstatt.

Ich arbeite tagsüber in der Werkstatt und helfe abends im Pub.

Das wäre für mich die leichteste Übung der Welt.

Und Dads Geist stand neben dem Herd und sah zu, wie Onkel Alan sein Halblächeln lächelte und wie er Mum mit den Augen verschlang.

Dads Geist sagte zu mir Da sitzt er und lächelt. Dieser üble Schurke sitzt da und lächelt. Versucht, sich einzuschleimen. Lächelt lächelt lächelt. Sieh ihn dir an, Philip. Sieh ihn dir an. Dieser verdammte lächelnde Schurke.

Ich sah ihn an. Ich sah seine Hände an, mit den schwarzen Stellen, und seine Hände lagen auf Mums Händen.

Mum sah mich, wie ich sie ansah, und sah dann auf meinen Teller und sagte Willst du gar nichts essen?

Und ich sagte Nein.

Mum sagte Philip, du wirst noch vom Fleisch fallen.

Und Onkel Alan sagte Los, Philip, tu, was deine Mum sagt. Iss.

Und ich sah Dads Geist an und ich dachte, er würde sagen Iss nicht, aber das tat er nicht. Er sagte Iss auf, Philip, du brauchst Kraft.

Also nahm ich meine Gabel und fing an zu essen und Mum lächelte Onkel Alan an, weil sie dachte, er hätte mich dazu gebracht, etwas zu essen, und das machte mich richtig wütend und Dads Geist sah, dass es mich so wütend machte, aber Mum konnte es nicht sehen, als ob meine Wut ein Geist wäre. Sie konnte sie nicht sehen und bevor ich wusste, was geschah, flog der Teller mit Chili durch Dads Geist hindurch und krachte gegen die Tür der Anrichte und der Boden war übersät mit Chili sin carne.

Das verwandelte den Raum in ein Foto. Mum und Onkel Alan und sogar Dads Geist rührten sich nicht. Sie standen oder saßen nur da und machten aus ihren Mündern ein O. Und ich lief aus dem Zimmer und hörte Mum rufen Philip! Philip! Komm zurück!

Aber ich kam nicht zurück. Ich lief auf mein Zimmer und Dads Geist kam mit.

Ich schloss die Tür und Dads Geist sagte Was machst du nur?

Ich sagte Ich hasse ihn.

Dads Geist sagte Du musst dich beruhigen. Du musst die Kontrolle behalten.

Ich sagte Das kann ich nicht ich hasse ihn das kann ich nicht.

Und dann klopfte es an die Tür und Mum sagte Philip?

Sie öffnete die Tür und sagte Philip, mit wem um alles in der Welt redest du da?

Und Onkel Alan stand hinter ihr in seinem blauen Hemd mit den Druckknöpfen und er sah mich an und er sah in mich, aber ich ließ ihn nicht die Dinge sehen, die ich wusste, nicht wie Mum, die ihn alles in ihren Augen sehen lässt.

Und Mum sagte Philip, was ist los? Hat es mit deinem Vater zu tun?

Und ich sah Dads Geist an und sagte Keine Ahnung.

Und sie stellte mir viele Fragen und ich sagte immer nur Keine Ahnung.

Keine Ahnung.

Keine Ahnung.

Keine Ahnung.

Keine Ahnung.

Keine Ahnung.

Bis sie sagte Na schön und mit Onkel Alan zurück in die Küche ging und den Schlamassel aufwischte und Dads Geist ging mit und sah zu und ich lauschte an der Tür und hörte nur ein Murmeln, aber ich wusste, das Murmeln drehte sich um mich.

Und ich wusste, dass Onkel Alan im Gästezimmer bleiben würde, und ich wusste, dass Mum sich wünschte, dass er blieb, und ich wusste, es war alles meine Schuld.

Ich konnte nicht anders. Ich verließ mein Zimmer und marschierte in die Küche und Dads Geist schüttelte den Kopf und sagte Nein.

Aber ich konnte nicht anders und rief Er war's er war's er war's!!!

Und ich zeigte auf Onkel Alan, ohne ihn anzusehen, und mein Körper zitterte und Mum hielt mich im Arm und Spucke hing mir im Mundwinkel und ich presste mich gegen ihren Pulli, mein Gesicht presste sich dagegen, und ich schloss die Augen und ich spürte ihren warmen Pulli und es war ein angenehmer Geruch wie Blumen.

MR. FAIRVIEW UND DIE FORELLE

Ich war früh in der Schule und ich traf vor fast allen anderen aus meiner Klasse ein, mit Ausnahme von Nigel Curtain, der auf einem Bauernhof 15 Meilen entfernt wohnt und den sein Dad mittwochs immer an der Schule absetzt, wenn er zum Viehmarkt fährt.

Bevor ich das Fenster eingeschlagen und im Schlaf geschrien und den Minibus gestohlen hatte, war immer Nigel Curtain derjenige gewesen, auf dem am meisten herumgehackt wurde, wegen seiner Schulpullover, die ihm seine Mum strickt, und wegen seiner Haare, die struppig sind, und weil er mit einer tiefen Stimme spricht, ohne seinen Mund zu bewegen, als ob die Worte von irgendwo anders kämen.

Aber wenn jetzt der Bus eintrifft und alle aus der Winthorpe Road und dem Yorke Drive ausspuckt, wie zum Beispiel Dominic Weekly und Jordan Harper, dann werde ich links liegen gelassen und nicht einmal Nigel redet mit mir.

Und als ich an diesem Morgen sah, wie alle kamen, stand ich von der Bank auf und ging auf das Hauptgebäude der Schule zu, weil ich manchmal früher hinein darf. Aber als ich die Hälfte der Strecke hinter mir hatte, packte jemand meine Schultasche, die über meinem Rücken hing, und zog daran und ich wurde herumgewirbelt. Ich sah, wie jemand lachte, und ich sah die Farben seiner schwarzen Adidas-Jacke und sein hageres rosa Gesicht und seine Fischaugen und seine schwarzen Haare und es war Jordan Harper, also wusste ich, dass mich Dominic Weekly gepackt hatte. Dominic Weekly war stärker als Jordan und größer und wollte später zur Armee und es stand SAS für Special Air Service in großer schwarzer Tinte auf seinem Rucksack und ich wirbelte jetzt ganz schnell und rief Bitte.

Jordan bog sich vor Lachen und Dominic sagte Bitte was?

Ich sagte Bitte hör auf.

Er sagte Ist gut.

Und er ließ mich los und ich flog zur Seite und landete auf meinen Händen und schlitterte damit über den Boden und sie waren aufgeschürft und brannten und ich spürte die Tränen in meinen Augen aufsteigen, aber ich konnte sie noch rechtzeitig aufhalten, und Dominic sagte Ich gebe dir einen Spaten, dann kannst du es deinem Dad erzählen.

Er spuckte mich an und Jordan lachte.

Und ich hatte mein Treffen mit Mrs. Fell, aber ich erzählte ihr nichts von Dominic Weekly oder darüber, dass ich mit Chili sin carne geworfen hatte oder dass ich Dads Geist wiedergesehen hatte, sondern ich erzählte ihr, dass der Pub kaputt geschlagen worden war, und da sagte sie mir, dass ich alles aufschreiben solle.

Sie sagte, dass es helfe, wenn man alles zu Papier bringe oder in den Computer tippe, aber sie finde, Papier sei am besten. Ich fragte sie, warum, und sie sagte, wenn man mit einem Füller schreibe, dann sei das, als würde man mit einem Teil von sich schreiben, wie mit einem weiteren Finger. Das gefiel mir und darum sagte ich, die Tinte müsse aber blutrot sein, und sie sagte, die Tinte sei blau, also müsse ich wohl blaublütig sein wie Prinz William.

Sie sagte, darüber schreiben sei manchmal leichter als darüber reden, obwohl es länger dauere, und sie sagte, es sei leichter, weil man es allein tun könne und Dinge sagen könne, die man aus Angst nie laut aussprechen würde, außer man sei allein, aber wenn man rede, ohne dass jemand dabei sei, dann würden die Leute denken, man sei verrückt, aber wenn man dieselben Dinge aufschreibe, dann würden sie denken, man sei gescheit.

Mum holte mich von der Schule ab, weil es ziemlich heftig regnete, und Renuka saß vorn in ihrem Trainingsanzug und redete mit 500 Meilen pro Stunde und sie waren im Fitnessstudio gewesen und ich saß hinten und sah den Regentropfen zu, die wie Fische in Formation über die Scheiben schwammen, und ich sagte nichts, weil ich recht behalten hatte und Onkel Alan jetzt bei uns im Gästezimmer wohnte.

Und ich fand, das war schlimm, aber ich hatte immer noch über einen Monat, um ihn zu töten, bevor Dad die Schrecken für immer erdulden musste.

Nach dem Tee setzte sich Onkel Alan in Dads Sessel und verschlang sein Essen und sagte Du weißt aber schon, dass der Pub viel besser laufen könnte?

Mum wusste es nicht, darum sagte Onkel Alan Ich könnte dir helfen, wirklich was draus zu machen.

Mum sagte Wie meinst du das?

Onkel Alan stieß pfeifend Luft aus seiner haarigen Nase und dann sagte er Nimm nur all die Real Ales.

Und Mum sagte Was soll damit sein?

Onkel Alan verschränkte die Arme, seine Nase pfiff immer noch, und er sagte Da ist absolut kein Gewinn drin.

Mum sagte Aber

Onkel Alan hob die Hand und sagte Ich weiß, was du sagen willst, aber die Fakten sprechen für sich selbst. Die Leute wollen Lagerbier, die wollen Namen, die sie kennen, und Preise, die sie sich leisten können.

Mum sagte Aber

Onkel Alan sagte Hör zu, ich bin nicht Bill Gates, aber ich versteh ein bisschen was davon, wie man Geld macht.

Mum sagte Aber

Onkel Alan sagte Dein Kopf muss wichtiger sein als dein Herz. Nicht andersherum. Das Letzte, was Brian wollen würde, wäre, dass der Pub den Bach runtergeht.

Mum sagte Ich weiß, ich weiß. Wenn man es so formuliert ...

Und ich sagte Mum, darf ich auf mein Zimmer?

Onkel Alan sagte Ich bitte dich ja nur, es einen Monat lang mit meiner Methode zu versuchen. Ich habe haufenweise Ideen.

Ich sagte Mum, darf ich auf mein Zimmer?

Mum sagte Was ist, Philip?

Aber dann drang meine Frage endlich in ihren Kopf und sie sagte Ja, natürlich darfst du.

Ich ging auf mein Zimmer.

Später kam Mr. Fairview.

Mr. Fairview ist Onkel Alans Freund und er ist sein Partner in der Werkstatt, aber er arbeitet dort nicht und hatte auch kein Schwarz an den Händen und er trägt Kleider, die aus der Zeitmaschine kommen, und seine Haare liegen flach am Kopf an.

Mr. Fairview und Onkel Alan sind schon lange Freunde und sie gehen immer angeln, zusammen mit einem anderen Mann, der Terry heißt und den ich nicht kenne, und Onkel Alan macht sich hinter Mr. Fairviews Rücken über Mr. Fairview lustig, weil Mr. Fairview zu der Gottesschwadron gehörte und ständig über die Bibel redet.

Er kam vorbei, um Onkel Alan zu besuchen, und es war 19 Uhr und ich war auf meinem Zimmer und Mum kam herein und sagte Komm und begrüße Mr. Fairview.

Eigentlich wollte sie, dass ich Leah begrüße, Mr. Fairviews Tochter, die in der achten Klasse ist und das ist eine Klasse über mir, und ich kannte sie nicht, aber ich hatte sie bei Schulversammlungen gesehen und sie ist groß und hat lange, braune Haare mit ein bisschen Rot darin und ein Lächeln, das an den Enden nach unten geht, was echt nett aussieht.

Und als ich in die Küche kam und mit ihr redete, machten Mum und Onkel Alan große Augen, als ob wir Freund und Freundin wären, und Mr. Fairview sah mich nur aus seinem alten, langen Gesicht an und er sah aus wie ihr Opa, nicht wie ihr Dad. Mum trug viel Make-up und ihre Augenbrauen waren wie dünne Striche und dann fiel mir auf, dass ein großer, silberner Fisch auf der Anrichte lag.

Mum sagte Schau, was Mr. Fairview uns mitgebracht hat, Philip.

Ich sah den Fisch und das traurige Lächeln.

Mr. Fairview sagte Eine Newark-Forelle direkt aus dem Trent. So groß bekommt man sie bei keinem Fischhändler der Stadt.

Mr. Fairview ist ein Mann, der aussieht, als sei er schon als Mann auf die Welt gekommen und nicht als Junge, weil sein Gesicht aussieht, als sei es niemals das Gesicht eines Jungen gewesen, und er sieht aus, als ob Gott seine Haut in der falschen Größe angefertigt hätte, weil sie zu viele Falten hat, und seine Wangen hängen schlaff herunter wie bei einem Hund.

Die Augen des toten Fisches sahen mich an und ich fühlte mich plötzlich komisch und ich dachte, die Mundwinkel des Fisches würden sich bewegen und würden Fischhändler sagen, also schloss ich meine Augen ganz fest und machte sie wieder auf und wusste, es war nur meine Einbildung gewesen.

Fisch
händ
ler

Und ich unterhielt mich wieder mit Leah, die mich ansah, als fände sie mich lustig, und Mum sagte Warum zeigst du Leah nicht dein Zimmer, Philip?

Mr. Fairview sagte Nur zu, Lämmchen, du willst doch nicht bei uns langweiligen Erwachsenen bleiben.

Also brachte ich sie auf mein Zimmer und sie sagte Wow, du hast Fische!

Sie beugte sich vor und sah sie an und ihre Haare berührten beinahe den Boden und sie zeigte auf den Kaiserfisch und sagte Der hier ist hübsch.

Ich sagte Das ist ein Kaiserfisch.

Und dann sagte sie Du hast einen Minibus geklaut.

Und ich wurde so rot wie der Minibus und sagte Ja.

Und sie sagte Das ist lustig und sie richtete sich auf und lachte und dann fiel sie aufs Bett und ich setzte mich auf den Rand des Bettes.

Und wir redeten und redeten und ich redete darüber, wie mein Dad war, und sie sagte, dass ihr Dad ganz in Ordnung sei, aber er rede zu viel über Gott und denke, er wisse alles, und er höre sich gerne reden und ich dachte, wie der Vater so die Tochter, aber ich sagte es nicht und sie sprach über die Schule und sagte ständig Du bist lustig, obwohl ich wusste, dass ich nicht lustig war, aber es gefiel mir irgendwie, und nach ewig langer Zeit sagte sie Hast du schon mal jemand geküsst?

Und ich sagte Keine Ahnung.

Und sie sagte Du bist lustig.

Dann sagte sie Ich zeige es dir, wenn du magst. Schließ die Augen.

Ich sagte Warum?

Sie sagte Das macht man so, wenn man küsst.

Ich sagte Na gut.

Und ich schloss die Augen und spürte, wie ihre Lippen meine berührten, und es fühlte sich komisch an und wir öffneten und schlossen unsere Münder wie Fische und sie schob mich weg und sagte Dein Mund bewegt sich viel zu schnell.

Also haben wir es noch einmal gemacht. Als ich sie küsste, versuchte ich, nicht an die schrecklichen Dinge im Mund zu denken und an die eine Million kleinen Kreaturen, die in Mündern hausen, und an den Liter Spucke, den ein Mund jeden Tag produziert, und mein Mund wurde langsamer und ich dachte an Spiderman und Peter Parker, der Mary Jane küsst, und ich fühlte mich gut und ich fragte mich, ob Mrs. Fell wie Leah küsste.

Und dann hörten wir auf, uns zu küssen, und dann sagte sie Du könntest mein Freund sein.

Und ich dachte daran, dass ich Onkel Alan töten musste, und ich sagte Keine Ahnung.

Und sie sagte Du musst darauf Ja sagen. Es ist schlimm, wenn man nicht Ja sagt.

Und sie sah ein wenig bestürzt aus und schob die Lippen vor und ich sagte Ja.

Ich fand es komisch, dass sie mich mochte, weil die meisten Mädchen mich nicht mochten, aber sie war anders als die meisten Mädchen der siebten Klasse und die meisten Mädchen an der ganzen Schule, fand ich.

Sie klatschte und sagte Halte meine Hand.

Ich sagte Warum?

Sie sagte Das macht man so, wenn man Freund und Freundin ist.

Ich sagte Warum?

Sie sagte Du bist lustig.

Und wir saßen auf dem Rand meines Bettes und hielten uns an der Hand und draußen vor meinem Fenster konnte ich den Geist von meinem Dad im Dunkeln sehen und er sprach mit jemand Unsichtbarem und er stand in der Nähe der Altglascontainer und darum vermutete ich, dass er mit dem Club der toten Väter redete.

Und dann sagte Leah Hast du einen Stift?

Ich holte den Stift, mit dem ich meine Hausaufgaben machte, und sie zog den Ärmel ihres Schulpullis hoch und sie schrieb etwas auf ihren Arm und was sie schrieb war LEAH + PHILIP und sie schrieb es auch auf meinen Arm. Und dann sagte sie aus heiterem Himmel Dominic Weekly ist eine Null.

Ich sagte Was?

Sie sagte Ich weiß, dass er in der Schule doof zu dir ist, aber er ist eine Null. Er hat Angst vor mir und er wird sich nicht mehr mit dir anlegen.

Und ich fragte mich, ob Dominic Weekly wirklich Angst vor einem Mädchen hat. Selbst wenn es ein älteres Mädchen ist. Und ich glaubte das eigentlich nicht, aber ich sah Leah an und dachte, vielleicht hat er ja doch Angst, und ich hielt sie weiter an der Hand.

DIE VIER SCHICHTEN DER ERDE

Als Dad starb, hörte Mum auf, ihre Sonnenbräune oder ihr Make-up zu tragen, aber als Onkel Alan immer öfter bei uns auftauchte, trug sie ihre Sonnenbräune wieder und auch ihr Make-up, sogar zum Frühstück, und sie ging wieder mit Renuka ins Fitnessstudio und wenn sie nicht ins Fitnessstudio ging, dann trainierte sie mit der DVD und die hieß Hollywood Workout mit Nancy und Bobby.

Und sie saß dabei, bevor ich zur Schule ging, und ihr Gesicht steckte im Teppich und Arme und Beine ragten in die Luft. Bobby mit den dicken Muskeln sagte gerade Das nennt man die Superman-Position, weil man das Gefühl hat zu fliegen, wenn Arme und Beine nicht mehr auf dem Boden liegen.

Und ich sagte Mum, wie lange bleibt Onkel Alan hier?

Und Mum schnaufte in den Teppich und sagte Er ist sehr gut zu uns, Philip.

Und das war die Antwort auf eine andere Frage, darum stellte ich meine Frage noch einmal, und sie sagte Bitte, Philip, ich bin gerade mitten im Training.

Auf dem ganzen Weg zur Schule dachte ich darüber nach, wie ich Onkel Alan töten könnte, weil die Nicht-Zeit mit jedem Tag immer weniger und weniger wurde.

Als ich in die Schule kam, wusste schon jeder, dass ich mit Leah ging, und sie hatte recht, Dominic Weekly ließ mich in Ruhe und Jordan Harper auch. Na ja, sie lachten mich ein wenig aus, aber das war alles. Und beim Miteinandergehen geht es nur darum, in der Pause Händchen zu halten und auf der Bank mit Leahs Freundinnen zu sitzen, die wie Leah sind, nur nicht so hübsch, und alle denken, ich sei lustig, selbst wenn ich ernst bin. Gerade dann. Und ich glaube, allmählich vergaßen alle die Sache mit dem Minibus, weil mich niemand mehr Durchgeknallt nannte, und die Jungs redeten wieder mit mir, nicht nur Nigel Curtain, auch andere Jungs, wie die Zwillinge Ross und Gary, das sind die Söhne von Carla, der Barfrau. Ross und Gary sind gut im Fußball und sie sind genau gleich, nur dass Ross eine Lücke in einer Augenbraue hat.

Ich übte in der Mittagspause Kopf- und Flugbälle mit ihnen und Leah sah zu und ich war nicht so gut, trotzdem lachten sie nicht allzu oft und Leah lachte überhaupt nicht. Gary ließ mich auf seinem Kopfhörer Musik hören und es war 50 Cent, das ist ein Rapper aus New York, und man muss mit dem Kopf nicken, wenn man ihm zuhört, also nickte ich mit dem Kopf.

Ich sah Dads Geist den ganzen Tag nicht, darum war er entweder in den Schrecken oder bei den toten Vätern und beredete Geisterdinge mit ihnen, und es war der beste Tag an der Schule, seit er den Unfall hatte und in seinem Auto gestorben war. Dann hatte ich Französisch und ich lernte, dass la bibliothèque eine Leihbücherei ist und la gare ist der Bahnhof und wir hörten ein Lied, das hieß Quelle est la date de ton anniversaire? und das bedeutet Wann ist dein Geburtstag? und es hörte sich gar nicht nach 50 Cent an. Cent bedeutet 100. Und dann hatten wir Erdkunde bei Mr. Rosen und ich hörte von den vier Schichten der Erde.

Man sieht nur die oberste Schicht, das ist die Kruste wie beim Brot. Unter der Krustenschicht ist geschmolzener Stein, der Magma heißt, und darunter ist fester Stein, der sehr, sehr heiß ist, und die vierte Schicht ist geschmolzenes Metall und genau in der Mitte ist der INNERE KERN, das ist festes Metall und das ist der heißeste Teil der Erde. Also ist die Kruste mit den Feldern und dem Meer und den Gebäuden wie Make-up auf den rot glühenden, blubbernden Steinen und Metallen unter unseren Füßen.

Ich ging mit Leah auf dem Make-up der Erde nach Hause und sie sagte Lass mich deinen Arm sehen.

Ich sagte Was?

Sie knöpfte meinen Hemdsärmel auf und zog ihn hoch, um meinen Arm zu sehen, und er war normal und sie zeigte mir ihren Arm und da stand immer noch LEAH + PHILIP. Und sie versetzte mir einen Knuff, weil ich die Schrift hatte verblassen lassen, aber es war nur ein vorgetäuschter Knuff und sie erzählte mir von ihrem Bruder Dane, der ist 16 und groß und muskulös und hat einen Ohrring in der Augenbraue und einen rasierten Schädel und ein grünes Kappa-Shirt. Er ist in der elften Klasse und wir trafen ihn an der Ecke der Harcourt Street und er rauchte und kniff die Augen zusammen, als ob ihm der Rauch innerlich wehtäte, und sein Shirt steckte halb draußen und halb drin.

Leah sagte zu Dane, er solle nett sein.

Dane sagte Willst du auch mal?

Er hielt mir die Zigarette hin, die rot glühte wie Lava, und ich sagte Nein.

Er sagte Keine Sorge, war nur ein Scherz.

Dann wurden wir still, sogar Leah, die normalerweise viel redet, aber nicht, wenn ihr Bruder dabei ist. Und in der Stille fragte ich mich, ob Dads Geist sich irrte und Onkel Alan ihn vielleicht nicht umgebracht hatte, denn Leah und Dane waren nett und das bedeutete, dass Mr. Fairview bestimmt auch nett war, und Mr. Fairview war der beste Freund von

Onkel Alan, also könnte Onkel Alan doch auch nett sein und kein Mörder. Aber dann dachte ich bei mir Werde jetzt nicht weich.

Und Dane sagte Du bist also der, der den Minibus gestohlen hat.

Ich sagte Ja.

Er sagte Das ist echt cool.

Und dann sagte er Tut mir leid mit deinem Dad.

Ich sagte Schon gut.

Er sagte Unsere Mum ist gestorben.

Ich sagte Oh.

Und dann sagte Dane zu mir Was für Musik magst du?

Und ich wusste nicht, was ich sagen sollte, weil ich keine Musik mehr hörte, seit Dad gestorben war, ich beobachtete nur meine Fische und machte meine Hausaufgaben. Früher hatte ich Dads Musik gehört und das war Marvin Gaye, aber dann fiel mir noch rechtzeitig etwas ein und ich sagte 50 Cent.

Dane nickte, also war es die RICHTIGE ANTWORT. Und er erzählte mir, dass 50 Cent angeschossen worden sei, aber noch lebe, und er erzählte mir von anderen Rappern wie Eminem, der seine Mum hasst, und von Jay Zee, der seine Mum liebt, und von Kanni West, der gut sei, wie er fand, aber viel über Jesus rappt.

Und wir unterhielten uns und Leah ging hinter uns und wir kamen an vielen Zeitungen in einem Gebüsch vorbei und das waren die von Dane von seiner Zeitungsrunde, und dann kamen wir zu ihrem Haus und beide verstummten. Ich dachte, es müsse ein schickes Haus sein, weil Mr. Fairview doch reich war, und es war ein großes Haus, aber die Farbe an der Tür blätterte schuppig ab wie die schuppigen Arme von Carla, der Barfrau.

Mr. Fairview stand am Fenster und zog die Vorhänge auf und starrte mich an und starrte Leah an und starrte Dane an.

Und als Mr. Fairview wegging, schnipste Dane seine Zigarette in den Vorgarten, der voller UNKRAUT war, und das rote Magma-Ende landete auf der Erde, ging aber nicht aus.

Und Leah sagte Bis morgen.

Dane sagte wie im Film Sei gut zu ihr.

Und ich sagte Ja.

ROSS UND GARY

Die Zwillinge Ross und Gary waren im Pub und saßen mit zwei Dosen Tango an einem Tisch und warteten auf ihre Mum. Normalerweise ignorierten sie mich und ich ging einfach nach oben, aber heute waren sie meine Freunde, weil sie mich in der Mittagspause ihre Musik hatten hören lassen und mit mir Kopf- und Flugball gespielt hatten.

Ross sah mich, als ich im Flur war, und seine Hand sagte Komm her und dann sagte Garys Hand Komm her, also ging ich zu ihnen und sie sagten beide zusammen Und?

Ich sagte Und?

Garys Kopf lehnte nach rechts und Ross' Kopf lehnte nach links, darum sahen sie so aus, als sei ein Spiegel in der Mitte zwischen ihnen, abgesehen von Ross' Augenbraue.

Gary sagte Es muss ganz schön verrückt sein, in einem Pub zu leben.

Ich sagte Kann schon sein.

Ross sagte Lässt du manchmal Chips mitgehen?

Ich sagte Nein.

Gary sagte Wenn ich in einem Pub wohnen würde, dann würde ich ununterbrochen Chips mitgehen lassen.

Ross sagte Lässt du manchmal Erdnüsse mitgehen?

Ich sagte Ich mag keine Erdnüsse.

Gary sagte Du magst keine Erdnüsse?

Ich sagte Nein.

Ross sagte Erdnüsse sind spitze.

Gary sagte Erdnüsse sind das Allerbeste, genau.

Ross rülpste einen Dreierakkord. Zuerst leise, dann mittel, dann laut. Dann gab Gary einen kleinen Rülpser von sich und sie lachten und dann sahen sie mich an und ich schluckte Luft und versuchte zu rülpsen, aber es gelang mir nicht, und sie lachten lauter, aber dann schauten sie zur Bar und da standen Carla und Onkel Alan und sie hörten auf zu lachen und lächelten mich an, als ob sie mich mochten.

Ross sagte Gehst du mit Leah?

Gary sagte Sie ist super gebaut.

Ross sagte Hat sie Hundeatem, wenn du mit ihr knutschst?

Ich sagte Nein.

Gary sagte Steckt sie dir die Zunge rein?

Ich sagte Nein.

Ross sagte Kriegst du einen Steifen, wenn sie dich küsst?

Ich sagte Keine Ahnung.

Gary kippte seine Tango-Dose und fragte Furzt sie?

Ich sagte Nein.

Ross sagte Furzt sie überhaupt nie nicht?

Ich sagte Keine Ahnung.

Gary sagte Mädchen, die furzen, sind krass.

Ross sagte Ich hasse Mädchen, die furzen.

Gary sagte Ich habe mal gehört, wie Charlotte Ward furzte.

Ross sagte Charlotte Ward?

Gary sagte Ja, während Mathe.

Ross sagte Charlotte Ward hat in Mathe gefurzt?

Gary sagte Genau.

Ross sagte Ich hätte nie gedacht, dass Charlotte Ward jemals furzt.

Gary sagte Hat sie aber.

Ross sagte Wie hat es geklungen?

Gary sagte Wie ein Quietschen. Wie eine Maus.

Gary machte ein quietschendes Geräusch.
Ross sagte Hat es gerochen?
Gary sagte Ich saß hinten, ich habe nichts gerochen.
Ross sagte Ich wette, es roch nach Blumen.
Gary sagte Jamie Western hat's gerochen.
Ross sagte Und was hat er gesagt, wie es roch?
Gary sagte Wie ein normaler Furz, nur nicht so stark.
Ross sagte zu mir Hast du Charlotte Ward jemals furzen gehört?
Ich sagte Nein.
Gary sagte Es ist schlecht, wenn Mädchen furzen.
Ross sagte Wenn ich Terry Blair wäre, würde ich verbieten, dass Mädchen furzen.
Gary sagte Ich auch.
Ross sagte Und Körpergeruch würde ich auch verbieten.
Gary sagte zu mir Hast du mal Amanda Barnsdale gerochen?
Ich sagte Ja.
Ross sagte Sie kompostiert.
Gary sagte Ich musste einmal im Bus neben ihr sitzen. Ich habe die ganze Strecke über die Luft angehalten.
Ross sagte Die ganze Strecke über?
Gary sagte Genau.
Ross sagte Die ganze Strecke dauert 22 Minuten.
Gary sagte Und genau so lange habe ich die Luft angehalten.
Ross sagte Du hast 22 Minuten lang die Luft angehalten?
Gary sagte Ich musste es tun, sonst wäre ich in Ohnmacht gefallen. Du warst in Sicherheit, du bist oben gesessen.
Ross sagte Man kann sie auch oben noch riechen.
Gary sagte Sie ist eine riesige Schwitzesocke.
Ross sagte Das liegt daran, dass sie rothaarig ist.

Gary nickte und sah seine Tango-Dose an und sagte Rothaarige riechen stärker.

Ross sagte Ihre Fürze sind anders.

Gary sagte Man hört sie nie, aber sie riechen giftig.

Ross sagte Rote Haare sind Gift.

Gary sagte Wusstest du das?

Ich sagte Nein.

Gary sagte Es stimmt.

Dann kam Carla in ihrem Minirock und mit einer Zigarette in der Hand, einer SUPERKING-Zigarette, und sie sagte zu Ross und Gary Kommt schon, ihr Banditen, auf nach Hause.

Und Ross und Gary kippten den Rest ihrer Tango-Dosen und sagten Man sieht sich, Kumpel.

Ich sagte Man sieht sich.

Und dann gingen sie und Carla ging auch und ich sah zu Onkel Alan hinter der Theke und er ging auch, aber nachdem alle weg waren, waberte immer noch dieses Wort durch die Zigarettenrauchluft Kumpel Kumpel Kumpel und es gefiel mir.

DER GUTE HIRTE

Als Mum später im Pub arbeitete, ging ich Leah besuchen und ich klopfte an die Tür.

Mr. Fairview wirkte hinter der Milchglasscheibe verschwommen wie ein Geist.

Er öffnete die Tür und er musterte mich aus seinem langen, alten Gesicht und seinen blinzellosen Augen und fragte mit trauriger Stimme Ist das nicht der kleine Philip?

Ich sagte Hallo, ist Leah zu Hause, bitte?

Und er sagte Ja, komm doch herein.

Ich trat ein und es war ein komisches Haus, ein sehr komisches Haus, mit Bildern von Jesus, der auf mich herabsah, und Gebeten und Kreuzen an der Wand und das Haus roch so, wie Mr. Davidson, der Religionslehrer an der Schule, roch und wie die Kirche roch. Es roch nach Gott und so riecht auch altes Papier.

Und wir gingen ins Fernsehzimmer, aber es war komisch, weil kein Fernsehgerät da war, und Mr. Fairview deutete mit seiner alten Hand auf einen alten, grünen Ohrensessel und ich setzte mich hinein und ich dachte, dass es bestimmt komisch für Leah war, einen Dad zu haben, der wie ein Opa war, und Mr. Fairview sagte zur Treppe Lämmchen, dein Freund ist hier.

Ich sah mich im Zimmer um und suchte Hinweise auf Mr. Fairviews Geld, das der einzige Grund ist, warum Onkel Alan ihn mag, aber es gab nichts Kostbares. Ich sah Mr. Fairviews braune Hosen an und sein weißes Hemd, das man meiner Meinung nach nirgends in der Stadt kaufen konnte, und Mr. Fairview sagte Folgst du dem guten Hirten, Philip?

Ich sagte Wer ist der gute Hirte?

Mr. Fairview sagte Der große Tröster, Philip, der große Trostspender. Er, der unser Leiden kennt und mit uns leidet.

Ich wusste die Antwort immer noch nicht, darum sagte Mr. Fairview Unser Herr Jesus Christus.

Ich sagte Oh.

Mr. Fairview sagte Der gute Hirte, der sein Leben für seine Schafe gab.

Mr. Fairviews Gesicht verwandelte sich eine Sekunde lang in ein Schafsgesicht und er sagte mäh mäh mäh und ich schloss ganz fest die Augen und öffnete sie wieder und da sah er wieder normal aus und sagte zur Treppe Lämmchen, dein Freund ist hier.

Und dieses Mal hörte ihn Leah, denn sie rief Ich komme.

Mr. Fairview sah zur Decke auf, als ob darauf Worte geschrieben ständen, die nur er sehen konnte, und als ob er diese unsichtbaren Worte läse, und er sagte Jesus sagt, es kommt niemand zum Vater denn durch mich.

Und Leah kam im Galopp die Treppe herunter, als ob sie ein Ritter wäre, der zu meiner Rettung eilte.

Mr. Fairview sah immer noch nach oben und sagte Ich bin das Licht der Welt und wer mir folgt, der wird nicht im Dunkeln wandeln, sondern soll das Licht des mäh mäh mäh.

Dann fingen alle Kreuze an zu qualmen und zu brennen wie das Kreuz, das der Kaiser Konstantin am Himmel gesehen hatte, bevor er einen Krieg gewann und die Welt zum Christentum bekehrte.

Dann kam Leah ins Zimmer und alles wurde wieder normal und sie sagte Dad, wir gehen nach oben und machen Hausaufgaben, in Ordnung?

Ihre Stimme klang weicher und trauriger, als ich sie je gehört hatte, und ich fand das seltsam, weil Leah doch so tat, als wäre sie ein knallhartes Mädchen, aber in Wirklichkeit war sie ein ganz weiches Mädchen und ließ sich von ihrem Dad sogar Lämmchen nennen.

Mr. Fairview sah in meine Augen, nicht an die Decke, und sagte Ja, ja, lasst euch von mir nicht aufhalten.

Dann sagte er Es ist besser, ein armes und weises Kind zu sein als ein alter und närrischer König.

Wir gingen nach oben in Leahs Zimmer, das Poster an der Wand hatte und gar nicht wie der Rest des Hauses war. Ich wusste nicht, wo Danes Zimmer war.

Leah sagte Tut mir leid wegen meinem Dad.

Ich sagte Er ist nett.

Sie schloss die Tür und schloss den Geruch von Gott aus und sagte So war er nicht immer.

Ich sagte Er hat früher nicht an Gott geglaubt?

Sie sagte Nicht so wie heute. Nicht, als Mum noch da war.

Und ich sagte nichts, weil ich dachte, dass sie nicht darüber reden wollte, aber sie redete trotzdem immer weiter.

Sie sagte Mum ist an Krebs gestorben, sie war ewig krank, richtig krank, und als sie starb, war Dad ständig betrunken und er dachte, Dane und ich würden nicht mitkriegen, dass er gegen die Möbel lief, und er dachte, wir würden nichts merken, aber eines Tages hörte er einfach auf zu trinken und fand stattdessen Gott.

Ich sagte Zwingt er euch, in die Kirche zu gehen?

Sie sagte Hat er getan.

Bis Dane in der Schule deswegen aufgezogen wurde. Jetzt

zwingt er uns nicht mehr. Er lässt uns eigentlich machen, was wir wollen.

Ich sagte Dane wurde aufgezogen?

Sie sagte In der neunten Klasse, ja, aber nach einer Weile hat er sich mit jedem geprügelt, der ihn einen Bibelheini nannte, und da haben sie aufgehört, ihn so zu nennen.

Ich sagte Oh.

Sie sagte Ich hasse Gott.

Ich sagte Was?

Sie sagte Ich hasse Gott.

Ich sagte Warum?

Sie sagte Weil er sagt, man dürfe bestimmte Dinge nicht tun, man dürfe nicht stehlen. Aber er stiehlt. Er stiehlt Menschen. Er hat Dad gestohlen und er hat Mum sterben lassen und er hat ihren Schmerz gesehen und er hat gesehen, wie sie gebetet hat, aber er hat nichts unternommen. Gott schaut einfach auf die Leute herunter, die ihn um Hilfe bitten, und er tut gar nichts, weil er weiß, wenn sie leiden, dann wollen sie nur umso mehr an ihn glauben, und wenn ein Mensch so wäre, dann würde man ihn nicht mögen, also warum soll man ihn mögen, nur weil er Gott ist?

Ich sagte Dein Dad mag ihn.

Sie sagte Er möchte gern glauben, dass Mum im Himmel ist.

Ich sagte Glaubst du daran?

Sie sagte Manchmal. Glaubst du, dass dein Dad im Himmel ist?

Ich sagte Nein, noch nicht.

Sie sagte Wie meinst du das?

Ich sagte Ich muss erst noch etwas erledigen.

Sie sagte Wie meinst du das? Sagst du Gebete auf oder so was in der Art?

Die Worte juckten mir in der Kehle und ich wollte sie herauslassen und ich wollte es ihr sagen. Aber ich wusste, sie würde es mir ausreden wollen, und ich durfte nicht zulassen, dass Dad auf ewig die Schrecken erleiden musste, also sagte ich So was in der Art.

Sie hörte mit den Fragen auf und sprang vom Bett und sagte Warte hier.

Zehn Sekunden später kam sie wieder und sie hielt eine Zigarette in der Hand und ich sagte Wo hast du die her?

Sie sagte Die gehört Dane.

Dann hielt sie ein hellblaues Feuerzeug vor sich und sagte Wir können am Fenster rauchen.

Ich sagte Können wir nicht.

Sie sagte Warum nicht? Wer sagt das? Gott?

Ich sagte Dein Dad könnte hereinkommen.

Sie sagte Na und? Es würde ihm nicht einmal auffallen.

Und ich fragte mich, ob man stirbt, wenn man mit elf raucht, aber Leah machte bereits das Fenster auf und die Zigarette steckte unangezündet in ihrem Mund und der Wind draußen war kalt kalt KALT, darum ließ ich meinen Mantel an, und Leah zog ihren Mantel mit dem Pelz um die Kapuze an. Sie stülpte die Kapuze über, sodass sie wie ein Tier aussah, wie ein Wesen, das Bäume hochklettert.

Und sie beugte den Oberkörper aus dem Fenster und zündete die Zigarette an und aus der Kälte rief sie Komm schon.

Also streckte ich ebenfalls den Oberkörper aus dem Fenster und mit den Knien war ich noch auf ihrem Bett und wir sahen auf Newark hinaus und die Kirche war im Dunkeln erleuchtet und zeigte wie ein Dolch nach oben, als ob sie aus dem Innern der Erde ragte.

Ich sah zum Mann im Mond mit seinem traurigen Gesicht, der herunterschaute, und Leah sagte Du bist dran.

Sie gab mir die Zigarette und ich klemmte sie zwischen die Finger und sie lachte und sagte Du bist lustig.

Ich sog am braunen Ende und saugte den Lavarauch und er schmeckte nach einer Mischung aus Lastwagen und Gärten. Es brannte in mir und ich musste husten, aber als ich aufhörte zu husten, saugte ich noch einmal, damit Leah mich nicht für ein Baby hielt. Ich hielt den Husten in meinem Mund gefangen und gab ihr die Zigarette zurück und sah auf die Stadt und die Lichter waren wie goldene Augen.

Leah sagte Magst du Newark?

Ich sagte Keine Ahnung.

Ich wollte mehr sagen, aber mir wurde übel.

Leah sagte Wenn ich alt bin, werde ich nach Neuseeland ziehen, wo meine Tante wohnt. Sie wohnt am Meer.

Meine Haut juckte und meine stinkende Zunge juckte und die Übelkeit stieg nach oben und brachte Rülpser mit sich und ich sagte Das Meer.

Und Leah sagte Seit Mums Tod ist Dad nicht mehr mit uns in die Ferien gefahren. Das letzte Mal waren wir auf Rhodos.

Meine juckende Zunge sagte Ich war auf Rhodos. Ich war auf Rhodos. Ich war mit meinem Dad dort.

Leah sah mich an und sagte Du bist ein Geist.

Ich sagte Was?

Leah sagte Dein Gesicht ist total weiß.

Ich sagte Ich bin kein Geist.

Leah sagte Wirst du gleich kotzen?

Ich sagte Nein.

Leah sagte Echt nicht?

Ich sagte Nein.

Ich blickte nicht mehr zum Rauch, sondern zum Himmel und ich sah weiße Linien, die auf mich zuflogen, und sie hielten an und dann war da Dads Geist, der in der Luft schwebte.

Er sagte Es ist zu viel, Philip, es ist zu viel. Philip, die Schrecken sind zu viel. Du musst mir helfen, Philip. Du musst mir helfen.

Ich spuckte süße, weiße Kotze aus dem Fenster und ich sagte mit klebrigen Fäden am Mund Tut mir leid, es tut mir leid.

Leah ließ die Zigarette fallen und sie fiel wie eine rote Sternschnuppe nach unten und Leah sagte Ist schon gut, ich hole Wasser.

DIE HUNDEGERÄUSCHE

In der Nacht wachte ich auf und hörte ein Geräusch, als ob ein Hund winselte. Ich lag im Dunkeln im Bett und fragte mich, was das für ein Geräusch war. Ich lauschte und hörte das Blubbern im Aquarium und ich hörte die Hundegeräusche aus der Wand. Als ich genauer hinhörte, klang es wie Mum, aber komisch, als ob sie rückwärtsweinte.

Ich sah mich im Zimmer um und Dads Geist war nicht da und ich kletterte aus dem Bett und spähte durch den Vorhang hinaus und Dad war auch nicht bei den Altglascontainern, darum war er vielleicht in den Schrecken. Und ich ging am Aquarium vorbei und wartete vor meiner Tür und ich dachte Was, wenn Onkel Alan gerade Mum umbringt, wie er Dad umgebracht hat?

Ich ging hinaus auf den Flur und trat an den Treppenabsatz und die Geräusche wurden lauter und es war Mum. Ich hielt nach einer Waffe Ausschau, aber da war nichts, also ging ich über den Teppich und es war sehr dunkel und die Muster bewegten sich und mein Herz machte poch poch-poch und ich hatte GROSSE ANGST.

Mums Tür stand ein winziges bisschen offen und ich ging an ihrer Tür vorbei, damit ich durch den Spalt gucken konnte. Und auf dem Boden lag ihr BH und auf dem Etikett stand Fortin und durch den Spalt sah ich den Spiegel auf dem Schminktisch und alle Dosen und Tiegel und Töpfe von Mum wie eine Stadt mit vielen Wolkenkratzern. Und im Spiegel sah ich Mum und einen Mann und der Mann war

Onkel Alan und ich brauchte zwei Sekunden, um zu kapieren, was da vor sich ging. Im ersten Moment dachte ich, Onkel Alan würde mit Mum kämpfen, aber gleich darauf wusste ich, dass er Sex mit ihr hatte.

Sie hatten keine Kleider an und das Licht neben dem Bett war eingeschaltet und die Schatten waren wie riesige Monster an der Wand hinter dem Spiegel. Sie konnten mich nicht sehen, weil ich im Dunkeln stand, und Mum hatte die Augen geschlossen und Onkel Alans Kopf war sein Hinterkopf. Und sie hatten keine Kleider an und Mum biss sich auf die Unterlippe, als ob sie keine Geräusche machen wollte, aber sie machte doch welche. Und eine ihrer Hände mit ihren grellen Fingernägeln lag auf seinem Rücken, der fett war, und ihre andere Hand lag unter seiner großen, schmutzigen Hand und sein roter Hintern wackelte und ihre braunen Beine waren um ihn geschlungen, wie eine Umarmung, nur mit Beinen statt mit Armen. Und Mums blonde Haare waren über das Bett ausgebreitet als sei sie unter Wasser und da sah ich Dads Geist neben ihnen stehen und zusehen.

Ich weiß nicht, ob er gerade angeflackert war oder ob er die ganze Zeit schon dort gewesen war, weil ich auf das Bett geschaut und außer den Geräuschen nichts gehört hatte, und er stand da und glühte wie ein Glühwürmchen.

Er sah mich an und sagte Du darfst sie nicht hassen, Philip. Du darfst deine Mum nicht hassen, Philip. Sie weiß nicht, was für ein vermaledeites Krebsgeschwür sie sich ins Haus geholt hat. Es ist unnatürlich, aber sie ist zu schwach. Er könnte sie töten. Er könnte dich töten. Jetzt ist es an dir, Philip. Es ist an dir, meinen Mord zu rächen und ihn aufzuhalten, bevor er noch …

Dads Geist hielt inne, weil Mum lautere Geräusche machte und Oh oh oh sagte.

Dads Geist schloss die Augen und dann sagte er Töte ihn, Philip. Er ist eine Schlange. Wenn du mich je geliebt hast, dann musst du ihn töten. Weil jedes Geräusch, das ich in diesem Zimmer höre, mich immer und immer wieder von Neuem tötet. Es ist die Hölle, Philip. Ich bin in der Hölle.

Ich fand das komisch, weil er so tat, als sei das hier schlimmer als die Schrecken, und ich dachte, nichts sei schlimmer als die Schrecken.

Ich sagte nichts. Ich stand nur da und Dads Geist flackerte aus und ich stand da und sah zu. Wie Mums Mund immer größer und größer und größer wurde und Onkel Alans große Hände packten sie und ich glaube, Mum öffnete ihre Augen ein kleines bisschen, und ich glaube, sie konnte mich sehen, aber sie sagte nichts, nur Oh oh oh.

Ich trat zurück in die Dunkelheit und kehrte auf mein Zimmer zurück und da war nichts in meinem Kopf als WENN DU MICH JE GELIEBT HAST und die Hundegeräusche.

Ich stieg ins Bett und las Mums Buch, das ich unter dem Bett liegen hatte seit vor dem Hadrianswall, und das Buch war Murder Most Foul von Horatio Wilson. Es war ein Buch über wahre Morde und Menschen, die vielleicht ermordet worden waren.

Ich blieb die ganze Nacht wach und las, um herauszufinden, wie ich Onkel Alan töten sollte. Ich suchte und es gab viele Geschichten von verschiedenen Menschen. Eine war über Marvin Gaye und das las ich nicht, weil Marvin Gaye Dads Lieblingssänger gewesen war. Marvin Gaye hatte einen Streit mit seinem Dad gehabt und dann hatte Marvin Gayes Dad ihn mit einem Gewehr getötet und er war kein Rapper, darum ist er gleich gestorben.

Es gab Fotos von Leichen und es gab einen Abschnitt über Menschen, die vielleicht ermordet worden waren, aber vielleicht auch nicht, wie Napoleon Bonaparte, der Franzose war und vielleicht an GIFT gestorben war oder vielleicht an Magenkrebs wie Opa. Dann war da ein Mann namens Edgar Allen Poe, das spricht man wie Po, der Geschichten über Geister erzählte, und vielleicht war er ein Geist geworden, aber alle gingen davon aus, dass er einfach zu viel getrunken hatte. Und dann war da Marilyn Monroe, die Mum immer im Fernsehen anschaute, und Prinzessin Diana, die Mum auch mochte, und ein Mann namens Christopher Marlowe, bei dem niemand wusste, warum er gestorben war, vielleicht war er ein Spion gewesen.

Und die letzte Geschichte in dem Buch handelte von einer Frau namens LANA TURNER, die vor vielen, vielen Ewigkeiten ein Filmstar in Hollywood gewesen war und einen Oscar gewonnen hatte, das ist der größte Preis überhaupt, und sie wurde eines Nachts von einem Gangster zu Tode geprügelt, mit dem sie Sex hatte. Ihre Tochter hieß Cheryl Crane und sie tötete den Mann aus RACHE. Und ich wusste, was Cheryl Crane mit Onkel Alan tun würde, sie würde ihn jetzt sofort töten. Sie würde nicht warten und dabei ist sie ein Mädchen!

SPIDERMAN 2

Am Morgen saß ich im Badezimmer auf der Toilette. Ich war schon fertig und hatte mich abgewischt, aber ich blieb trotzdem noch sitzen. Ich saß einfach da und beobachtete den Staub, der im Gegenlicht ein Universum aus rotierenden Sternen und Planeten und goldenen Sonnen machte. Ich saß da und starrte in die Luft, ich weiß nicht, wie lange, und ich wusste nicht, was ich tun sollte, und nach ein paar Minuten kam Dads Geist durch die verschlossene Tür. Er sah mich eine Zeit lang an und sagte gar nichts. Nach einer Weile sagte er dann Sein oder Nichtsein, das ist hier die Frage, Philip.

Ich sagte Wie meinst du das? Und Onkel Alan ging mit schweren Schritten an der Tür vorbei.

Dads Geist sagte Du musst dem ein Ende bereiten. Es muss ein Ende finden.

Und ich sagte Aber

Aber das war alles, was ich sagte, weil er wegflackerte. Ich saß noch eine Weile reglos da, zog nicht an der Spülkette und roch meinen Geruch und dachte darüber nach, was Dads Geist gesagt hatte und was Dads Geist meinte, und ich wusste, er wollte, dass ich Onkel Alan schon bald tötete und nicht bis zu Dads Geburtstag wartete.

Ich versuchte herauszufinden, was ich tun sollte, und ich dachte darüber nach, was andere Leute tun würden und nicht nur Cheryl Crane. Da fiel mir wieder ein, wo ich jemanden gesehen hatte, der jemanden töten musste, um Rache für seinen Dad zu nehmen, und in dem Moment fiel mir nämlich Spiderman ein.

Spiderman tötet den Grünen Kobold, der Norman Osborn ist, der der Dad von Harry Osborn ist. Harry will dann Spiderman töten und Rache nehmen. Aber Spiderman ist in Wirklichkeit Peter Parker und Peter Parker ist Harrys bester Freund. In Spiderman 2 findet Harry heraus, dass Peter Parker Spiderman ist. Er weiß nicht, was er machen soll, aber dann sieht er den Geist seines Dads in einem Spiegel, der zu ihm sagt Töte Spiderman. Dann zertrümmert Harry den Spiegel und er findet das Kostüm des Grünen Kobolds und alles andere und im Spiderman-Comic verwandelt sich Harry am Ende in den zweiten Grünen Kobold und plant seine Rache.

Aber Spiderman ist etwas anderes als mein Problem. Ich habe keine besonderen Kräfte wie der Grüne Kobold und Harry ist sauer auf Peter Parker, nicht nur wegen seinem Dad, sondern auch wegen Mary Jane. Mary Jane ist sehr hübsch und ist Harrys Freundin. Aber dann macht Peter Parker sie zu seiner Freundin und Harry sagt, er sei okay, aber er ist nicht okay, weil er immer noch ein Auge auf Mary Jane geworfen hat.

Und das ist anders als bei mir und Onkel Alan, weil Onkel Alan sich Leah nicht unter den Nagel gerissen hat, wie er sich meine Mum unter den Nagel gerissen hat. Und ich habe kein Auge auf meine Mum geworfen, obwohl sie hübsch ist, denn wenn man ein Auge auf seine Mum wirft, dann ist das EKELHAFT!

Ich stand von der Kloschüssel auf und zog an der Kette und wusch mir die Hände und ging nach draußen und da sah ich Onkel Alan im Flur und vor Schreck sprang ich aus mir heraus und wieder hinein. Und er tat so, als komme er aus dem Gästezimmer, aber ich hatte kurz vorher gehört, wie seine schweren Füße aus Mums Schlafzimmer gekommen waren und Mum war überhaupt nicht mehr im Bett.

Er sagte Morgen, Philip.

Sein Morgenmantel stand offen und auf seinem T-Shirt war das Kreuz des heiligen Georg und darunter stand RUHMREICHES ENGLAND.

Ich sagte nichts.

Er sagte Morgen, Onkel Alan, als ob er wollte, dass ich das sagen sollte, aber ich sagte nichts.

Ich ging einfach an ihm vorbei und seine große Hand landete auf meiner Schulter und die Hand ließ meinen Körper erstarren.

Er sagte Du wirst doch ein guter Junge sein, oder nicht, Philip? Du wirst ein guter Junge sein und dafür sorgen, dass deine Mum glücklich ist?

Wie ein unsichtbarer Eiswürfel purzelte aus meinem Mund das Wort Ja.

Er sagte Gut.

DIE HUNGRIGE SCHULE

Ich betrachtete die Butter. Sie war voller Krümel, weil Onkel Alan überall Krümel hinterließ. Er wischte sein Messer nie ab und Mum hatte es etwas ausgemacht, wenn Dad Krümel in der Butter oder der Marmelade hinterließ, aber die Krümel von Onkel Alan machten ihr nichts aus. Ich beäugte immer noch die Krümel, als Mum mich ansah, aber sie sagte nichts.

Onkel Alan kratzte über seinen Toast und das Geräusch ging mir durch Mark und Bein wie eine raue Haarbürste und er sagte mit einem Mund voller feuchtem Toast Haben wir nicht ein Glück, Philip?

Meine Augenbrauen fragten Warum?

Onkel Alan sagte Die meisten Männer müssen jeden Morgen mit einer Schabracke vorliebnehmen und wir haben dieses wunderbare Bildnis vor Augen.

Ich sagte Mum ist kein Gemälde.

Onkel Alans Toast war ganz breiig in seinem Mund in 1000 Krümeln und er sagte Das ist eine Redewendung, Philip, eine Redewendung.

Er schlürfte seinen Tee und mir wurde übel, wenn ich an all den Toast und den Tee in seinem Mund dachte, und Mum sagte Wenn ich ein Gemälde bin, dann eins von diesen Picassio-Dingern.

Und sie lachte.

Onkel Alan sagte Eins von denen, bei der das Auge auf der Wange klebt.

Und dann lachte er auch.

Der Regen schlug gegen die Fensterscheibe, als ob ihm der Witz nicht gefiele, und Mum sagte Oh, Philip, bei dem Wetter kannst du nicht zur Schule laufen.

Ich sagte Kann ich wohl.

Und Onkel Alan sagte Warum nehme ich ihn nicht einfach auf dem Weg zur Werkstatt mit?

Und ich hatte 75 Antworten darauf im Kopf und eine davon lautete Weil du ein Mörder bist, der mich töten will, wie du meinen Dad getötet hast, und ich noch nicht weiß, wie ich dich töten kann.

Mum sagte Was für eine tolle Idee!

Ich sagte Ist schon gut, ich habe eine Kapuze.

Der Regen trommelte gegen die Scheibe und Onkel Alan sagte Nichts da, ich nehme dich mit, du säufst ja ab da draußen, Junge.

Seine Augen sandten eine Maulsperre aus, darum konnte ich nichts erwidern.

Er aß seinen Toast auf und trank seinen Tee aus und zog los, um seinen blauen Overall zu holen, und Mum sah mich an und lächelte und flüsterte Danke.

Ich sagte Wofür?

Sie sagte Dass du dir mit Alan Mühe gibst.

Ich sagte Es heißt Onkel Alan.

Sie sagte Das ist sehr lieb von dir, Philip. Du bist sehr stark.

Ich sagte Ich will zur Schule laufen.

Sie sagte Jetzt komm, es ist viel zu mieses Wetter. Also, hilfst du mir, die ganzen Sachen in den Geschirrspüler zu stellen?

Ich betrachtete Mums Hals und Mums Gesicht und fragte Warum bist du so braun?

Sie sagte Wie meinst du das, Philip?

Ich sagte Dein Gesicht. Dein Hals. Deine Arme.

Sie sagte Das ist nur ein bisschen St. Tropez.

Ich fragte Ist das für ihn?

Sie sagte Nein. Nein, ist es nicht, du frecher Lümmel. Es ist für mich.

Ich sagte Warum? Und warum lässt er das hier?

Ich zeigte auf seine Angel, die gegen den Kühlschrank lehnte.

Sie sagte Ehrlich, manchmal bist du ein einziges großes Fragezeichen, Philip.

Ich sagte Liebst du ihn?

Mit einer kaum hörbaren Flüsterstimme, sagte sie Philip.

Ich sagte Er wird jetzt für immer hierbleiben, oder nicht?

Sie sagte Philip, hör auf.

Ich sagte Was ist mit Dad?

Sie sagte Philip, bitte.

Onkel Alan, der blaue Riese, kam herein und unterbrach den Gedanken mit hochgezogenen Augenbrauen und sagte Also los.

Er lächelte das Zeig-es-Mum-Lächeln, das Mum dazu brachte, sich aufzurichten und ihr Kinn wie eine Katze anzuheben.

Und er ging zu ihr und küsste sie auf die Wange und tätschelte ihren Hintern und auf diese Weise sagte Onkel Alan, dass er der neue King of the Castle war.

Er sagte Ich komme heute Abend ein wenig später.

Mum sah mich ängstlich an und der Blick sagte Onkel Alan wird für immer hier sein und sie sagte Na schön, ist gut.

Ich folgte dem blauen Riesen die Treppe hinunter und dachte Ich kann ihn töten ich kann ihn töten. Wir gingen hinaus in den Regen und er ließ das Schloss piepsend aufschnappen und ich stieg ein und hasste das nasse Gefühl in dem trockenen Auto und ich wünschte, ich wäre trotz Regen einfach gelaufen, und dann war Onkel Alan neben mir, schob seinen Sitz zurück und die Regentropfen rannen ihm wie Tränen über das Gesicht.

Er drehte den Schlüssel um und weckte das Auto und sagte Mit Autos, Philip, ist es wie mit Menschen. Sie haben unterschiedliche Persönlichkeiten und der hier ist ein griesgrämiger, alter Mistkerl, der morgens nicht so leicht in die Gänge kommt.

Und ich dachte Versuch ja nicht nett zu mir zu sein versuch ja nicht nett zu mir zu sein.

Er schaltete die Heizung ein und die Scheibenwischer, die mit dem Regen nicht mithalten konnten, und er sah auf den Verkehr und beugte sich vor und blinzelte. Du weißt nicht, was du von mir halten sollst, stimmt's, Philip?

Ich sagte Was?

Er sagte Du hast Zweifel.

Er bog auf die Straße.

Ich sagte nichts.

Er sagte Ich bin nicht dein Dad, Philip. Das werde ich nie sein.

Ich sagte nichts.

Er sagte Mir liegt einfach sehr viel an deiner Mum. An euch beiden.

Regen Scheibenwischer Regen Scheibenwischer Regen.

Er sagte Ich weiß, du willst das, was für sie am besten ist, und das will ich auch.

Worte Wasser Worte Wasser Worte.

Er sagte Ich will nicht so tun, als ob es leicht für dich ist.

Dad Mörder Pub Kurzundkleinschläger Mum Ficker.

Er sagte Wir sind fast da.
Ich sagte Lass mich hier aussteigen.
Er sagte Ich kann dich bis ans Schultor bringen.
Ich sagte Ist schon gut.
Er sagte Du wirst klatschnass, Junge.
Ich sagte Ist schon gut.
Er sagte Es ist nur noch eine verdammte Ecke.
Ich sagte Ich will hier raus.
Er sagte Mein Gott.

Er hielt den Wagen auf der Straße an und der Wagen hinter ihm hupte und ich machte den Gurt los und stieg aus und sagte Tschüss und er sagte Tschüss wie ein Echo und fuhr davon und beobachtete mich dabei und ich ging um die Ecke und da war die Schule und ich ging langsamer, weil heute Rugby war. Also ließ ich den Regen seine Melodie auf meinen Mantel trommeln, während die anderen an mir vorbeirannten zum Schultor mit seinen Gattern, die wie Zähne aussahen, bereit, einen weiteren Tag aus uns herauszufressen.

100 MEILEN

In der Pause regnete es nicht mehr, also setzten wir uns ins nasse Gras beim Zaun hinter dem Feld, 100 Meilen weit weg von der Schule. Der Lärm der Jungs, die Fußball spielten, war weit entfernt, wie Vögel, und Leah rupfte Grashalme wie Haare aus dem Boden, sodass die Erde brauner und weniger grün wurde. Ich erzählte ihr davon, dass Mum und Onkel Alan Sex gehabt hatten, und sie sagte Das ist krass.

Ich dachte daran, dass ich Onkel Alan töten musste, und sagte Willst du mit mir durchbrennen?

Und sie sagte Durchbrennen? Bist du verrückt?

Ich sagte Willst du?

Sie sagte Wohin?

Ich sagte Egal wohin, irgendwohin, wo es schön ist.

Und sie sagte Wo?

Ich versuchte, an Orte zu denken, die schön waren, und ich musste an Sunderland denken, wo es nicht schön ist, und an die Orte, in denen ich in den Ferien war, wie Rhodos und Orlando und Mallorca, die schön sind, aber im Ausland und zu weit weg und darum sagte ich Nottingham.

Leah hörte einen Moment lang auf, Grashalme zu zupfen, und sah mich an und sagte Nottingham?

Und ich sagte Oder Derby oder Lincoln.

Sie sagte Nottingham oder Derby oder Lincoln?

Und ich sagte Ja.

Sie sagte Das ist viel zu nahe. Was ist mit Skegness?

Aber sie sprach es Skeg Nest aus, als ob Skeg ein Vogel

wäre und wir in seinem Nest leben könnten, und dann erzählte sie mir von der Schwester ihres Dads, die nach Neuseeland durchgebrannt war. Und dass sie eines Tages in Neuseeland leben wolle.

Ich sagte Dann wirst du es also tun?

Sie sagte lange Zeit gar nichts und sah traurig aus, wie sie immer aussah, wenn sie von ihrem Dad sprach, aber nach der langen Zeit sagte sie Nein.

Ich sagte Ist gut.

Und dann schellte die Glocke – leise, aber nicht leise genug – und wir gingen über das Feld zurück.

RUGBY

Dad ging auf meine Schule, als er klein war, weil er eine Prüfung gemacht hatte und sie bestanden hatte, und Onkel Alan hatte die Prüfung gemacht und war durchgefallen, darum ging er auf die Idiotenschule und Dad kam an die Schule für die Klugen, die Grammar School, und an den klugen Schulen spielte man Rugby und an den Idiotenschulen Fußball.

Also, unsere Schule ist keine kluge Schule und auch keine Idiotenschule, sie ist beides, aber sie will trotzdem eine kluge Schule sein und zeigen, wie piekfein sie ist, darum gibt es immer noch Rugby, um so zu tun als ob, und Rugby ist der dämlichste Sport der Welt, noch dämlicher als Kricket oder Rounders.

Ich stand an der Linie mit dem großen H und ich hatte mit den anderen Jungs Sport und wir spielten Rugby und ich fühlte mich wie ein Gladiator bei den Spielen im Kolosseum, der gleich sterben würde.

Mr. Rosen war an diesem Tag unser Sportlehrer und er forderte Jamie Western und Jordan Harper auf, sich ihre Teams auszusuchen. Jordan Harper blickte mit seinen Fischaugen in die Runde und sagte Dominic und Dominic stellte sich zu ihm. Dann blickte Jamie Western mit seinen Blinzelaugen in die Runde und sagte Scott und Scott war bullig und Jamies bester Freund, darum hatte ich gewusst, dass er ihn als Ersten auswählen würde. Jordan sagte Luke und das war in Ordnung, weil ich wusste, dass Jordan mich nicht nehmen würde, weil er mich hasste. Jamie Western war mit mir auf die Grundschule gegangen und ich war einmal in seinem Haus auf dem Beacon Hill gewesen und seine Mum hatte uns Fischstäbchen gemacht und wir hatten Sunny Delight Orangensaft getrunken und er hatte mich früher gemocht, aber jetzt ignorierte er mich. Er sagte Paul und Paul ging zu seinem Team.

Ich blickte nach links und nach rechts, wer noch übrig war, und ich sah Nigel Curtain in seinen Shorts, die wie ein Rock aussahen, und seinem hautengen Rugby-Hemd, das er bis oben in die Hose gesteckt hatte, und seine wild abstehenden Locken und ich sagte im Stillen Bitte lass Nigel als Letzten übrig bleiben, nicht mich. Und ich dachte, weil ich doch jetzt mit Leah ging, würde ich ausnahmsweise nicht der Letzte sein, der ausgewählt würde, aber Rugby war anders als der Rest der Schule und hatte seine eigenen Regeln.

Jordan und Jamie riefen weiter Namen auf.

Jake.

Robbo.

Siraj.

Kirk.

Nimm mich nimm mich nimm mich.

Jay.

Michael.

Shaun.

Lass Nigel übrig bleiben lass Nigel übrig bleiben.

Tyrone.

Sam.

Jules.

Ich ich ich ich ich.

Liam.

Daniel.

Nicht Nigel nicht Nigel nicht Nigel.

Benji.

Und dann waren nur noch ich und Nigel und der Trauerkloß übrig und der Trauerkloß war Andrew Kingsman, den alle Trauerkloß nannten, weil er wie ein großer, trauriger Kloß aussah. Und Jordan war an der Reihe, jemand auszuwählen, und er lachte und sagte zu Mr. Rosen Ist schon gut, Sir, Western kann den Rest haben.

Und dann fingen alle an, über mich und Trauerkloß und Nigel Curtain zu lachen, und ein Flugzeug flog über den Himmel und ich hätte am liebsten in dem Flugzeug gesessen und es war mir ganz egal, wohin es flog.

Mr. Rosens Hals wurde wütend auf Jordan und Mr. Rosen sagte Wenn du bis fünf Uhr nachsitzen willst, dann spiel nur ruhig weiter den Clown.

Also rief Jordan Trauerkl… ich meine Andrew.

Trauerkloß ging hinüber und dann waren nur noch ich und Nigel übrig und wir standen da wie Soldaten im Ersten Weltkrieg, die erschossen werden sollten, weil sie sich weigerten zu kämpfen, und ich sog die Luft ein und versuchte, mich größer aussehen zu lassen, aber ich sah neben dem H wie ein Punkt aus.

Und Jamie sah Nigel an und er sah mich an und dann sah er Nigel an und er sah mich an und es war, als ob er die gekochten Kartoffeln und die gekochten Karotten auf seinem Teller ansah, nachdem er die Fischstäbchen gegessen hatte, und ich war die gekochten Karotten.

Jamie sagte Philip.

Und ich war fünf Sekunden lang glücklich, nicht Nigel Curtain zu sein und Leah zur Freundin zu haben. Ich ging zu Jamies Team und Nigel ging zu Jordans Team und sein

Röckchen flatterte und dann spielten wir Rugby. Ich kannte die Regeln nicht, ich wusste nur, wenn man den Ball fängt, springen alle auf einen drauf, darum sollte man den Ball besser nicht fangen.

Ich blieb im hinteren Teil des Spielfeldes, aber Mr. Rosen rief mir zu Philip, spiel mit, Junge, spiel mit.

Also rannte ich ein wenig herum und Jamie hatte den Ball und alle liefen auf ihn zu, darum drehte er sich um und er konnte keinen aus seinem Team sehen, nur mich, deshalb warf er mir den Ball zu und er traf mich im Gesicht, aber ich fing ihn, und der Ball verwandelte mich in einen Magneten und das ganze Feld stürzte auf mich zu.

Ich sah ihn auf dem Spielfeld. Er war hinter all den rennenden Jungs und ich bewegte mich nicht, ich war wie eine Statue, die den Ball hielt und Dads Geist ansah.

Und jemand packte mich an den Beinen und ich wurde von zehn Jungs über den Haufen gerannt und sie lagen alle auf mir und es wurde schwarz und ich spürte, wie meine Knochen zerdrückt wurden.

Rugby ist komisch, weil man von anderen verletzt werden darf, und sie dürfen auf dem Spielfeld auf dich springen und wenn sie das dreißig Minuten früher in der Pause gemacht hätten, dann wäre ihnen Bescheid gestoßen worden, aber im Rugby war es voll okay.

Es war wie im Krieg, wo man den Soldaten befiehlt, andere Männer umzubringen, und dadurch werden sie Helden, aber wenn sie dieselben Männer töten, wenn kein Krieg ist, dann sind sie Mörder. Trotzdem bringen sie dieselben Männer um, die dieselben Träume träumen und die dasselbe Essen kauen und dieselben Lieder summen, wenn sie glücklich sind, aber wenn man es Krieg nennt, dann ist es in Ordnung, weil das eben die Regeln des Krieges sind.

Darum ist nicht die Sache an sich schlecht oder gut, sondern es kommt darauf an, wie man sie nennt, wie bei den Römern, als die Kaiser den Menschen im Kolosseum Spiele zeigten, wo Sklaven einander umbrachten und die Leute dazu gejubelt haben.

Die Körper stiegen von mir herunter und ich stand auf und ich hatte den Ball nicht mehr und Dads Geist war immer noch da und er sagte Du musst spielen, Philip.

Ich sagte Ich kann nicht.

Er sagte Hol dir den Ball, Junge.

Mein Dad hatte auf demselben Feld gespielt, als er elf war, und er war gut gewesen und er war im Schulteam gewesen und ich wollte ihm eine Freude machen, weil ich wusste, dass er SAUER war, weil ich Onkel Alan noch nicht getötet hatte.

Er sagte Nur zu.

Ich lief auf den Ball zu, wie die anderen Jungs, und Siraj hatte den Ball und alle stürzten sich auf Siraj und packten seine Beine und Siraj schrie Raaaaaa und versuchte weiterzulaufen.

Dads Geist sagte Schnapp dir den Ball, Philip.

Ich sah Dads Geist an und er sagte Reiß ihn ihm aus den Armen.

Ich packte den Ball und Siraj fasste mit den Händen fester zu, aber ich zog weiter daran und Siraj war es egal, dass Leah meine Freundin war, und er sagte Philip, lass los, du Wichser.

Dads Geist sagte Zieh fester, Philip, zieh fester.

Ich zog richtig fest, während andere Jungs versuchten, Siraj zu Boden zu drücken, und der Ball glitt ihm langsam aus den Händen wie ein Ei aus einer Henne. Er rutschte heraus und gehörte mir und ich wusste nicht, was ich damit machen sollte.

Dads Geist brüllte und wedelte mit den Armen wie ein Fußballtrainer und er half mir, damit ich ihm helfen konnte, in Frieden zu ruhen und den Schrecken zu entkommen. Er rief Nach links, nach links.

Also rannte ich nach links.

Dann rief er Rechts, rechts.

Ich rannte nach rechts, kurz bevor Dominic Weekly mich zu Boden reißen konnte, und Dominic knallte mit dem Bauch auf den Boden und ich lief immer weiter und Dads Geist rief Vorsicht, hinter dir.

Ich drehte mich um und sah Jordan, der in seinen Reeboks und mit weit aufgerissenen Fischaugen und der Zunge aus dem linken Mundwinkel hängend echt schnell rannte.

Dad rief Lauf, Philip, lauf.

Also wechselte ich den Gang und lief richtig schnell.

Dad rief Nach links, nach links.

Also rannte ich nach links und sah, wie Jordans Hände meine Knöchel nur knapp verfehlten.

Dad rief Bis hinter die Linie.

Also lief ich genau durch das H und warf den Ball auf den Boden und erzielte einen Try und ich hörte, wie Mr. Rosen in seine Pfeife blies, und ich hörte Jubelrufe in meinem Kopf. Dads Geist nickte, als ob er stolz auf mich wäre, und ich wartete, dass alle auf mich zugelaufen kamen und auf mich sprangen und sagten Gut gemacht, wie sie es bei allen anderen taten, wenn sie einen Try erzielt hatten, aber sie taten nichts, nur Pelzbein Mr. Rosen lächelte mich an und sagte Wie kam das denn zustande?

Ich sagte Ich weiß nicht.

Er sagte Gut gespielt, Philip, du solltest donnerstags nach der Schule zum Training kommen.

Und er sah mich an mit Augen, die nicht länger böse

waren wegen des Minibusses, und seine haarige Hand klopfte mir auf die Schulter, während ich über das Feld zurückging, und ich drehte mich zu Dads Geist um, aber er war weg.

HALLOWEEN UND DIE PROTZ-GEISTER UND SCHLAFAUGE TERRY

Mum rief Kannst du bitte an die Tür gehen, Schätzchen? Ich ging noch in meiner Schuluniform nach unten und öffnete die Tür und draußen standen ein Skelett und ein Grüner Kobold.

Das Skelett sagte Trick or Treat?

Der Grüne Kobold sagte Treat or Trick?

Ich sagte Keine Ahnung.

Das Skelett lachte und dann lachte der Grüne Kobold.

Das Skelett sagte Wir sind's, du Schwachkopf.

Der Grüne Kobold sagte Genau, wer ist wer?

Ich zeigte auf das Skelett und sagte Gary und dann zeigte ich auf den Grünen Kobold und sagte Ross.

Das Skelett zog seine Skelettmaske herunter und es war Ross mit der Lücke in der Augenbraue und er sagte mit einem Rülpser Nah dran.

Und Gary der Grüne Kobold sagte Kommst du mit?

Ich sagte Keine Ahnung. Und dann rief ich Mum! Mum! Darf ich mit Ross und Gary auf eine Runde Trick or Treat?

Und Mum kam, ein Glas trocknend, aus der Bar und Carla hatte heute Dienst, also sagte Mum Na schön, aber nicht länger als eine Stunde.

Ihr Mund war schmal, als ob sie noch etwas sagen wollte, aber sie sagte nichts.

Als wir aus der Tür traten, weckte mich die Kälte auf und ich sagte Ich habe gar kein Kostüm.

Gary sagte Binde dir die Krawatte um den Kopf.

Ross das Skelett sagte Genau, binde dir die Krawatte um den Kopf.

Gary sagte Bind sie um.

Ross sagte Ja, bind sie um.

Ich löste meine Krawatte und band sie mir um den Kopf und Gary sagte Echt schräg.

Wir gingen zur London Road und kamen an den schicken Häusern vorbei und ich sagte Warum klopfen wir nirgends an?

Gary sagte Hier bekommt man nur Kekse.

Ross sagte Die Protz-Typen geben einem kein Geld. Sie geben einem Kekse oder Gebäck. Und Scheißsachen, nicht etwa KitKat oder so.

Gary wies auf ein großes Haus auf der anderen Straßenseite mit drei Stockwerken und schmalen, hohen Fenstern und sagte Letztes Jahr haben wir dort geklopft und irgend so ein Protz kam raus und gab uns eine Banane und eine kleine Orange. Und strahlte dabei, als wär's ein Zehner.

Ross sagte Also haben wir ihm trotzdem einen Streich gespielt.

Gary lachte und schüttelte den Kopf Eine Banane!

Wir gingen weiter zur Winchelsea Avenue und dort standen kleinere Häuser dicht beieinander, mit flachen Fenstern und Stores, und wir klopften an die erste Tür.

Eine Frau öffnete. Sie war schwanger und rieb sich ihre große Babykugel und Ross und Gary sagten zusammen Trick or Treat?

Und dann sagte ich Trick or Treat?

Und die Frau atmete heftig aus und sagte Nicht schon wieder.

Die Frau ließ die Tür offen und ging ins Haus und wir

warteten auf der Treppe und Gary rülpste einen Rülpsakkord und Ross versetzte Gary einen Stoß und sagte Klappe, du Nulpe.

Gary stieß ihn noch fester und die Frau kam mit ihrer roten Handtasche zurück und sah hinein und gab dann jedem von uns 50 Pence und dann sah sie mich und meine Krawatte an und sagte Wen stellst du denn dar?

Aber ich hatte keine Worte im Kopf für eine Antwort.

Gary sagte Er ist ein Zorfmunger.

Ross sagte Ja, er ist ein Zorfmunger.

Die Frau fragte Was ist ein Zorfmunger?

Gary sagte Das ist ein todbringendes Monstrum.

Ross sagte Wenn man ihm fünf Sekunden lang in die Augen sieht, ist man tot.

Die Frau sagte Und Zorfmunger tragen Schulkrawatten um den Kopf?

Gary sagte Nur die Oberzorfmunger. Das sind die schlimmsten.

Ross sagte Die brutzeln einem das Hirn weg.

Die Frau sah mich weiter an und sagte Reden tun sie aber nicht viel, oder?

Gary sagte Sie sprechen nur Zorf.

Ross sagte Das ist noch schwerer als Französisch.

Die Frau nickte und rieb sich die Babykugel und sagte Na schön. Gut, dass wir das geklärt haben. Tschüss, Jungs.

Und Gary und Ross sagten Tschüss.

Und ich sagte Tschüss, nicht auf Zorf.

Und dann sahen wir zwei kleine Geister und ein Mann ging hinter ihnen auf der Straße.

Es waren keine echten Geister, es waren nur Laken mit kreisrunden Augenlöchern, die mit einem schwarzen Stift umrahmt worden waren. Es waren Knirpse auf ihrer Trick-

or-Treat-Runde mit ihrem Dad und sie gingen auf der anderen Straßenseite.

Der kleinere Geist sagte zu seinem Dad Daddy, Daddy, bitte noch eins.

Und der Dad sagte Na schön, eins noch.

Und dann sahen wir, wie sie zu einem Haus gingen und Trick or Treat sagten.

Sogar der Dad sagte es.

Ross sagte in einer piekfeinen Protzschulstimme Daddy, Daddy, bitte noch eins.

Gary lachte.

Aber ich konnte nur daran denken, dass mein Dad nie auf eine Trick-or-Treat-Runde mit mir gegangen war, als ich noch klein war, weil er immer im Pub arbeitete. Und ich musste an den Dad von Ross und Gary denken, den ich nie gesehen hatte und den auch Ross und Gary nicht mehr sahen, seit Carla sich hatte scheiden lassen und keine Treppen mehr hinunterfiel.

Wir gingen zum nächsten Haus auf unserer Seite der Straße.

Gary klopfte eine Melodie und wir warteten. Während wir warteten, drehte sich Ross zu mir und sagte Zieh.

Ich zog an seinem Finger und er furzte und eine Sekunde später öffnete sich die Tür.

Trick or Treat.

Trick or Treat.

Trick or Treat.

Der Mann war schlechter Laune. Er trug einen Trainingsanzug und knallte uns die Tür vor der Nase zu und darum zog Gary eine Schachtel aus seiner Tasche. Eine blaue Schachtel. Er nahm etwas heraus. Es war aus Plastik und sah aus wie eine Spritze für eine Tuberkulose-Impfung, nur ohne die Nadel.

Ich fragte Was ist das?

Und Ross sah mich an und sagte Stinkbombe.

Er zeigte auf den Briefkasten des Mannes und Gary zog an der Spritze ohne Nadel und es machte klick und die Spritze ohne Nadel wurde länger und dann schob er sie in den Briefkasten und Ross rief Weg hier!

Also rannten wir die Straße hinunter und Ross und Gary legten den Kopf in den Nacken und lachten und dann hörten wir, wie hinter uns eine Tür geöffnet und geschlossen wurde und eine Stimme rief Ihr kleinen Arschlöcher, bleibt stehen!

Es war der Trainingsanzugsmann und ich sah nach hinten und die Straße war jetzt leer bis auf den Mann, denn die Protz-Geister und ihr Dad waren verschwunden. Der Mann im Trainingsanzug rannte hinter uns her und kam immer näher und Ross entdeckte einen Durchgang zwischen den Häusern und rief Hier lang.

Ich sah in den Durchgang und in der Schwärze sah ich ihn. Es war Dads Geist, der am Ende des Durchgangs stand, und wir liefen auf ihn zu.

Er war sauer auf mich, das sah ich seinem Gesicht an, und Ross und Gary rannten direkt durch ihn hindurch zu den Mülleimern.

Ross rief Welche Pforte?

Gary sagte mit den Schultern Keine Ahnung.

Ross wollte die linke Gartenpforte öffnen und Dads Geist sagte Nein!

Also rief ich Nein!

Gary sagte Warum nicht?

Dads Geist sagte Da ist ein Hund. Ein Dobermann.

Und bevor ich es sagen konnte, knurrte der Dobermann und bleckte hinter dem Tor die Zähne und so liefen Ross und Gary und ich und Dads Geist durch die andere Gartenpforte und durch den Hintergarten von jemand anderem.

Der Trainingsanzugsmann kam in den Durchgang gelaufen und seine Stimme hallte von den Backsteinwänden wider Ihr seid tot, ihr Mistkerle, ihr seid tot!

Wir rannten durch den Garten und mir war nicht wohl dabei, weil Dads Geist zusah, aber ich wollte auch nicht erwischt werden, und der Mann war schon im Garten und kam immer näher und am hinteren Ende des Gartens war eine Mauer und wir liefen durch die Blumen, es waren Rosen, und Ross und Gary waren in einer Sekunde über der Mauer und ich brauchte zwei Sekunden, weil mein Fuß stecken blieb und Dads Geist sagte Rasch, Philip. Rasch.

Ich rannte durch einen anderen Garten und der Mann war immer noch hinter uns und Dads Geist flog mir voraus und zeigte auf die Pforte, durch die Ross und Gary gerade gelaufen waren, und ich lief hindurch und auf die Straße. Ich wusste nicht, wo Ross und Gary abgeblieben waren, sie waren weg, weil sie schneller waren als ich, und Dads Geist sagte In den Park! Also überquerte ich die Straße und wurde beinahe überfahren Hup! und ich lief in den Park und folgte Dads fliegendem Geist.

Aber nach der halben Strecke durch den Park packte mich plötzlich der Mann am Rücken und zog an mir und ich rief Dad!

Der Mann schloss seine Hand um meinen Hals und drückte mich gegen einen Baum und sagte Findest du das jetzt immer noch lustig?

Ich sagte Nein.

Und Dads Geist sagte Lass ihn los!

Aber der Mann konnte Dads Geist nicht hören.

Bei dem Mann war ein Auge halb geschlossen, als ob es gleich einschlafen wollte, und er sagte Ich könnte jetzt alles Leben aus dir herausquetschen wie Zahnpasta aus einer verdammten Zahnpastatube.

Dads Geist stand neben uns und sah den Mann an und er sagte Ich kenne ihn, Philip, ich kenne ihn.

Ich sah Dads Geist an, wollte, dass er etwas unternahm, aber er redete nur immer weiter.

Er sagte Er arbeitet für Alan. Er arbeitet für ihn. Es ist einer der MISTKERLE, die den Pub kurz und klein geschlagen haben.

Ich sah Dads Geist an und der Mann drehte sich um, um nachzusehen, aber er konnte Dads Geist nicht sehen und sagte Was zum Teufel starrst du da an?

Dads Geist sagte Wie heißt er nur gleich wieder? Wie heißt er nur gleich wieder? Wie ist sein Name? Terry, ja genau! Er heißt Terry. Philip, sag Terry. Sag Terry, Philip.

Ich hatte von Terry schon gehört, weil Onkel Alan mit ihm und Mr. Fairview zum Angeln ging.

Ich sagte Terry.

Es kam wie ein Husten heraus, weil seine Hand so eng um meinen Hals lag.

Seine Hand ließ etwas lockerer und er sagte Was?

Ich sagte Terry.

Dads Geist sagte Sag ihm, dass du weißt, wer er ist.

Ich sagte Ich weiß, wer Sie sind.

Terry sagte Ach ja, weißt du das, du kleiner Scheißer?

Dads Geist sagte Sag, dass er für Alan arbeitet.

Ich sagte Sie arbeiten für Alan.

Dads Geist sagte Sag ihm, dass er den Pub kaputt geschlagen hat.

Ich sagte Sie haben den Pub kaputt geschlagen.

Eines von Terrys Augen wurde größer, aber das andere blieb halb eingeschlafen.

Terry sagte Wovon redest du, Rotznase?

Dads Geist sagte Sag ihm, wo du wohnst.

Ich sagte Ich wohne im Castle. Ich wohne bei Alan.

Dads Geist sagte Sag ihm, dass du Brians Junge bist.

Ich sagte Ich bin Brians Junge.

Als ich das sagte, ließ Terry meinen Hals los, als ob er zu heiß wäre, wie eine Herdplatte.

Und Terry wiederholte Brians Junge.

Aber er sagte es leise zu sich selbst und wischte sich dabei die Hand am Trainingsanzug ab.

Dads Geist beugte sich vor und flüsterte in Terrys Ohr Geh jetzt.

Und Schlafauge Terry ging und ich sah zu, wie er den Park verließ, den Rücken immer noch gegen den Baum gelehnt und meine Krawatte immer noch um den Kopf gebunden und dann drehte ich mich zu Dads Geist um und sagte Danke.

Aber Dads Geist war verschwunden.

Ich sah mich im Park um und ich konnte andere Geister sehen. Da war eine Frau in einem schwarzen Kleid, die eine Kerze hielt, und ein Mann hing in einem Baum und da war ein goldfarbener Hund mit Blut auf der Brust und es gab ganz viele Geister, aber ich schloss fest die Augen und öffnete sie wieder und die Geister waren verschwunden wie Dad.

PRAYSTATION

Als ich nach Hause kam, pochte mein Herz immer noch furchtbar schnell und ich dachte an Schlafauge Terrys Hand um meinen Hals im Park, aber dann kam Mums Stimme aus dem Wohnzimmer und sagte Philip.

Ich sagte Was?

Sie sagte Komm her.

Also ging ich ins Wohnzimmer. Da stand eine große Tüte auf dem Tisch und es war eine Dixons-Tüte und Mum nickte in Richtung der Tüte.

Onkel Alan sah mich an und ich fragte Was ist das?

Mum lächelte mit dem Kinn auf dem Hals und sie sagte Das ist für dich. Von Onkel Alan. Darum ist er heute etwas später gekommen. Das hast du dir immer gewünscht.

Und Onkel Alan sagte Das soll dich aufheitern. Damit du nicht den ganzen Tag Fische anstarren musst.

Ich ging zur Tüte und als ich näher kam, sah ich, was es war, weil ich die Worte PS 2 unter der Tüte lesen konnte. Ich zog die Schachtel aus der Tüte und versuchte sie zu öffnen, aber es ging zu schwer. Onkel Alans Hände schoben sich über meinen Kopf und öffneten die Schachtel und dann zog ich die PlayStation 2 heraus. Es war ein grauer Kasten mit Drähten und es gab Anweisungen und Onkel Alan sagte Ich installiere sie für dich. Ich drehte mich zu Mum um, während Onkel Alan vor dem Fernseher auf dem Boden kniete, mit seinem fetten Hintern in der Luft, als ob er gläubig wäre, und Mum sagte leise Sag Danke.

Dann sagte sie noch einmal SAG DANKE, als wenn sie schreien würde, aber immer noch ohne Stimme, als ob sie hinter einem Fenster stehen würde. Und ich wollte es nicht sagen, weil Onkel Alan nur versuchte, mich zu kaufen, damit er Sex mit meiner Mum haben konnte, aber Mums Augen waren Fernbedienungen, also sagte ich Danke, aber echt leise wie Danke.

Onkel Alan drehte sich um und sagte Was?

Ich sagte Danke für die PlayStation.

Er lächelte und sagte Wozu hat man einen Onkel?

Aber das war eine dieser Fragen ohne Antwort, also antwortete ich nicht.

Und ich sah Mum an und sie sah mich an, den Kopf schräger gelegt als Mrs. Fell, und sie war glücklich und sie ging aus dem Wohnzimmer und Onkel Alans Hintern ragte immer noch in die Luft, als ob er ein Gebet vor dem Fernsehgerät sprechen würde.

PlayStation.

PrayStation.

Und ich stand da und sah ihn an und dann sah ich den Schürhaken am Kamin, der kein richtiger Kamin war, aber es war ein echter Schürhaken. Ich dachte, ich könnte den Schürhaken nehmen und ihn Onkel Alan auf den KOPF schlagen und dann wäre er sicher tot. Ich dachte an Schlafauge Terry und ich dachte an Dads Geist in den Schrecken und er würde wollen, dass ich den Schürhaken nahm und Onkel Alan umbrachte, aber dann dachte ich noch an etwas anderes. Ich dachte, dass jeder wissen würde, dass ich es war, und man würde mich Mum wegnehmen und mir musste deswegen eine andere Art einfallen, Onkel Alan zu töten, und auch nicht unbedingt gleich nachdem er mir eine PlayStation gekauft hatte.

Onkel Alan sagte In der Schachtel müssten noch zwei Spiele sein.

Und ich ging zur Schachtel und in der Schachtel waren zwei Spiele und sie hießen Primal Curse – Ein Spiel um Schätze, Tod und Gefahren und Miami Speedboat 5.

Und Mum kam mit einem Glas Pepsi für mich und einem Glas Whisky für Onkel Alan herein und stellte die Gläser auf den Tisch, immer noch mit dem Kinn auf dem Hals lächelnd, und Onkel Alan sagte Hier bitte, es gehört dir.

Ich legte ein Spiel ein und es war Primal Curse und es war ein Spiel für zwei Personen und ich setzte mich mit den Kontrollern hin und Mum sagte Alan spielt mit dir, oder nicht, Alan?

Und Onkel Alan sagte Klar, ja.

Ich wollte eigentlich nicht mit ihm spielen, aber ich wollte ihn und seine großen Hände auf den kleinen Kontrollern schlagen, und ich saß auf dem Teppich und er saß auf dem Sofa und wir spielten das Spiel.

Onkel Alan war ein Mann mit einem Schwert und einem Schild und ich war ein Mann mit einer Metallkugel mit spitzen Zacken daran und sie war an einer Kette befestigt und ich konnte mit den Kontrollern die Kugel über meinem Kopf rotieren lassen und dann mit der Kette ausholen, bis ich den Kopf von Onkel Alans Mann traf. Jedes Mal, wenn ich ihn traf, gab es ein Geräusch, als ob der Mann Schmerzen litt, und Blut spritzte in die Luft.

Onkel Alan sagte Aua.

Er versuchte, sein Schwert zu ziehen und gegen mich zu kämpfen, aber ich gab ihm keine Chance und meine Punkte und meine Lebenszeit schossen nach oben und seine gingen in den Keller von grün über braun bis rot. Onkel Alan sah mich nur an und ich glaube, er hatte Angst, was ich tun würde, wenn ich echte Waffen hätte. Ich sah ihn nicht an, ich presste nur meine Finger auf die Kontroller. In diesem Moment kam Mum herein und meinte Das sieht ein wenig gewalttätig aus.

Aber ich machte immer weiter, bis es hieß Game Over.

WIE ICH ONKEL ALAN TÖTEN KANN

1. Ihn im Schlaf mit einem Hammer erschlagen. Aber dazu muss ich weit ausholen und womöglich schlage ich daneben.
2. Ihm im Schlaf ein Messer in den Hals stechen. Aber das Blut könnte auf Mum spritzen.
3. Ihm im Schlaf ein Kissen auf das Gesicht drücken. Aber er ist zu stark und könnte sich wehren.
4. Ihn in den Trent stoßen, in dem es eine starke Strömung gibt, die ihn auf den Grund des Flusses zieht, wo er mit seiner Angel in dem BRAUNEN Wasser ERTRINKT. Aber dazu muss ich sehr viel Anlauf nehmen und ich könnte in den Fluss fallen und außerdem geht er immer mit Mr. Fairview und SCHLAFAUGE TERRY zum Angeln.
5. Warten, bis er auf eine Leiter steigt, und dann die Leiter umstoßen. Aber ich habe ihn noch nie auf eine Leiter steigen sehen.
6. GIFT. Man kann jemand Gift ins Ohr tröpfeln, während er schläft, und ihn damit töten. Aber es gibt keine Giftläden mehr. Unkrautvernichter ist ein Gift, aber ich weiß nicht, ob man es in Ohren träufeln kann.
7. Eine Einkaufstüte über seinen Kopf stülpen, damit er nicht mehr atmen kann. Aber er könnte sie wieder herunternehmen und dann über meinen Kopf stülpen.
8. Die Werkstatt ist aus Holz. Ich könnte Feuer legen, wenn er als Einziger darin arbeitet. Aber. Aber. Aber.

DER STILLE TEILHABER

An diesem Abend saß ich auf dem Sofa und schrieb in mein Schulheft Wie ich Onkel Alan töten kann und Mr. Fairview war da, aber ohne Leah, und er unterhielt sich mit Mum und Onkel Alan und sah mich dann an und sagte Du redest nicht viel, oder, Philip?

Onkel Alan sagte Er ist ein stiller Junge.

Mr. Fairview nickte und sagte Mach dir keine Sorgen, wenn du schüchtern bist. Weißt du, was darüber in der Bibel steht?

Ich sah Mum und Onkel Alan an, die über Mr. Fairview mit den Augen redeten, und sagte Nein.

Mr. Fairview sagte Selig sind die Sanftmütigen; denn sie werden das Erdreich besitzen.

Ich sagte Oh.

Onkel Alan sagte zu Mr. Fairview Gehst du morgen angeln?

Ich fragte mich, ob Schlafauge Terry auch mit Onkel Alan zum Angeln gehen würde und ob er Onkel Alan vom Park und von der Stinkbombe erzählen würde.

Mr. Fairview wollte etwas sagen, aber er hielt die Worte auf, die er sagen wollte, und sagte stattdessen Ich ich ich weiß nicht.

Ich sah Mr. Fairview an und verstand nicht, wie Leah zur Hälfte von ihm sein konnte. Ich fragte mich, was in dem Zeitraum passierte, bevor aus einem Kind ein Vater wurde.

Onkel Alan sagte Es sind nur Terry und ich. Wir gehen in

der Nähe des Wehrs angeln und peilen mal die Lage. Angeblich gibt's reichlich Karpfen.

Mr. Fairview sagte Ich werde ich werde am Samstag zu tun haben. Ich helfe in der Kirche aus. Eigentlich bin ich etwas in Eile, Alan. Ich nehme nicht an, dass ich die Bücher jetzt gleich mitnehmen kann?

Die Bücher, von denen er sprach, waren keine Erzählbücher oder historische Bücher oder Mörderbücher. Sie hatten einen blauen Einband mit einem Aufkleber auf dem BUCHHALTUNG WERKSTATT stand. Onkel Alan gab sie ihm und kratzte sich am Hinterkopf und sagte Leichte Lektüre.

Mr. Fairview sagte nur Ich gehe jetzt besser.

Onkel Alan begleitete ihn nach draußen und kam zurück und zuckte mit den Schultern in Mums Richtung und sagte Der hat doch eine Schraube locker.

Mum sagte Ich gehe besser nach unten und mache mich hinter der Bar nützlich.

Onkel Alan schüttelte den Kopf und musterte den Teppich und sagte Gott weiß, weswegen er die Bücher wollte. Er hat sonst nie nach ihnen gefragt.

Mum legte vor dem Spiegel über dem Kamin Lippenstift auf und ohne den Mund zu bewegen, sagte sie Du vertraust ihm doch, oder nicht?

Onkel Alan sagte In letzter Zeit verhält er sich komisch. Fragt komische Sachen. Seit ich ihn nicht aus dem neuen Vertrag lassen wollte.

Mum sagte Was für komische Sachen?

Onkel Alan setzte sich auf das Sofa und griff nach dem Argos-Katalog und sagte Keine Ahnung, einfach nur komische Sachen. Wann genau ich und Terry arbeiten. Ich glaube, er denkt, ich würde mich zu rarmachen. Wo ich doch jetzt auch hier im Pub arbeite. Der kann mich mal. Er hat noch nie auch nur einen Funken Interesse gezeigt. Er hat immer nur seinen Anteil eingesteckt und brav den Mund gehalten, wie es sich für einen stillen Teilhaber gehört. Darum heißt es ja auch so. STILLER Teilhaber.

Mum legte noch mehr Lippenstift auf und machte einen Fischmund und sagte Du solltest ihn vielleicht besser im Auge behalten.

Onkel Alan sah von seinem Argos-Katalog auf und er sah mich an, aber zu Mum sagte er Das erledigt schon jemand anderes für mich.

Mum knöpfte einen Knopf an ihrer Bluse auf und sagte Wer?

Onkel Alan sagte Mach dir keine Sorgen um die Gottesschwadron, denn Er da oben behält sie immer im Auge. Und der heilige Petrus führt die Punkteliste. Ich sage dir, die haben genau gewusst, was sie taten, als sie die Religion erfunden haben. Das ist wirksamer als die Kameraüberwachung öffentlicher Plätze durch die Bullen.

Mum sagte Ich gehe jetzt nach unten und helfe hinter der Theke. Ihr zwei Jungs könnt weiter ein Schwätzchen halten.

Ich sah Onkel Alan an und er hob den Argos-Katalog hoch und sagte zu mir Du kannst mir sagen, was du dir vom Weihnachtsmann wünschst.

Ich wollte nichts vom Weihnachtsmann, weil ich nicht an den Weihnachtsmann glaube, aber Mum lächelte Onkel Alan an, als ob er nett wäre und nicht versuchte, mich zu kaufen, als wenn ich ein Sonderangebots-Sklave im Forum Romanum wäre, mit einem Holzschild um meinen Hals, auf dem stand Kaufe mich, dann darfst du dauernd Sex mit meiner Mum haben und darfst dir den Pub unter den Nagel reißen und darfst mein Dad sein und nicht mein fetter, rotbackiger Onkel, und niemand wird jemals herausfinden, dass du ein Mörder bist. Ein fetter, rotbackiger Mörder.

Mum sagte Ist das nicht lieb, Philip? Philip? Philip? Ist das nicht lieb? Philip?

Ich sagte Ich muss Hausaufgaben machen.

Onkel Alan sagte Im Fernsehen läuft Fußball.

Ich sagte Ich kann jetzt nicht.

Onkel Alan sagte Champions League. Das Beste vom Tage.

Ich sagte Ich kann jetzt nicht und nahm mein Schulheft und ging auf mein Zimmer und Mum rief mir eine Menge Philips hinterher Philip Philip Philip, aber ich schloss die Tür und niemand machte sie wieder auf.

Nicht Onkel Alan und nicht Mum.

SAMSTAG IM BOOTS

Ich hatte nur noch einen Monat und zehn Tage, um Onkel Alan zu töten, damit Dads Geist den Schrecken entkam, aber ich wusste immer noch nicht, wie ich es anstellen sollte.

Dads Geist sagte Du musst langsam in die Gänge kommen, Philip.

Ich sagte Ja.

Dads Geist sagte Verschwende keine Zeit.

Ich sagte Nein.

Mum rief die Treppe hoch Philip? Philip?

Ich sagte Ja.

Sie sagte Leah ist da.

Ich sah Dads Geist an und er war sauer auf mich und sagte Werd sie los, Philip.

Ich sagte Aber

Er sagte Ich halte es nicht mehr aus. Ich halte die Schr

Aber er verschwand flackernd in die Schrecken, darum ging ich nach unten und hing mit Leah ab und wir sahen T4 und spielten Miami Speedboat 5 auf der PlayStation und Leah textete 2000 Leute zu und wir gingen in die Stadt und sie sagte Lass uns einkaufen gehen.

Ich dachte an Dads Geist in den Schrecken und sagte Ich habe kein Geld.

Sie sagte Na und? Ich auch nicht.

Und das machte mir Sorgen und die Sorge ließ mein Gesicht erstarren und sie lachte und sagte Du bist lustig.

Wir trafen ein paar Mädchen, die Leah kannte, und ich

stand nur daneben und sagte nichts und sie sagten Ah, als ob ich ein Welpe wäre oder ein Baby und nicht nur ein Jahr jünger. Weniger als ein Jahr. Ein halbes Jahr. Warum müssen Mädchen aus allem etwas Süßes machen? Dinge sind, wie sie sind. Und die Mädchen zeigten Leah so Zeugs wie Haarspangen und Lipgloss, von denen einiges in Tüten war und anderes nicht.

Und dann waren wir wieder allein und ich sah Siraj und er war mit seiner Mum zusammen und ignorierte mich und dann gingen Leah und ich in den Body Shop, das ist so ein Mädchenladen. Als Leah herauskam, gingen wir die Straße hinunter und sie sagte Schau her.

Ich schaute hin und es war ein Pfefferminzfußpeeling und sie hatte nichts dafür bezahlt und als sie an einer Mülltonne vorbeikam, warf sie es hinein.

Ich sagte Hast du das nicht haben wollen?

Sie sagte Nein.

Ich sagte Warum hast du es dann genommen?

Sie sagte Ich wollte sehen, ob ich es kann.

Ich sagte nichts und darum sagte sie Mach's auch.

Ich sagte Was?

Sie sagte Du traust dich ja bloß nicht.

Sie wickelte eine rote Strähne ihres Haares um den Finger und machte große Augen und ein Gesicht, das ich mochte und gleichzeitig nicht mochte. Leah war an Samstagen noch furchteinflößender als an Wochentagen, aber sie war auf nette Art Furcht einflößend, nicht auf die Dominic-Art.

Sie sagte Du musst nur so tun, als ob du etwas anderes ansiehst, und es dabei einfach in deine Hosentasche stecken.

Und ich sagte Aber das ist Diebstahl.

Sie sagte Du bist lustig.

Ich sagte Was ist, wenn ich erwischt werde?

Sie sagte Mach dich unsichtbar.

Ich sagte Wie?

Sie sagte Du wirst nur erwischt, wenn man dich sieht.

Ich sagte Ich kann mich nicht unsichtbar machen.

Sie sagte Doch, kannst du. Ich hab's gesehen.

Und ich wusste nicht, wovon sie redete, weil ich kein Kaiserfisch war und auch kein Geist, der sich direkt vor einem in Luft auflösen konnte.

Sie sagte Die Leute sehen dich nur, wenn sie dich sehen wollen. Auf diese Weise wird man erwischt.

Ich sagte Hä?

Ihre Lider flatterten wie Schmetterlingsflügel und sie sagte Wenn du aussiehst, als ob du nicht willst, dass man dich sieht, dann sieht man dich. So wurde Jenna im Supermarkt erwischt.

Ich wusste nicht, wer Jenna war, aber ich fragte nicht weiter nach.

Sie sagte Wenn du etwas einsteckst, dann musst du so tun, als sei es dir egal, dass die Leute hinsehen, denn dann werden sie nicht hinsehen.

Und daraufhin ging sie ins Boots und ich folgte ihr und versuchte, unsichtbar zu sein, aber ich hatte das Gefühl, dass mich alle beobachteten. Sogar die Shampooflaschen beobachteten mich. Ich wusste nicht, warum ich etwas einstecken würde, aber ich wusste, ich würde etwas einstecken, also hielt ich Ausschau nach etwas Kleinem. Das Kleinste, was ich sah, war eine Anti-Falten-Augencreme von Nivea, also sah ich mir etwas anderes an, Oil of Olaz, und steckte dabei die Augencreme in meine Hosentasche. Sie wollte nicht hinein, weil meine Jeans so eng war, und Leah fing an zu lachen und es war kein unsichtbares Lachen und dann ging die Creme endlich in meine Tasche und ich wollte nur weg, aber als ich mich umdrehte, sah ich kreisrunde Ohrringe und Carla, die Barfrau, und sie sagte Alles in Ordnung, Philip? Du siehst aus, als hättest du einen Geist gesehen.

Ich sagte Nein, habe ich nicht, ich habe nur …

Und ich blickte auf die Regale, aber Carla beachtete mich nicht und sah Leah an und lächelte müde und sie sagte Hallo, Kleine.

Leah sagte Hi.

Carla kratzte sich am Hals und sagte zu mir Sag deiner Mum, ich muss heute Nachmittag zum Arzt, darum komme ich wahrscheinlich zehn Minuten später.

Und ich sagte Ist gut.

Ich hatte die Hand über der Hosentasche und dann sagte ich Tschüss.

Sie sagte Tschüss, Kleiner.

Und sie lächelte ihr Schulterzucklächeln und stieß die Luft aus und Leah und ich sahen ihr nach, als sie den Laden verließ. Dann zogen wir los und wir gingen durch die Tür und an den Maschinen vorbei und die Maschinen machten pieppieppieppieppieppiep und Leah sagte Lauf.

Wir rannten durch die Türen hinaus in die kalte Sonne und in Richtung Polizeirevier und ich sah hinter mich und da war ein Sicherheitsmann, der rannte und dabei etwas in ein schwarzes, eckiges Walkie-Talkie keuchte. Die ganze Stadt sah zu und der Sicherheitsmann war fett, deshalb waren wir schneller und Leah rief Hier entlang.

Sie lief in eine dunkle Gasse, die hinter das Einkaufszentrum führte, und es gab verschiedene Ausgänge, darum nahmen wir einen Durchgang mit großen Mülltonnen und hinter denen versteckten wir uns.

Leah lachte und sie sagte Das war lustig.

Ich fand, dass das alles Mögliche war, aber nicht lustig.

Ich sah in ihr Gesicht und sah das Rot ihrer Haare und ihre Samstagslippen glänzten und wir blieben im Schatten der Mülltonnen in einem Teil der Stadt, in dem ich noch nie gewesen war und der nach Kohl roch, und ich sah in Leahs Augen und auf ihre Haare, die sie für mich hübsch frisiert hatte, und ich liebte sie, weil es das erste Mal war, dass ich nicht an Dad gedacht hatte, seit er ein Geist geworden war, als ob sie in meinen Kopf gekommen wäre und die traurigen Dinge geklaut hätte, ohne dass ich es gesehen hätte, und wir blieben dort, bis der Sicherheitsmann nicht kam, aber selbst dann wollte ich noch nicht gehen.

Ich ging allein durch die Stadt nach Hause und ich ging durch den Park, denn da ist das Castle. Das echte Schloss, nicht der Pub, der nur Castle also Schloss hieß. Das echte Schloss war jetzt nur noch eine Mauer und es war das Schloss, in dem sich König Johann versteckt hatte, bevor er vor vielen, vielen Jahrhunderten gestorben war, als er Angst hatte, aus dem Fenster zu sehen, wie Oma. Ich sah Mrs. Fell dort und sie war mit einem Mann im Rollstuhl zusammen und er hatte einen Schlauch in seinem Gesicht, in der Nase wie einen Strohhalm, und Mrs. Fell hielt die Hände des Mannes und rieb seine Handrücken und er konnte sich nicht gut bewegen. Und ich beobachtete sie hinter einem Busch und ich dachte erst, der Mann wäre alt, weil er keine Haare hatte, aber seine Kleider waren nicht hellbraun wie die Kleider alter Leute, sondern rot und blau und er trug Turnschuhe und es war nicht ihr Opa oder ihr Dad, darum war es vielleicht ihr Ehemann, aber das wusste ich nicht genau.

DAS GOLDENE HAUS

Onkel Alan kam rückwärts durch die Türen des Pubs und er zog einen großen Spielautomaten auf einem Rollwagen hinter sich her.

Er stöhnte Oh, mein Rücken! Mein Rücken! Mein Rücken!

Er ließ den Rollwagen stehen und legte die Hände auf den Rücken und kniff die Augen zusammen und ein Mann mit einem Klemmbrett kam durch die Tür und Onkel Alan unterschrieb mit der einen Hand und hielt mit der anderen Hand weiter seinen Rücken.

Der Klemmbrettmann ging und Onkel Alan entdeckte mich, wie ich Chips aß, die ich geklaut hatte, und er sagte Wo ist deine Mum?

Ich sagte Oben.

Er sagte Was hältst du von dem neuen Automaten?

Ich sah den Spielautomaten an, es war ein Wer wird Millionär?

Ich sagte Keine Ahnung.

Aber Onkel Alan hörte gar nicht zu. Er ging mit seinem schlimmen Rücken nach oben und rief Carol? Carol?

Und Dads Geist erschien flackernd und er sagte Philip? Philip? Was ist hier los?

In meinem Kopf tauchte die Erinnerung an ein Lied auf, das Dad immer gesungen hatte.

Was ist hier los?

Was ist hier los?

Aber jetzt sang er nicht, sondern musterte den Automaten und die neuen Bierpumpen mit dem Licht innen drin und den großen Bildschirm und das Schild, auf dem Sky Sports 1 2 und 3 stand, und die Schiefertafel, auf der Heute Karaoke in grüner Kreideschrift stand, und die Buchstaben waren dick und fett.

Er sagte Wo sind meine Fotos?

Keins von Dads Fotos vom Meer und von alten Schiffen hing noch an der Wand, weil Onkel Alan fand, Newark sei so weit vom Meer weg, wie man in England vom Meer weg sein könne. Es liege mitten in der Mitte. Es sei sinnlos, Fotos vom Sonnenuntergang über dem Meer an der Wand zu haben.

Ich sah Dads Geist an und sagte Er hat sie abgehängt.

Dads Geist sah das Schild und sagte Karaoke?

Ich sagte Mum hat gesagt, er kann es heute Abend versuchen und sehen, wie es läuft.

Dads Geist sagte Er hat diesem Pub die Seele geraubt. Und hinter ihrer Seele ist er ebenfalls her. Er will sie heiraten, Philip. Womöglich hat er schon um ihre Hand angehalten. Er will sie definitiv heiraten. Das weiß ich.

Ich sagte Nein.

Er sagte Du musst das verhindern. Du musst schnell handeln. Du musst etwas

Er fing an zu flackern und machte den stummen Schrei.

Du musst handeln, Philip.

Du musst ihn aufh

Der Tag ging in der schnellen und langsamen Sonntagsgeschwindigkeit vorbei und es geschah nichts, abgesehen davon, dass Mum zu Boots ging und Badesalz für den schlimmen Rücken von Onkel Alan besorgte. Als sie nach Hause kam, sah sie ständig Onkel Alan an und die beiden lächelten, als ob sie ein Geheimnis teilten, und dadurch bekam ich ein ganz ungutes Gefühl, aber ich fragte Mum nicht, ob sie Onkel Alan heiraten würde, denn wenn ich es aussprach, würde es vielleicht wahr werden.

Am Abend war es im Pub so voll wie nie, lauter Leute, die wegen dem Karaoke gekommen waren.

Ich saß auf einem Hocker hinter der Theke, weil ich dort sein wollte, um Mum und Onkel Alan auszuspionieren. Aber als Onkel Alan seinen ersten Song sang, wünschte ich, ich wäre nicht da. Er sang mit zusammengekniffenen Augen, als ob er auf dem Klo säße und drückte, und sein Gesicht wurde ganz rot und er hielt die Faust vor das Herz und er sang echt LAUT. Und als er fertig war, wartete er darauf, dass alle klatschten, als ob er Kaiser Nero wäre, der dämliche Lieder zu seiner Leier sang, das ist eine Gitarre, nur kleiner.

Ich dachte an Kaiser Nero und den Palast, den er bauen ließ und der Das Goldene Haus hieß und wo er auf seiner Leier spielte und über das ich in einem meiner Bibliotheksbücher gelesen hatte. Niemand mochte Das Goldene Haus, weil es nach dem Feuer in Rom auf den verkokelten Gebäuden errichtet worden war, und deshalb dachten die Leute, Kaiser Nero hätte das Feuer gelegt. Das Goldene Haus war der größte Palast aller Zeiten und es gab dort eine gigantische Statue von Kaiser Nero und es war nicht wie Das Goldene Haus in Newark, das ein Chinarestaurant ist. Es war viel größer, mit viel Gold und Säulen.

Onkel Alan sang Songs von Elvis. Elvis war fett wie Onkel Alan und Kaiser Nero, aber Elvis war ein guter Sänger. Ich habe ihn auf einer Jukebox gehört. Aber Onkel Alan war ein schlechter Sänger und er sang einen Song, der hieß WE CAN'T GO ON TOGETHER WITH SUSPICIOUS MINDS und es war nur gut, dass er beim Singen die Augen zusammenkniff, denn alle schnitten Grimassen. Na ja, Mum nicht, aber alle anderen. Am Schluss klatschten trotzdem alle, weil alle ein wenig Angst vor Onkel Alan haben, glaube ich, abgesehen von Big Vic, der Gott sei Dank sagte.

Dann nach dem Song sagte Onkel Alan Noch eins vom King.

Big Vic sagte Elvis, leave the building.

Aber Onkel Alan ignorierte Big Vic und sang noch einen Song und das war WISE MEN SAY ONLY FOOLS RUSH IN BUT I CAN'T HELP FALLING IN LOVE WITH YOU. Er hatte die Augen offen und er sah Mum an und er sang eigentlich nicht, er sprach mehr, und Mum lächelte und weinte gleichzeitig und ich fühlte mich ganz schwer, ich weiß nicht, warum, als ob die Decke sich absenkte und die ganze Luft auf mich herunterpresste.

Ich hörte auf, Mum und Onkel Alan anzusehen, und ich blickte mich im Pub und unter den Leuten um und sie schauten alle zu Onkel Alan. Na ja, alle außer Carla, der Barfrau, die sich am Arm kratzte und mich ansah. Als sie merkte, dass ich sie auch ansah, zuckte sie mit den Schultern und lächelte und das Lächeln versuchte, die Luft hochzuheben, aber das gelang dem Lächeln nicht.

Onkel Alan hörte auf, den Song zu sprechen, und fing an, mit seinen eigenen Worten zu reden, und die gingen so Also, wenn ich Ihre Aufmerksamkeit noch ein paar Minuten in Anspruch nehmen darf, ich habe nämlich eine besondere Ankündigung zu machen.

Ich sah Mum an und ihr Gesicht veränderte sich, als er sagte Ankündigung. Bei AN waren ihre Augen noch normal, aber dann wurden sie größer bei KÜN und dann riesengroß bei DIGUNG und Onkel Alans Augen waren auf Mum gerichtet, aber er wusste nicht, dass ihre Augen AUF-

HÖREN sagten, weil er immer weitermachte, wie ein Auto ohne Bremsen.

Onkel Alan sagte Wie viele von Ihnen wissen, sind Carol und ich uns in den letzten beiden Monaten sehr nahegekommen, während wir versucht haben, den TRAGISCHEN Verlust von Brian zu verschmerzen.

Und dann redete er immer weiter und ich hörte gar nicht zu, weil ich seine Stimme hasste und ich keine Lust hatte, sie in meine Ohren zu lassen, aber ich hörte den letzten Teil und der lautete Aus diesem Grund haben wir zwei Dummköpfe beschlossen, ganz schnell den Bund der Ehe zu schließen.

Ich sah mich in den bestürzten Gesichtern um und sah die Gläser, die langsam angehoben wurden, und die Lichter am Spielautomaten, die auf und ab wanderten, und Mum, die mich ansah. Hinter Mum stand Carla, die Barfrau, mit offenem Mund wie ein O in der Form ihrer Ohrringe und Big Vic sagte mit seiner lauten Stimme Ich will verdammt sein! und Les Miserable sagte mit seiner leisen Stimme Ich werd nicht mehr. Ich musste raus und ich kletterte vom Hocker und lief in den Flur und nach oben und ich hörte, wie Mum hinterherkam. Ich ging ins Wohnzimmer und sah die PlayStation und ich sah den Schürhaken und ich nahm den Schürhaken mit seinem goldenen Griff wie ein Schwert und ich nahm ihn und ich zog die PlayStation auf den Teppich und ich schlug sie platt. BOING!

Ich zertrümmerte die PlayStation und ich sah all die Drähte und das Metall und ich schlug immer weiter. BOING! BOING! BOING!

Und Mum kam aus der Bar die Treppe hochgelaufen und sie sah mich und schrie Philip!

Und da war noch eine andere Stimme und es war die von Onkel Alan und er sagte Was zum …?

Und ich drehte mich mit dem Schürhakenschwert in der Hand um und Onkel Alan sagte Leg ihn weg, Sohn.

Ich sagte Ich bin nicht dein Sohn.

Er sagte Leg ihn weg!

Mum rief Philip, leg ihn weg!

Und ich sagte Wo ist dein Ring? Wo ist dein Ring?

Onkel Alan sagte Sie trägt ihn nicht, weil sie nicht wusste, wie sie es dir sagen sollte.

Mum sagte Du hättest es nicht gleich dem ganzen Pub verkünden müssen.

Onkel Alan sagte Warum nicht? Wir brauchen uns für nichts zu schämen.

Und ich sah auf Mums Hände, die sich in das Sofa gruben, hinter dem sie stand.

In dem Moment packten mich Onkel Alans Hände.

Sie waren so stark, ich hatte keine andere Wahl, als den Schürhaken fallen zu lassen, und er sah mich an und sagte Jetzt hör mir mal gut zu, SOHN. Was gedenkst du jetzt zu tun?

Ich sah ihm in die Augen und ich fragte mich, ob Schlafauge Terry ihm erzählt hatte, was an Halloween passiert war. Ich fragte mich, ob Onkel Alan aus diesem Grund dem ganzen Pub erzählt hatte, dass er heiraten würde, noch bevor er es mir gesagt hatte.

Ich sagte Weswegen denn?

Und er sagte Wegen des Geschenks, das ich dir gekauft habe.

Und seine Stimme war echt leise, was unheimlicher war, als wenn sie richtig laut gewesen wäre, und seine Augen hassten mich und der Hass war nicht mit etwas anderem gemischt, es war nur Hass und Hass.

Mum stand da und sagte Alan, bitte. Er ist nur durcheinander. Er ist nur …

Onkel Alan sagte Durcheinander? Durcheinander? Ich werde ihm zeigen, was durcheinander ist.

Ich sagte Lass mich los.

Und ich sah in seinem Gesicht, dass er mich schlagen wollte. Er wurde rot, als ob die Röte der Schlag war, der in ihm steckte und den er mir versetzen wollte, aber er konnte nicht, weil Mum da war und Mum sagte Bitte.

Das war alles, was sie sagte.

DANCING QUEEN

Und Onkel Alans Hände ließen mich los und ich ging auf mein Zimmer und ich wollte Dads Geist sehen, aber er war nirgends.

Ich hörte, wie Mum und Onkel Alan sich darüber stritten, dass Onkel Alan es dem Pub erzählt hatte, und der Streit war gemischt mit Gesang von unten und der Song war von ABBA. Es war YOU ARE THE DANCING QUEEN, das war Mums Lieblingssong. Carla, die Barfrau, sang und sie sang sehr traurig und ich konnte hören, wie Onkel Alans Stimme im Nebenraum sagte Das geht zu weit. Zu weit. Diesmal hat er die Grenze überschritten.

Und Mum sagte Er hat viel durchgemacht.

Und Carla sang Feel the beat from the tambourine.

Und dann sagte Onkel Alan noch mehr. Er sagte

Er braucht Disziplin.

Man muss ihm klarmachen, dass er nicht einfach drauflosschlagen darf.

Du bist zu weich mit ihm, Carol.

Es tut mir leid, aber das bist du.

Und das tut ihm nicht gut.

Das tut niemandem gut.

Er braucht eine starke Hand.

Und dann sagte Mum etwas, das ich nicht hören konnte, und Onkel Alan sagte Das ist nicht normal, Carol. Das ist nicht richtig. Er braucht …

Und ich legte die Hände über die Ohren, weil seine Stimme wie Gift war, und ich summte YOU ARE THE DANCING QUEEN. Ich sah zu Gertie, die im Aquarium auf die Guppys und die schwarzen Mollys zuschwamm. Als Gertie ans Ende des Aquariums kam, drehte sie um und machte sich unsichtbar, aber ich wusste, dass sie da war, und es brannte kein Licht im Zimmer, nur im Aquarium, aber ich wollte meine Hände nicht von den Ohren nehmen, darum blieb ich im Dunkeln. Draußen vor dem Fenster waren Newark und die Kirche und die Kirchturmspitze, die aus der Flachheit herausragte wie ein Herzschlag auf einem schwarzen Bildschirm in einem Fernsehkrankenhaus, der Piep macht, und die Kirche war gelbgold von den Lichtern und das war hübsch und traurig und ich weiß nicht, warum, aber so war es.

Nach einer Weile nahm ich dann die Hände von den Ohren und ich hörte, dass Mum und Onkel Alan immer noch redeten.

Onkel Alan sagte Wir sollten es rasch durchziehen.

Mum sagte Was?

Onkel Alan sagte Die Hochzeit.

Mum sagte Die Hochzeit?

Onkel Alan sagte Hör zu.

Mum sagte Was?

Onkel Alan sagte Wenn du recht hast, was Philip angeht, dann braucht der arme Junge in seinem Leben nicht noch mehr Unsicherheit und Instabilität. Wenn wir ruckzuck heiraten, dann weiß er, wo er steht, und kann mit seinem Leben weitermachen.

Mum sagte Ich weiß nicht recht.

Onkel Alan sagte Mit dem Pub warst du dir auch nicht sicher, aber alles läuft blendend. Die Zahlen sprechen für sich. Die Bank sitzt dir nicht länger im Nacken.

Mum sagte Ich weiß, aber …

Onkel Alan sagte Es ist nur vernünftig, vertrau mir. Heute in einem Jahr wird es nicht mehr vorkommen, dass er Gegenstände zertrümmert und sich in Schwierigkeiten bringt. Wir sollten nur alles auf die Reihe bringen, damit wir … du weißt schon … damit wir weitermachen können. Lass mich aufs Standesamt gehen.

Seine Stimme veränderte sich. Sie wurde langsam und tief und ich hörte Kussgeräusche und dann hörte ich Onkel Alan sagen Wenn wir aufs Standesamt gehen, können wir alles in einem Monat erledigt haben. Das wollen wir doch beide, oder nicht? Komm schon, was hält uns jetzt noch auf?

Das Wort drehte sich immer und immer wieder in meinem Kopf Jetzt jetzt jetzt jetzt jetzt.

Mum sagte Ich weiß nicht, oh, ich weiß nicht, Alan. Ich weiß nicht.

Aber dann hörten ihre Worte auf, Worte zu sein, und fingen an, Geräusche zu werden, und ich wusste, dass sie sich jetzt küssten, und Onkel Alan fraß ihre Worte mit seinem großen, trockenen Mund und mit seinem Whisky-und-Chips-Atem.

Und da verließ ich mein Zimmer und ging leise die Treppe hinunter und das Teppichmuster veränderte sich unter meinen Füßen und Big Vic sang START SPREADING THE NEWS I'M LEAVING TODAY und in dem Moment öffnete ich die Hintertür.

DER GEISTERWIND

Ich ging zu den drei Altglascontainern und stellte mich auf die rechte Seite und sagte Ich bin Philip Noble. Mein Dad ist Brian Noble. Er ist in Ihrem Club.

Nichts geschah, darum sagte ich Ich möchte mit meinem Dad sprechen. Wissen Sie, wo mein Dad ist?

Dads Geist war vielleicht in den Schrecken, aber vielleicht war er auch böse auf mich, weil ich Onkel Alan noch nicht getötet hatte.

Ich sagte Ray Goodwin, wissen Sie, wo der Geist von meinem Dad ist?

Ich schaute in die Luft und auf den Boden auf die Glasscherben und da war eine Tüte, auf der stand Morrisons Supermarkt, und gleich nachdem ich die Frage gestellt hatte, blähte sie sich mit Luft auf und schwebte nach oben. Sie flog vom Parkplatz, also folgte ich ihr, denn das war die ANTWORT.

Die Tüte flatterte auf die Straße und flog dann die Straße hoch, vorbei am Palace Theater und einigen Läden und vorbei am Goldenen Haus und schwebte immer weiter. Sie flog an der Ampel vorbei und am Krankenhaus und es war niemand zu sehen, nur ein paar Autos fuhren vorüber und ein Mann ging mit einem schwarzen Hund spazieren, der so schwarz war, dass er aussah wie ein wandelndes schwarzes Loch. Die Tüte flog in eine Lücke in einer Hecke, also quetschte ich mich durch die Hecke und machte dabei meine Kleider kaputt und ging weiter, bis die Tüte zum Friedhof kam, mit all den Gräbern wie Menschen in Betten mit Decken aus Gras. Ich wusste, die Toten Väter wollten mir damit sagen, dass Dads Geist hier war, denn als die Tüte an Dads Grab vorbeiflog, berührte sie es, bevor sie zu den Häusern auf der anderen Seite flatterte. Ich sah mir im Halbdunkel Dads Grab an.

Brian Peter Noble
10. Dezember 1963–25. September 2005
Geliebter Vater und Ehemann
Ruhe in Frieden

Und ich sagte etwas ohne Ton und es war nicht Dad und es war nicht tot. Es war irgendwie zwischendrin. Einen Augenblick dachte ich, es wäre unmöglich, dass Dad wirklich tot war. Er war in meinem Kopf immer noch so real, dass ich ihn riechen und seine Stimme hören konnte, aber irgendwann war jeder so real wie Dad gewesen, sogar Kaiser Nero oder Julius Cäsar oder Alexander der Große, und sie haben geniest und im Schlaf gezuckt und jetzt waren sie nichts. Dann sah ich neben Dads Grab die Metallbox für die Blumen mit den Löchern oben wie ein Radio. Ich konnte sie im Dunkeln sehen und ich wunderte mich, dass keine Blumen drin waren, weil Mum normalerweise Blumen hineinstellt, aber es waren keine Blumen drin, und da sah ich das weiße Licht, das in dünnen Linien durch die Löcher strömte, und die Linien waren verschwommen und schlossen sich zusammen und wurden zu einer Form wie ein Mann wie Dad und es war Dads Geist.

Und Dads Geist sah sauer aus und er sagte Philip, was machst du hier?

Ich sagte Nichts. Ich habe dich gesucht, weil ich dich sehen wollte, weil weil weil du nämlich recht hattest. Sie heiraten. Es tut mir leid. Es tut mir leid.

Er sagte Du bist nicht bei der Sache, Philip.

Ich sagte Wie meinst du das?

Er sagte Das Mädchen, Philip. Deine Freundin.

Ich sagte Leah.

Er sagte Ja.

Ich sah durch ihn hindurch auf die andere Seite des Friedhofs und da waren ein paar Jungs, die neben einer Bank unter den Bäumen krakeelten.

Dads Geist sagte Du darfst sie nicht mehr sehen. Du musst ihr sagen, dass ihr nicht länger miteinander geht.

Ich sagte Warum?

Er sagte Wenn du sie und dich selbst schützen willst, dann musst du allein bleiben. Es darf nur dich geben.

Ich sagte Warum?

Er sagte Du darfst nicht das Risiko eingehen, an etwas anderes zu denken, Philip. Vertrau mir. Uns läuft die Zeit davon.

Ich sagte Ist gut.

Und dann sagte er Du musst es ihr so schnell wie möglich sagen. Du darfst keine Freunde haben und keine Freundinnen und keine Ablenkungen, bis das hier vorbei ist, Philip. Es ist zu deinem eigenen Besten. Ich komme mit dir.

Ich sagte Wie?

Er sagte Ich begleite dich zum Haus des Mädchens.

Ich sagte Nein.

Aber er ging schon voraus.

Wir kamen an den Jungs bei der Bank vorbei und ich sah, wer es war, und sie sahen mich, also blieb ich stehen und Dads Geist blieb stehen und sagte Philip? Was machst du da?

Ich sagte Dad, warte.

Dominic Weekly sagte Es ist der Durchgeknallte.

Jordan Harper trug eine Mütze und er lachte und seine Fischaugen wölbten sich vor und er sagte Seht euch das an, er spricht mit sich selbst.

Dominic Weekly fuhr total langsam auf seinem Mountainbike, während alle anderen Jungen neben ihm herliefen, und er sagte Er denkt, er kann mit seinem Dad reden. Der Spinner.

Jordan sagte mit einer dämlich hohen Stimme Seine Freundin ist gar nicht da, um ihn zu beschützen.

Ich wollte etwas sagen, aber ich hatte Angst und Dominic Weekly stieg von seinem Mountainbike und lehnte es an einen Grabstein und es war mittlerweile total dunkel.

Dominic Weekly sagte Wenn wir dich jetzt umbringen, dann kannst du so viel mit deinem Dad reden, wie du willst.

Ein anderer Junge, den ich nicht kannte, sagte zu Dominic Hau ihm eine in die Fresse.

Ich sah nicht, was geschah, ich fiel nur plötzlich zu Boden.

Mein Kopf tat höllisch weh und es war so schlimm, dass es mir außerhalb vom Kopf wehtat, nicht nur innen drin. Als ob der ganze Friedhof ein Teil meines Kopfwehs wäre.

Ich versuchte aufzustehen, aber ein Fuß kickte mich und katapultierte alle Luft aus mir heraus. Ein anderer Fuß trat mir in den Hintern und mein Gesicht bohrte sich in das Gras und ich sagte Dad! Hilf mir, Dad!

Und ich sah etwas Weißes an meinem Auge vorbeihuschen und es war Dads Geist, der vorbeiflog, und ich versuchte aufzustehen. Ich kam zur Hälfte hoch und es wurde gelacht und ein paar Sekunden später hörte ich Dads Geist in der Luft sagen Ray! Er braucht Hilfe.

Und es fing an. Der Wind. Er fing an, richtig heftig zu wehen, und Dominic stieß mich erneut zu Boden und trat mich und der Wind blies kräftiger und lauter und Dominics Rad fiel um. Ich blickte auf und Jordan lehnte sich gegen den Wind und seine Mütze flog ihm vom Kopf und hinüber zum Baum. Er legte die Hände an den Kopf, dann rannte er der Mütze hinterher und der Wind stahl den anderen Jungs die Mützen und die Morrisons-Tüte flog Dominic ins Gesicht. Er brüllte, aber ich konnte nicht hören, was er sagte, und dann zog er sich die Tüte vom Gesicht und nahm sein Rad und fuhr davon und die anderen Jungs jagten ihren Mützen hinterher.

Ich setzte mich neben einen Grabstein, der Schimmel ansetzte wie eine Scheibe Brot, und der Wind wehte nicht mehr so stark, aber der Schmerz pochte noch in meinem Kopf. Als der Wind ganz aufhörte, ging ich auf die Straße und folgte Dads Geist zu Leah.

DER FISCH IM MEER

Dads Geist sagte Klopf an die Tür.

Ich klopfte an die Tür und es war Mr. Fairview und sein altes, längliches Gesicht sah, dass ich ganz verdreckt war von der Hecke, und er sagte Was in Gottes Namen?

Und ich sagte Ist Leah da, bitte?

Mr. Fairview sah auf seine Uhr, aber Leah musste mich gehört haben, denn sie stand hinter ihm und sie sagte Dad.

Sie schnitt eine Grimasse, die Mr. Fairview aufforderte wegzugehen und Mr. Fairview ging weg, weil er nicht wie normale Eltern war, die streng mit ihren eigenen Kindern sind und nett zu allen anderen.

Mr. Fairview hielt Leah für einen Engel, aber ich glaube, er dachte, Dane sei der Teufel, weil Mr. Fairview zurück ins Haus ging und sich mit Dane stritt.

Leah hustete und sagte Ich glaube, ich werde krank.

Sie kam vor die Tür und es war die Hintertür, denn sie benutzte nie die Vordertür und sie kam heraus in den Garten, wo Dads Geist und ich standen. Sie musterte meine Kleidung und die Heckenteile darauf und sagte Du siehst aus wie ein Gartengewächs.

Und Dads Geist sagte Sag es ihr jetzt.

Ich fasste sie am Handgelenk und hielt sie ganz fest und Dads Geist war hinter ihr und sagte Jetzt, Philip, du musst es ihr jetzt sagen.

Ich sah in Leahs Augen und sie hatten Angst vor mir und

ich wollte nicht, dass sie Angst vor mir hatten, und sie sagte Warum benimmst du dich so merkwürdig?

Ich hielt ihren Arm viel zu fest, denn sie sagte Du tust mir weh. Lass los.

Ihre Worte drangen nur langsam in mein Hirn und ich ließ sie nicht rechtzeitig los, darum zog sie ihren Arm weg und sagte Sag was.

Dads Geist sagte Sag es ihr.

Mein Mund öffnete sich wie bei einem Guppy, aber es kamen keine Worte heraus.

Dane brüllte innen im Haus Fass mich nicht an, du alter Sack!

Ich versuchte etwas zu sagen, aber alle Worte waren zu weit weg wie die gelben Enten auf dem Gänsemarkt in Nottingham, die ich mit dem langen Stab hatte erwischen wollen und es nie geschafft hatte, auch wenn sie direkt vor meiner Nase waren.

Dad sagte Sag es ihr, Philip. Sag ihr, dass du dich nicht mehr mit ihr treffen kannst.

Aber ihre Augen waren immer noch die Augen von hinter den Mülltonnen von gestern, die alles stehlen konnten, sogar meine Worte, und ich sah Dads Geist an und sie blickte hinter sich, weil sie wissen wollte, wen ich sah. Sie dachte, ich würde ihren Dad sehen, nicht den Geist von meinem Dad, denn Mr. Fairview hatte aufgehört, mit Dane zu streiten, und beobachtete uns aus dem Fenster und sie drehte sich um und sagte Dad!

Sie wedelte mit den Händen, damit Mr. Fairview wegging, und als sie mit den Händen wedelte, gerieten ihre Finger in Dads Geist, aber das fiel ihr nicht auf. Dann sah sie mich wieder an und mein Kopf bewegte sich auf und ab und ich hatte immer noch keine Worte, also seufzte ich und daraufhin runzelte sie die Stirn. Dann schloss ich die Augen und ging zum Gartentor, die Augen immer noch geschlossen, weil ich Leahs Augen nicht sehen wollte und auch Dads Geisteraugen nicht sehen wollte, und ich prallte gegen das Tor, also öffnete ich es und rannte davon und ließ Leah einfach stehen und Dads Geist rannte mit mir die ganze Strecke bis nach Hause.

Als ich heimkam, stand Onkel Alan betrunken im Flur und hinter ihm sah man alle anderen im Pub. Er sagte Du siehst aus, als hätte man dich rückwärts durch eine Hecke gezogen.

Mum kam und sagte Oh, Philip, wo bist du nur gewesen.

Ich sagte Es sind keine Blumen da.

Mum sagte Was?

Ich sagte Auf Dads Grab sind keine Blumen.

Mum sagte Bist du etwa dort gewesen?

Ich sagte Ja.

Mum sagte Oh, Philip.

Ich sah Onkel Alan an und versuchte, ihn mit den Augen in Brand zu setzen, als Mum auf mich zukam.

Onkel Alan gefiel es nicht, dass Mum mich umarmte und Heckenteile aus mir herauspickte. Ich glaube, er war eifersüchtig, und darum sagte er Mr. Fairview war eben am Telefon. Er sagt, du warst auch bei ihm. Er denkt, du bist verrückt nach der kleinen Leah und würdest dich deshalb ein wenig seltsam verhalten. Hat Leah dich abserviert, Philip? Ist es das? Es gibt noch viele Fische im Meer, mein Junge. Selbst blinde Hühner finden mal ein Korn. Schau mich an. Habe die Frau meiner Träume so spät im Leben gefunden.

Onkel Alan zwinkerte mir zu und es war ein widerliches Zwinkern und jetzt, wo er Mum heiraten würde, tat er nicht einmal mehr so, als ob er mich mochte.

Onkel Alan sagte Mr. Fairview ist mein Geschäftspartner, Philip. Ich will nicht, dass du ihn beunruhigst. Hörst du mich?

Mum hörte auf mich zu umarmen und sagte mit einem Lächeln, das flackerte wie eine Kerzenflamme im Freien Ich bitte dich, Alan, es war ein langer Tag.

Sein Blick streifte den Mülleimer im Flur, in dem die PlayStation lag. Er wollte noch etwas sagen, aber er sagte nichts. Er schnaubte nur durch die Nase aus und nahm einen Schluck Whisky, aber er sah mich die ganze Zeit an und ich bekam immer mehr Angst und ich lief nach oben in mein Zimmer und starrte auf meine Fische, bis mein Herz wieder normal schlug.

MR. WORMWOOD UND DER SCHMELZPUNKT VON METALLEN

Am Morgen wachte ich auf und konnte Dads Geist nicht sehen, weil er in den Schrecken war, aber ich brauchte Dads Geist nicht, weil ich wusste, was ich zu tun hatte. Ich musste mit Leah Schluss machen und Onkel Alan töten. Beim Frühstück tat ich so, als sei es in Ordnung, dass Mum und Onkel Alan heirateten, und ich sagte Es tut mir leid.

Mum sagte Wie bitte?

Ich sagte Es tut mir leid. Es tut mir leid wegen der PlayStation.

Mum sagte Tja, sag das nicht mir, sag es Alan.

Mum nannte ihn nicht mehr Onkel Alan, weil sie ihn jetzt heiratete. Er hieß nur noch Alan und sie sagte mir nicht, dass sie den Onkel-Teil weglassen wollte, sie tat es einfach.

Ich sagte Es tut mir leid, Onkel Alan. Es tut mir leid, dass ich die PlayStation kaputt gemacht habe.

Er sah mich an, dann sah er zu Mum, die das Geschirr spülte, und er betrachtete Mums Hintern und sagte Schon gut, Philip. Ich bin sicher, das wird nicht wieder vorkommen.

Ich wusste, dass Onkel Alan nur so tat, als sei alles in Ordnung, weil seine Augen sagten, dass er mich am liebsten aus dem Fenster auf den Parkplatz werfen würde, aber ich ignorierte seine Augen und aß weiter die Frosties, die in der gesüßten Milch langsam aufweichten.

Mum sah auf den Kalender, der an der Wand hing, und Mum sagte Carla hat heute Nachtschicht mit Nooks.

Nooks ist der Spitzname, mit dem Mum Renuka meint. Seit Dad gestorben war, half Renuka einen Abend die Woche hinter der Theke aus und machte große Schaumköpfe auf die Biere.

Und Mum sagte Ich nehme an, Carla kommt heute Abend ohne uns aus. Warum leihen wir uns nicht ein Video und machen uns einen gemütlichen Abend? Nur wir drei?

Die Idee machte KRAWUMM in Onkel Alans Kopf, weil er immer noch sauer auf mich war wegen der PlayStation und vielleicht auch wegen Schlafauge Terry. Seine Lippen und seine Haut zitterten ein wenig durch die Explosion, aber er sagte Warum nicht?

Und Mum drehte sich um mit ihrer Schminke und ihrer Maske und sie sagte Philip?

Ich sagte Ich hole auf dem Heimweg von der Schule ein Video.

Mum lächelte und das Lächeln tat dem Liebesteil meines Gehirns weh und machte es schwer. Aber ich lächelte zurück und tat weiter so als ob.

Onkel Alan sah mich jetzt mit seinen heißen, brennenden Augen an, als würde er die Luft hassen, die ich einatmete, als ob er sich wünschte, ich wäre nur ein Luftloch, wie er Dad zu einem Luftloch gemacht hatte, weil er wollte, dass es nur ihn und Mum gab.

Ich wollte mich in der Pause von Leah trennen, aber sie hatte sich krankgemeldet und Dane sagte, sie hätte Husten, und mir war, als wusste er nicht, dass ich am Abend zuvor vorbeigekommen war und gehört hatte, wie er sich mit seinem Dad gestritten hatte.

Dominic und Jordan gingen an mir vorbei und lachten, aber dann sahen sie, dass ich mit Dane zusammen war, und darum hackten sie nicht auf mir herum. Aber in der Naturwissenschaftsstunde bei Mr. Wormwood konnte ich ihnen nicht aus dem Weg gehen und sie setzten sich in die letzte Reihe und Dominic sagte He, Durchgeknallter, hast du in letzter Zeit mal wieder mit deinem Dad geredet?

Sie fingen an, allen zu erzählen, dass sie mich auf dem Friedhof gesehen hatten, aber sie hörten auf, als Mr. Wormwood hereinkam.

Alle hatten Angst vor Mr. Wormwood, wahrscheinlich sogar Dane, weil Mr. Wormwood zwei Meter groß war und total hager. Er sprach sehr leise, aber dann BRÜLLTE ER URPLÖTZLICH und man zuckte vor Schreck zusammen. Er hatte ein schwarzes Klebeband auf das Glas von der Tür zum Laborklassenzimmer geklebt und das Band war in einem Gittermuster wie im Gefängnis und an der Tür hing ein Schild, auf dem stand NICHT DIE TIERE FÜTTERN. Er fand das komisch, aber das ist es nicht, weil Kinder Tiere sind und Erwachsene sind das auch, darum ist er kein Tierpfleger, er ist einfach nur ein altes Tier. Kinder verwandeln sich nicht in andere Tiere, wenn sie groß werden. Sie sind keine Raupen, die zu Schmetterlingen werden. Sie werden einfach größer und breiter und weniger lustig und gehen arbeiten und erzählen mehr Lügen wie Onkel Alan.

Naturwissenschaft mag ich überhaupt nicht, weil ich nicht daran glaube, weil nämlich die Naturwissenschaft nicht an Geister glaubt, und ich weiß doch, dass es Geister tatsächlich gibt. Die Naturwissenschaft behauptet, die Menschen würden immer mehr über alles wissen und das ist eine Lüge, und dass alles erklärt werden könnte, und das ist noch so eine Lüge. Es gab einmal einen Mann, der hieß Sir Isaac Newton und der hat die Naturwissenschaft erfunden und er hat gesagt, Äpfel würden wegen der Schwerkraft von den Bäumen fallen, und alle dachten, das wäre wirklich klug. Aber jeder wusste, dass Äpfel auch schon vorher von Bäumen gefallen waren, nur hatte man damals noch nicht gewusst, dass es an der Schwerkraft liegt. Darum ist es egal, ob es wegen der Schwerkraft ist oder wegen Gott oder weil ein großer Magnet unter der Erde ist, weil Äpfel egal warum von Bäumen fallen. Man kann sie trotzdem essen und sie schmecken immer gleich, was krass ist, besonders wenn sie Druckstellen haben, die braun sind und im Mund schimmelpulverig schmecken, weil sie auf den Boden gefallen sind.

Im Unterricht von Mr. Wormwood machten wir nichts mit Äpfeln. Wir machten nur was mit Bunsenbrennern und Reagenzgläsern und Laborbrillen und erhitzten Flüssigkeiten so lange, bis sie ihre Farbe veränderten.

Aber ich war froh, dass Mr. Wormwood hereinkam, weil dann alle aufhörten, über mich zu lachen.

Mr. Wormwood klopfte mit seinem Lineal und sagte Setzt euch, setzt euch.

Alle quietschten mit ihren Stühlen über den Boden und Mr. Wormwood sagte mit seiner leisen Stimme Heute wollen wir die Eigenschaften diverser Metalle testen. Ojemine.

Er blickte sich im Klassenzimmer um und betrachtete alle seine Tiere und er kniff die Augen zusammen, als ob wir seinen Augen wehtäten.

Er sagte Weiß jeder, was ich mit Eigenschaften meine?

Dominic Weekly rief Leidenschaften.

Jordan lachte.

Mr. Wormwood sagte mit einer Stimme, die immer lauter wurde RAUS RAUS RAUS SOFORT RAUS RAUS ALLE BEIDE RAUS!

Dominic sagte Aber

Jordan sagte Aber

Mr. Wormwood sagte RAUS! Er wies zur Tür und Dominic und Jordan gingen hinaus und Mr. Wormwood ging auch hinaus und schloss die Tür hinter sich und brüllte sie zwei Minuten lang an. Dann kamen Dominic und Jordan wieder ins Unterrichtszimmer und sie waren ganz blass und Mr. Wormwood kam herein und stellte sich vor die Klasse und kämmte sich mit den Fingern die Haare.

Er sagte mit seiner leisen Stimme Eigenschaften sind Charakteristika, die etwas beschreiben, was sie von anderen Substanzen absetzt.

Mr. Wormwood nahm Kreide zur Hand und ging an die Tafel und las in seinem Kopf von einem Blatt ab und schrieb

Eigenschaften der Metalle:
Festigkeit (außer Zinn)
Leiten Hitze und Strom
Duktilität (Fähigkeit von Metall, zu einem Draht gezogen zu werden)
Glänzend
Resonant

Mr. Wormwood zeigte auf Resonant und sagte Weiß jemand, was dieses Wort bedeutet?

Charlotte Ward meldete sich.

Mr. Wormwood sagte Charlotte?

Charlotte sagte Hat es damit zu tun, wie es klingt?

Mr. Wormwood sagte Wie es klingt, genau. Wie es klingt. Wenn man ein Metall fallen lässt, macht es ein Geräusch und was für eine Art von Geräusch würde es machen, Charlotte? Was für eine Art von Geräusch?

Charlotte sagte Ein klirrendes Geräusch?

Mr. Wormwood sagte Gut, gut. Ein klirrendes Geräusch. Danke, Charlotte. Wenn man Metall auf den Boden fallen lässt, dann gibt es ein klirrendes Geräusch, würde man dagegen Dominic oder Jordan auf den Boden fallen lassen, gäbe es mehr ein dumpfes Geräusch.

Mr. Wormwood lächelte, weil er einen Scherz gemacht hatte, aber niemand lachte, weil alle Angst hatten.

Mr. Wormwood sagte Fällt einem von euch noch eine andere Eigenschaft ein, die Metall haben könnte? Niemand? Niemand? Ja, Charlotte?

Charlotte sagte Es ist magnetisch.

Mr. Wormwood saugte ihre Worte durch seine Nase ein, als ob sie riechen würden und es ein Geruch wäre, von dem er nicht wusste, ob er ihm gefiel oder nicht. Er sagte Hmmm, die meisten Metalle sind eigentlich nicht magnetisch. Nur einige Metalle. Wie Eisen.

Er schrieb noch ein Wort an die Tafel.

Das Wort war

verformbarkeit

Mr. Wormwood zeigte mit der Kreide darauf und sagte Niemand? Niemand?

Aber niemand, nicht einmal Charlotte, konnte etwas damit anfangen.

Mr. Wormwood sagte mit einer superleisen Stimme Wenn etwas verformbar ist, kann man seine Form durch ein bestimmtes Maß an Hitze oder Krafteinwirkung verändern, die Masse bleibt jedoch erhalten und das unterscheidet es von anderen festen Stoffen wie Holz oder Stein oder Schülern der siebten Klasse.

Das war noch ein Scherz, aber niemand lachte, weil immer noch alle Angst hatten.

Mr. Wormwood sagte Auf den Bänken vor euch seht ihr ein Glas mit einem Metall darin.

Zwischen mir und meinem Nachbarn, das war Siraj, stand ein Glas. Auf dem Glas war ein Aufkleber und darauf stand KUPFER und in dem Glas war ein funkelndes viereckiges Stück Metall, das glänzte.

Mr. Wormwood sagte Eine der Eigenschaften, die von Metall zu Metall unterschiedlich sind, ist der Schmelzpunkt. Wir werden jetzt also verschiedene Metalle über einer Flamme testen.

Wir mussten uns zu zweit zusammentun und Siraj sah sich schnell nach jemand anderem um, mit dem er sich zusammentun könnte, aber alle hatten schon jemanden, darum musste er sich mit mir zusammentun.

Ich sagte Das ist Kupfer.

Er sagte Was?

Ich sagte Wir haben Kupfer.

Er sagte Echt?

Ich sagte Ja.

Er sagte Toll.

Und dann holten wir die Gerätschaften heraus und ich drückte den Gummischlauch des Bunsenbrenners über den Hahn, aus dem das Methan kam.

Siraj hatte mich früher gemocht, aber jetzt mochte er mich nicht mehr. Wenn Jordan und Dominic einen nicht mochten, dann wagte es niemand, einen zu mögen. Sie verhielten sich alle wie Jordan und Dominic, nur nicht so doll, als ob Jordan und Dominic Orangensaft wären und alle anderen Jungs Orangensaftschorle. Alle Jungs haben einen Dominic-und-Jordan-Geschmack, nur etwas milder, aber trotzdem übel schmeckend, wie Orangensaft mit Methansaft.

Ich dachte, dass ich nicht mit Leah Schluss machen wollte, denn wenn sie in der Schule war, ließen mich alle in

Ruhe, aber wenn sie nicht da war wie auf dem Friedhof, dann hackten sie alle auf mir herum. Aber dann dachte ich an Dads Geist und ich sagte zu mir Ich mache mit ihr Schluss.

Wir setzten unsere Laborbrillen auf und dann führten wir das Experiment durch und nahmen das Stück Kupfer mit einer Zange und Siraj hielt den Bunsenbrenner und hielt ihn schräg, damit das Metall nicht hineintropfen konnte.

Mr. Wormwood sagte, wir sollten versuchen, es zuerst mit der gelben Flamme zum Schmelzen zu bringen, das sind 400 Grad Celsius, und ich hielt die Zange direkt in die Flamme.

Ich sagte Es schmilzt nicht.

Siraj machte große Augen hinter seiner Laborbrille und sagte Echt?

Ich sagte Nein.

Charlotte Ward und Sarah Keane saßen vor uns und ihr Metall schmolz und machte silberne Bläschen auf dem feuersicheren Untersatz.

Dann drehte Siraj die blaue Flamme vom Bunsenbrenner auf, das waren 600 Grad, und das Kupfer blieb fest, weil es seinen Schmelzpunkt noch nicht erreicht hatte. Und ich sagte Es schmilzt immer noch nicht.

Siraj sagte Echt?

Und dann war das Experiment zu Ende und wenn das Metall bei der gelben Flamme geschmolzen war, dann hatte es einen niedrigen Schmelzpunkt, und wenn es bei der blauen Flamme geschmolzen war, dann hatte es einen mittleren Schmelzpunkt, und wenn es gar nicht geschmolzen war, dann hatte es einen hohen Schmelzpunkt und dann mussten wir alle sagen, wozu unser Metall gehört hatte, und Mr. Wormwood schrieb es an die Tafel.

Niedriger Schmelzpunkt
Zinn
Zink
Blei

Mittlerer Schmelzpunkt
Aluminium

Hoher Schmelzpunkt
Eisen

Ich sah etwas vor der Scheibe mit dem **NICHT DIE TIERE FÜTTERN**-Schild flackern.

Mr. Wormwood sagte etwas und ich hörte nicht zu und er sagte Erde an Philip Noble, Erde an Philip Noble. Ist da jemand? Erde an Philip Noble, Kommen. Kommen, Philip Noble, hörst du mich?

Und das war noch ein Scherz und dieses Mal lachten alle.

Ich sagte Ja, Sir.

Er sagte Ist das Kupfer geschmolzen?

Die Frage war wie ein Puzzle, das ich in meinem Kopf zusammensetzen musste.

Dann sagte Mr. Wormwood Ist. Das. Kupfer. Geschmolzen? Lass dir Zeit.

Ich sagte Nein, Sir.

Er wiederholte mit dümmlicher Stimme Nein, Sir.

Wieder lachten alle und dann schrieb er Kupfer an die Tafel unter Eisen.

Ich sagte zu Siraj Ich habe ihn nicht gehört.

Siraj sagte Echt?

Ich sagte Nein.

Mr. Wormwood drehte sich um und erreichte seinen Schmelzpunkt und sagte RUHE RUHE RUHE RUHE JUNGE!

Und als Mr. Wormwood sich wieder umdrehte, schnitt mir Siraj eine Grimasse und Jordan oder Dominic warf mir einen Bleistift an den Kopf. Der Bleistift landete auf dem Boden und Mr. Wormwood drehte sich um und sagte Philip Noble, wenn es dich nicht interessiert, was ich hier zu sagen habe, dann möchtest du vielleicht den Rest der Stunde übernehmen?

Ich sagte Nein, Sir.

Er sagte mit seiner dümmlichen Stimme Nein, Sir.

Wieder lachten alle.

Mr. Wormwood sagte Tja, wenn das so ist, warum räumst du dann nicht die Geräte der anderen auf?

Also musste ich alle Geräte wegräumen und durch das Fenster in der Tür konnte ich Dads Geist sehen, der mich ansah, und alle anderen stellten sich um die Bank in der ersten Reihe, um Mr. Wormwood bei einem Experiment zu beobachten.

Ich stellte alle Bunsenbrenner in den Schrank und dann sammelte ich die geschmolzenen Metalle auf den feuerfesten Untersätzen ein und ich ging zur Spüle und schüttete sie hinein.

Mr. Wormwood sagte NICHT IN DIE SPÜLE! NICHT IN DIE SPÜLE, DU DUMMKOPF! DIE RESTE GEHÖREN IN DEN MÜLLEIMER! NICHT IN DIE SPÜLE! GROSSER GOTT!

Während ich alle Reste in den Mülleimer entsorgte und alle Zangen in die Schublade und alle feuerfesten Untersätze in den Schrank legte, zeigte Mr. Wormwood der Klasse, was mit einem anderen Metall beim Erhitzen passiert. Er schrieb das Metall an die Tafel und es war Magnesium.

Und als ich mir an einem der Schränke zu schaffen machte, hörte ich die ganze Klasse nach Luft schnappen. Ich drehte mich um und da war eine riesige, weiße Stichflamme und es roch merkwürdig nach Zuckerwatte und es gab ein zischendes Geräusch.

Ich sah Dads Geist immer noch vor der Scheibe und er winkte mit der Hand, ich solle kommen. Ich sah Mr. Wormwood an und die ganze Klasse und sie blickten alle auf die Flamme, also hob ich meine Hand und sagte Sir, darf ich auf die Toilette?

Mr. Wormwood sagte Kann das nicht warten?

Ich sagte Ich muss ganz nötig.

Mr. Wormwood sagte Mein Gott, Junge. Na schön. Aber beeile dich.

Ich lief zur Tür und öffnete sie und schloss sie und Dad zeigte auf den Schrank neben dem Klassenzimmer und sagte Er ist offen.

Ich sagte Was?

Er sagte Mach ihn auf.

Ich sagte Was?

Er sagte Mach ihn auf.

Ich sagte Aber

Dads Geist sagte Er hat vergessen, ihn abzuschließen.

Ich spähte durch die Scheibe in der Tür, um herauszufinden, ob mich jemand sehen konnte, aber sie blickten alle auf die Flamme.

Dads Geist sagte Das ist deine Chance.

Ich sagte Chance?

Er sagte Um das zu kriegen, was du brauchst, um Onkel Alan zu töten.

Ich sagte Aber

Er sagte Du wirst mir doch jetzt nicht weich werden?

Ich dachte daran, wie er mich gestern vor Dominic und Jordan gerettet hatte, und sagte Nein.

Er sagte Also gut, mach die Schranktür auf. Ich behalte deinen Lehrer im Auge.

Ich öffnete den Schrank und bekam Angst wie damals, als ich in den Minibus gestiegen war.

Es gab Regale und Regale und Regale und Schachteln und Schachteln und Dads Geist sah hinein und wies auf eine kleine Flasche mit etwas, das aussah wie Wasser, und er sagte Nimm das.

Ich sah auf das Etikett und da stand

ÄTHANOL
ACHTUNG: GIFTIG / ENTFLAMMBAR

Ich steckte die Flasche in meine Tasche und ich sah noch eine Flasche mit etwas, das aussah wie Zucker, und darauf stand

NATRIUM-METALL
ACHTUNG: EXPLODIERT BEI KONTAKT MIT WASSER

Ich steckte diese Flasche in meine andere Tasche und Dads Geist sagte Schnell, er ist mit dem Experiment fast fertig.

Ich sah eine Schachtel, auf der stand

MAGNESIUM-GRANULAT

Aber sie war zu groß, um sie in die Tasche zu stecken, also behielt ich sie in der Hand und Dads Geist sagte Schnell, schnell, schnell!

Ich trat vom Schrank weg und schloss die Tür und ich

konnte nicht zurück in das Unterrichtszimmer und meine Tasche holen, weil Mr. Wormwood mich dann mit den Flaschen sehen würde, also rannte ich den Flur entlang und immer weiter, bis ich zu den Toiletten kam. Ich versteckte mich, bis die Glocke läutete, und niemand kam, um nach mir zu sehen, ich weiß nicht, warum.

Dads Geist kam und sagte Deine Schultasche ist noch im Labor.

Ich verließ die Toiletten und im Flur war es still, weil alle draußen in der Pause waren. Als ich zum Labor kam, holte ich meine Tasche und stopfte alles hinein und dann verließ ich das Labor und zog an der Tür zum Naturwissenschaftsschrank, aber sie war abgeschlossen.

RAY RAY GOODWIN

Später hatte ich noch einen Termin mit Mrs. Fell und sie trug eine rosa Spange in ihrem lockigen Haar und ein T-Shirt, das eng anlag, und sie lächelte mich mit ihrem Mund an, aber nicht mit ihren Augen, die waren müde. Ich setzte meine Schultasche vorsichtig ab, damit das Gift nicht umkippte oder das Pulver explodierte.

Als ich mich dann setzte, erzählte ich ihr, dass Mum Onkel Alan heiraten würde.

Ihr Gesicht lächelte weiter, aber ihre Pupillen veränderten sich und die schwarzen Ringe wurden größer und drückten fast das ganze Grün heraus.

Sie sagte Oh.

Ich glaube, sie wusste nicht, was sie sagen sollte, und dann sagte sie Ich verstehe. Aha.

Und dann sagte sie noch Wie FÜHLST du dich dabei, Philip?

Ich sagte Keine Ahnung.

Sie sagte Magst du deinen Onkel?

Ich sagte Nein mit dem Kopf.

Sie sagte Aber du willst doch sicher, dass deine Mutter glücklich ist?

Ich hob irgendwann meine Schultern und dann sagte ich Ich will, dass das aufhört.

Sie sagte Du willst nicht, dass sie heiraten?

Ich sagte Genau.

Ich sah zu ihrem Regal und da war ein Foto von einem

Mann. Er sah ein wenig wie der Mann im Rollstuhl aus, den ich im Park gesehen hatte, aber dieser Mann saß nicht in einem Rollstuhl.

Mrs. Fell sagte Wenn deine Mum jemanden heiraten will, dann musst du sie lassen, Philip.

Und dann sagte sie Warum bist du vorhin nicht wieder in den Unterricht von Mr. Wormwood zurückgekehrt? Er meinte, dass du sehr lange auf der Toilette gewesen bist.

Mrs. Fell hatte einen Ausdruck im Gesicht, als ob sie mich vor etwas retten wollte, aber ihr Blick ließ mich wünschen, dass ich sie vor etwas retten könnte. Dann würde sie in mir nicht nur einen Jungen sehen und dann würde sie mir andere Fragen stellen.

Sie sagte Mein Dad ist auch gestorben. Weißt du noch, wie ich es dir erzählt habe, Philip?

Ich schüttelte den Kopf, weil ich mich nicht daran erinnern konnte.

Sie sagte Ich sehe noch vor mir, wie er am letzten Tag, als ich ihn sah, zur Tür hinausging.

Ich sagte Was war Ihr Dad von Beruf?

Sie sagte Er war Bergarbeiter. Im Kohlebergbau. Er fuhr immer tief unter die Erde und arbeitete im Dunkeln.

Sie sagte eine Weile gar nichts und dann erzählte sie mir von den Streiks, als die Leute nicht zur Arbeit gingen, weil sie nicht wollten, dass die Minen geschlossen wurden.

Ich sagte Hat Ihr Dad gestreikt?

Und sie sagte Ja, anfangs schon, aber meine Mum war schwer krank. Mein Dad wollte weiter arbeiten und Geld verdienen, damit sie eine bessere Behandlung bekommen konnte. Die Leute in Ollerton, von da komme ich, waren wütend auf ihn. Weil er zum Streikbrecher wurde.

Ich dachte an den Mann im Rollstuhl aus dem Park in der

Nähe des Schlosses und ich dachte an etwas anderes und ich sagte Wie hieß Ihr Dad?

Und sie sagte Ray Ray Goodwin.

Ich fühlte mich ganz komisch und meine Hände wurden feucht und ich wusste nicht, was ich sagen sollte, und der Raum um mich herum wurde klein.

Ray Ray Goodwin.

Ray Ray Goodwin.

Ich wusste, es hieß nicht wirklich Ray Ray Goodwin, es hieß nur Ray Goodwin. Es war der Ray Goodwin, der im Club der toten Väter war, aber ich musste überprüfen, wann er gestorben war.

Sie sagte Vor elf Jahren.

Ich wollte ihr sagen, dass Ray Goodwin versuchte, mit ihr zu reden, und ich wollte ihr alles erzählen. Aber dann dachte ich, dass Ray Goodwin aus der Nicht-Zeit heraus war, weil mehr als ein Geburtstag verstrichen war, und so musste er für immer in den Schrecken bleiben. Selbst wenn sie an Ray Goodwins Geist glaubte, war es zu spät, ihm zu helfen, den Schrecken zu entkommen und Rache zu nehmen.

Sie sagte Philip? Philip? Geht es dir gut? Philip?

Ich sagte Ja.

Und ich dachte, wenn ich es ihr erzählte, würde sie mir nicht glauben oder sie wäre traurig über den Geist von ihrem Dad, und ich wollte nicht, dass sie traurig war oder mich hasste, also sagte ich nichts.

Sie sagte nicht, dass er ermordet worden war, aber ich wusste, sie dachte es, weil sie die Augen schloss und tief einatmete und dann schluckte. Und ich dachte Ich wette, es war einer der Bergarbeiter, die sauer auf ihn waren, aber ich wollte Mrs. Fell nicht fragen, weil sie dann vielleicht geweint hätte.

Sie sagte Es ist sehr schwer, wenn jemand, den man liebt, stirbt, Philip. Man fühlt sich, als sei auch ein Teil von einem selbst gestorben. Aber du wirst darüber hinwegkommen, Philip. Letzten Endes.

Die Glocke klingelte und Mrs. Fell sah mich einfach nur mit traurigen Schultern an. Ich wünschte mir, sie würde mich umarmen und ich könnte meinen Kopf für immer auf ihren warmen Busen legen. Aber das würde nicht passieren, also nahm ich meine Schultasche mit meinen Waffen und ging hinaus.

DER VERÄNDERER

In der Pause erzählte ich auf der Toilette Dads Geist, dass Mrs. Fells Dad Ray Goodwin war, und er sagte Was hast du ihr vom Club erzählt?

Ich sagte Nichts.

Er sagte Gut. Gut. Selbst wenn du ihr etwas erzählt hättest, hätte sie dir nicht geglaubt. Ray spricht ständig von ihr, aber das regt ihn auf, weil sie ihn nicht sehen kann.

Ich sagte Warum kann ich dich sehen, aber Mrs. Fell kann ihren Dad nicht sehen?

Ich hörte, wie zwei Jungen in die Toilette kamen, darum sah ich nach, ob die Tür auch abgeschlossen war, und meine Hand fuhr durch Dads Geist.

Ich sagte Tut mir leid.

Er sagte Ist schon gut.

Er sagte Es gibt verschiedene Arten von Geistern. Es gibt Geister, die die Menschen sehen können, und Geister, die die Menschen nicht sehen können. Und die Geister, die die Menschen nicht sehen können, versuchen, besondere Kräfte zu erlangen, um damit die Lebenden zu beeinflussen.

Ich sagte Was für Kräfte?

Er sagte Ray ist ein Veränderer.

Ich sagte Was ist ein Veränderer?

Er sagte Manche Geister können in der Welt der Lebenden was verändern, beispielsweise den Wind.

Ich musste an die Einkaufstüte von Morrisons denken

und an den Wind, der Dominic und Jordan davongeblasen hatte.

Ich fragte mich, ob Onkel Alan vom Wind davongeblasen werden könnte, und sagte Wirst du jemals in der Lage sein, so was zu machen?

Dads Geist sagte Ray meint, alle Geister haben das Potenzial dazu, aber ich weiß nicht recht. Ray gibt Unterricht im Club. Mir fällt das schwer.

Ich sagte Oh.

Er sagte Erzähl Mrs. Fell nichts, Philip. Du darfst niemandem was erzählen. Verstehst du das?

Ich sagte Ja.

Und dann hörte ich, wie draußen vor der Tür gelacht wurde, weil ich mit mir selbst redete, und Dads Geist verblasste in die Schrecken und ich hielt die Toilettentür geschlossen, bis die lachenden Jungen weg waren.

Ich sah meine Schultasche auf dem Boden und sie stand in einer kleinen Pfütze und ich wollte nicht, dass die Sachen, die ich aus dem Vorratsschrank genommen hatte, nass wurden, weil sie dann vielleicht explodierten. Ich schnallte die Tasche um und hob den Toilettendeckel und versuchte zu pinkeln, aber es kam nichts.

DER MORD AN GONZAGO

Ich hatte das Gift und das Granulat und den Sprengstoff in meinem Rucksack, aber bevor ich Onkel Alan tötete, musste ich ganz sicher wissen, GANZ SICHER wissen, dass er die Bremsen von Dad manipuliert hatte.

Also ging ich zu Players, dem Videoladen, wie Mum gesagt hatte, und es gab viele DVDs, aus denen ich wählen konnte. Eine Menge waren über 18 und über 15 und ich durfte sie nicht ausleihen, auch wenn sie besser aussahen als die über 12 und die über 6 und die ab 0, aber ich suchte ja nicht nach einem guten Film, weil mir Filme nicht mehr wichtig waren. Ich suchte nach einem Film, der Onkel Alan ganz sicher nicht gefallen würde, darum las ich die Hüllenrückseiten, um den Inhalt der Geschichte zu erfahren.

Ich war ewig dort und las alle Rückseiten und dann stieß ich auf einen Film, der hieß DER MORD AN GONZAGO, und auf der Hülle stand

EIN BRUDERMORD. DIE RACHE EINES SOHNES

DER MORD AN GONZAGO SPIELT IN ITALIEN IN JENEN BLUTTRIEFENDEN TAGEN VOR DER RÖMISCHEN REPUBLIK UND ERZÄHLT DIE FESSELNDE GESCHICHTE DES HERZOGS FORTIMUS (JOAQUIN PHOENIX), DER SEINEN BRUDER GONZAGO, DEN KÖNIG (OSCAR-GEWINNER MEL GIBSON) ERMORDET, UM KÖNIGIN LIVIA (OSCAR-GEWINNERIN CHARLIZE THERON) ZU HEIRATEN UND DEN THRON ZU

BESTEIGEN. DEM EINZIGEN SOHN DES ERMORDETEN KÖNIGS NAMENS HONORARIUS (TOBEY MAGUIRE – *SPIDERMAN*, *SEABISCUIT*) BLEIBT ES ÜBERLASSEN, SEINE BLUTIGE RACHE ZU NEHMEN …

»MEINE RACHE WIRD KOMMEN …«

Meine Hände fingen an zu zittern, weil ich dachte, dass ich auf diese Weise GANZ SICHER herausfinden konnte, ob Onkel Alan Dad ermordet hatte, weil ich sein Gesicht beobachten würde, und er konnte in seinem Gesicht nie etwas verbergen. Ich sah nach der Altersfreigabe und sie war über 12 und ich ging zur Theke und der Mann mit den Brüsten, der in das kleine Fernsehgerät hinter der Theke schaute, piepste meine Karte durch und sagte Bis 19 Uhr morgen Abend abgeben und ich sagte In Ordnung und ging nach Hause.

Nachdem ich den Pub betreten hatte, deponierte ich meine Waffen gleich in dem Versteck unter meinem Bett und ging dann in die Küche. Renuka trank gerade eine Tasse Kaffee mit Mum und sie sagte Hallo, Philip.

Ich sagte Hallo.

Sie sagte Ah, als ob ich zum allerersten Mal geredet hätte, und sie warf einen Blick auf die DVD und sie sagte Ist das eine DVD?

Ich dachte Nein, es ist ein Schinkenbrot, aber ich sagte das nicht, weil ich Renuka wirklich mag, es ist nur so, dass für sie alle Kinder Zweijährige sind, also sagte ich Ja, Der Mord an Gonzago.

Sie sagte Aha.

Ich sagte Es geht um einen Mann, der seinen Bruder umbringt.

Renuka sagte Aha.

Mum sah mich komisch an, während sie in ihren Kaffee blies, und Renuka sagte zu Mum Spielt da Russell Crowe mit?

Mum sagte Keine Ahnung.

Renuka sagte Ich liebe Russell Crowe. Ihn und Wieheißterdochgleich. Dieser Ire. Der mit dem niedlichen Hintern.

Mum sagte Colin Farrell.

Renuka pustete, aber nicht in ihren Kaffee, nur so in die Luft, und sie sagte Stelle es dir mal mit beiden zusammen vor.

Dann lachte sie und sagte Tut mir leid, Philip, leg die Hände auf die Ohren.

Renuka hatte ein lustiges Gesicht. Es war wie ein Dreieck, das auf dem Kopf stand, mit großen runden Augen und einem Bohnenstangenkörper und einer perfekten Haut, als ob sie von einem Computer gemacht worden wäre, nicht von einer Mum und einem Dad. Nach dem Kaffee ging sie nach unten und ließ ihren Duft zurück, der nach Seife roch.

Ich sagte Wo ist Onkel Alan?

Mum sagte Warum?

Ich sagte Ich möchte den Film anschauen.

Mum sagte Er ist noch in der Werkstatt. Er hat viel zu tun. Wir sehen uns den Film später an.

Ich sagte Wann werdet ihr heiraten?

Mum sah in ihre Tasse und dann stand sie auf und sah überallhin, nur nicht in meine Augen, und sie sagte Ich weiß nicht, Philip. Wir wissen es noch nicht.

Ich sagte Wird es vor Dads Geburtstag sein?

Die Frage traf sie wie ein Faustschlag.

Sie sagte Philip, bitte.

Ich sagte Das ist der 10. Dezember.

Sie sagte mit gereizter Stimme Ich weiß sehr genau, wann Dad Geburtstag hat. Hatte. Hat.

Mums gereizte Stimme stockte und ich sagte Weißt du auch, wann sein Todestag war?

Sie sagte Philip.

Ich sagte Weißt du, wann das war? Wann er starb? Vor wie vielen Tagen? Vor wie vielen Tagen?

Mum nahm das Geschirrtuch, aber es gab nichts abzutrocknen.

Ich sagte Onkel Alan meint, es sei zwei Monate her, aber es ist weniger. Dads Körper ist noch nicht mal ein Skelett. Und er wird auch noch kein Skelett sein, wenn ihr die Hochzeit habt.

Als ich das zweite Mal Skelett sagte, fing Mum an, in das Geschirrtuch zu weinen, und ich fühlte mich schlecht, darum sagte ich Es tut mir leid und ich sagte es immer wieder, bis es so viele Es tut mir leids waren, dass sie aufhörte.

Es waren neun.

Später sahen wir den Film an und Onkel Alan saß in Dads Sessel mit einem Glas goldenem Whisky in seinen schmutzigen Händen. Er hatte eben erst seine blaue Uniform gegen ein Hemd mit Druckknöpfen getauscht und Mum hatte die Beine auf dem Sofa angezogen und trank ihre DIÄT-Limonade und ich bekam die Fernbedienung und drückte auf Abspielen.

Der Film fing an und es gab viele Stellen, die ich nicht verstand, und dann war da eine Stelle, wo die Königin herausfand, dass der König tot war; und die Königin sagte Nur eine Frau, die ihren ersten Ehemann getötet hat, heiratet ein zweites Mal.

Ich sah zu Mum und sie war immer noch verstimmt, weil ich das über Dads Skelett gesagt hatte; und darum gefiel ihr nicht, was die Königin gesagt hatte. Es war, als hätten die Worte einen Geschmack und sie musste einen Schluck Limonade trinken.

Dann zeigte der Film die Zeit, als der König noch lebte, und sein Bruder sagte Ich werde meinen Bruder wie eine Maus fangen.

Ich sah in Onkel Alans Gesicht und die Schatten in seinem Gesicht veränderten sich, als ob er die Zähne ganz fest zusammenbiss, und dann kam die beste Stelle.

Das war die Stelle, wo der König allein schlief. Der Bruder schlich hinein und träufelte Gift in sein Ohr, wie Dad immer Medizin in mein Ohr geträufelt hatte, um das Ohrenschmalz loszuwerden. Ich sah Onkel Alan an und sein Gesicht wurde röter als üblich und die Schatten auf seinem Gesicht fingen an zu zittern, als ob er ein Vulkan wie in Pompeji wäre, aus dessen Gipfel Lava geschossen kam, aber Onkel Alan war kein Vulkan, darum stand er nur auf und sagte Hier drin ist es zu dunkel.

Dabei war es gar nicht besonders dunkel, weil die kleine Lampe neben dem Fernsehgerät brannte, aber Onkel Alan sagte Lasst uns Licht machen.

Er machte das große Licht an und dann setzte er sich. Aber es war, als würde der Film seinen Sessel sehr heiß machen, denn ständig stand er auf und machte irgendwas, beispielsweise sich mehr Whisky einschenken. Dann sah er durch die Vorhänge auf den Parkplatz und zu den Altglascontainern und zum Club der toten Väter, den er nicht sehen konnte, und sagte Es herrscht ziemlich viel Betrieb. Vielleicht sollte ich nach unten und Carla hinter der Theke helfen.

Er sah zum Bildschirm und da lief gerade die Stelle, wo die Königin erneut heiratete, obwohl sie gesagt hatte, sie würde es nicht tun.

Mum sagte Willst du dir den Film gar nicht zu Ende ansehen?

Er sagte Das ist nicht mein Ding. Du weißt schon, Kostümfilme. Ich mag lieber die modernen Filme. Oder die alten Cowboysachen.

Mum sagte Ach, na schön.

Dann ging Onkel Alan nach unten.

Also hatte er es getan! Er hatte Dads Auto GANZ SICHER manipuliert! Dads Geist log nicht! Er hat es getan! Sein Vulkangesicht war der Beweis. Der ganz sichere, totale Beweis!!

Im letzten Teil des Filmes tötete der Sohn des Königs, den Spiderman spielte, alle Soldaten des neuen Königs und schlug ihnen die Köpfe ab.

Mum sagte Oh Philip, das ist ein wenig brutal. Bist du sicher, dass der Film ab 12 ist?

Ich sagte Ja.

Spiderman kämpfte heftig mit seinem Onkel und er wartete nicht ab, weil er nämlich kein Weichei war, und er sagte Bereite dich auf den Tod vor.

Sie zogen ihre Schwerter und in meinem Kopf hörte ich mich sagen Los, töte ihn! Töte deinen Onkel!

Und er tat es. Er tötete seinen Onkel und alle Männer des Königs, die ihn gefangen nehmen wollten. Und am Ende waren nur noch er und seine Mum übrig und sie war nicht wütend auf ihn, weil sie wusste, dass der König böse war.

Und als die Namen am Ende kamen, flackerte Dads Geist hinter dem Fernsehgerät auf und er sagte nichts, er beobachtete nur mich und Mum und hörte auf die Worte, die Mum sagte, damit ich Onkel Alan mochte.

Onkel Alan hat Dad geliebt, er hat ihn geliebt, Philip.

Ich weiß, du willst, dass es nur mich und dich gibt, Philip.

Ich weiß das. Aber eines Tages wirst du erwachsen sein und du wirst dein Zuhause verlassen und dann werde ich alt und faltig sein und niemand wird mich mehr wollen, Philip. Das willst du doch nicht, oder?

Onkel Alan wird Dad nicht ersetzen, niemand kann ihn ersetzen.

Wenn ich mich um dich kümmern soll, dann brauche ich jemanden, der sich um mich kümmert.

Er ist ein gütiger Mann, ein sehr gütiger Mann. Er ist vielleicht nicht Brad Pitt, aber er sorgt sich um uns, Philip.

Er will nur helfen, Philip. Schau, was er für uns aus dem Pub gemacht hat. Er hätte das alles nicht tun müssen. Oder? Oder? Nein, hätte er nicht.

Und Dads Geist sagte Hör nicht auf sie, Sohn, hör nicht auf sie.

Also hörte ich nicht auf sie.

SKLAVEN

Am nächsten Morgen sah ich nach, ob das Gift und der Sprengstoff und das Magnesium in ihrem Versteck unter dem Bett waren, und dann hatte ich ein frühes Frühstück und ging früh zur Schule.

Mrs. Palefort, die Direktorin, hielt eine Schulversammlung zum Thema Freiheit und Sklaverei ab und redete über Turnschuhe und Markennamen wie Pepsi und Nike und Adidas und McDonald's und PlayStation und Reebok und KFC und Billabong und Walkers und sagte In dem Wort Markenname steckt markieren und der Begriff markieren stammt aus der Zeit, als Bauern ihre Kühe markierten, um zu zeigen, wem sie gehörten.

Sie ließ ihre Augen wie frostige Brötchen hinter ihren dicken Brillengläsern aussehen und sie sagte Wenn ihr eure Nike-Turnschuhe in der Schule tragt, dann denkt ihr vielleicht, das sei Ausdruck eurer Freiheit, aber in Wirklichkeit zeigt ihr der Welt nur, dass euch diese BESTIMMTE Firma besitzt.

Ich dachte an die römischen Bäcker, die ihre Brote markierten, und ich dachte an die römischen Sklavenbesitzer, die ihre Sklaven markierten, wenn sie versuchten fortzulaufen. Und ich dachte, selbst wenn man niemals Turnschuhe trug oder niemals zu einer Kuh oder zu einem Laib Brot wurde, war man dennoch nicht frei. Denn es gibt immer irgendwas, was einen kontrolliert. Da ist das kalte Wetter, das sagt Setz dir eine Mütze auf, oder die Lehrer, die sagen Geh zur Schulversammlung, oder die Polizei, die sagt Klau nicht bei Boots, oder deine Blase, die sagt Geh aufs Klo, oder Dads Geist, der sagt Töte Onkel Alan. Man ist niemals frei, weil man in seinem Körper steckt, und der Körper ist ein Gefängnis, weil man am Ende alt wird und einem alles wehtut, wie bei Oma, und dann stirbt man. Und das Gehirn ist auch ein Gefängnis, weil man seine Gedanken nicht abschalten kann, und wenn man schläft, hat man schlimme Träume. Und wenn man stirbt, landet man womöglich auch in einem Gefängnis, weil Dad ein Geist ist, aber kein Geist mehr sein will und lieber zu nichts werden will, wie vor seiner Geburt. Aber er weiß nicht, ob man wieder zu nichts werden kann oder ob er immer noch ein Etwas sein wird. Niemand weiß das ganz sicher. Nicht einmal Wissenschaftler wie Mr. Wormwood oder die religiösen Leute wie Mr. Fairview.

In der Pause ging ich in den Hof und setzte mich allein auf eine Bank, weil Leah immer noch mit Husten zu Hause war. Und Dominic warf seinen SAS-Rucksack nach mir und sagte Fehlt dir deine Leibwächterin?

Er meinte Leah.

Ich sagte Nein, aber in mir fühlte ich ein Ja.

DIE FARBEN IM AQUARIUM

Nach der Schule ging ich auf mein Zimmer. Ich ging auf mein Zimmer und es war irgendwie anders. Es war wärmer. Es roch wie nach Reifen, wenn sie sich abreiben, und ich dachte noch, das ist ein komischer Geruch, aber ich tat nichts. Ich legte mich nur auf mein Bett und überlegte, ob ich wohl jemals etwas wegen Onkel Alan unternehmen würde oder ob ich einfach ein Weichei war, das Dinge nur im Kopf und nicht im wahren Leben machte. Und dann sah ich es. In diesem Moment sah ich das Aquarium.

Ich betrachtete es, wie ich so auf dem Bett lag, und ich wusste erst nicht, was komisch daran war. Dann fielen mir die Farben auf und die Farben waren grün und schwarz und blau und rot und es waren Wasserfarben, wie man sie im Kunstunterricht macht, wenn man den Pinsel ins Wasser taucht. Ich dachte Wer hat Farbe ins Aquarium geschüttet?

Ich stand vom Bett auf und ging zum Aquarium und ich dachte Wo sind die Fische? Wo ist Gertie?

Ich öffnete den Deckel, der wärmer als normal war, und ich schob den Kopf über das Wasser und es war heiß, wie wenn man ein Bad einlässt und vergisst, kaltes Wasser zulaufen zu lassen, und die Füße ganz rot werden. Aber es war sogar noch heißer und es brannte mir in den Augen.

Der Geruch war stark, fast als ob es ein Geschmack wäre, und mir wurde übel und ich lugte durch das Wasser und man konnte kaum etwas sehen wegen der Hitze und dem

Dampf und den Wellen, aber ich zwang meine Augen hinzusehen. Und ich sah, wie sich alle Farben vermischten.

Ich hielt Ausschau nach Gertie und ich rief Gertie, was dämlich war, weil Fische nicht die Menschensprache sprechen, sie sprechen die Fischsprache. Und dann sah ich etwas wie ein Stück grünes Papier im Wasser und es wurde immer kleiner und mir wurde in diesem Moment total übel und ich sah zum Wärmeregler und der Wärmeregler sagte 50 nicht 27 und ich ließ den Deckel fallen und dachte daran, wie die Mollys schmolzen und die fünf Guppys schmolzen und wie Gerties Gräten schmolzen und wie ihre Haut schmolz.

Dads Geist kam ins Zimmer und sagte Das war Onkel Alan, er hat den Wärmeregler hochgedreht.

Ich rief Nein!

Und ich sagte in meinem Kopf Er ist tot er ist tot er ist tot Onkel Alan ist tot.

Mum kam herein und schrie auf und dann kam Onkel Alan herein und in meinen Kopf hallte Er ist tot er ist tot.

Mums Hand mit den grellen Fingernägeln lag über ihrem Mund und sie sah in das Aquarium und dann sah Onkel Alan ins Aquarium und er tat so, als sei er überrascht, aber er war nicht gut im So-tun-als-ob.

Dads Geist war im Zimmer und er sagte Raste jetzt nicht aus, Philip, das will er ja nur. Darum hat er es getan. Er will, dass du ausflippst, damit dir niemand mehr etwas glaubt.

Also flippte ich nicht aus. Ich sagte nur Der Wärmeregler stand auf 50, nicht auf 27.

Und ich sah Onkel Alan an und er sagte Das muss ein Defekt sein, Philip.

Er starrte mich an, als ob er einen Hypnosetrick versuchte, und Mum sagte hinter ihrer Hand O weh o weh.

Onkel Alan sagte Ich glaube nicht, dass es heute Abend Fish und Chips geben wird.

Und er lachte ER LACHTE und Dads Geist sah mich an und er sagte Bleib ganz ruhig, Philip, bleib ganz ruhig.

Mum sagte Oh, dieser Gestank.

Und ich blieb ganz ruhig und beobachtete Onkel Alan, der das Aquarium mit einer Schöpfkelle in einen Eimer leer schöpfte, den Mum von unten geholt hatte, und als der Großteil des Wassers mit geschmolzenem Fisch geleert war, versuchte Onkel Alan, das Aquarium anzuheben, aber es war schwer wegen der Steine auf dem Grund und er rief Mein Rücken! Mein Rücken!

Ich sah die fünf Guppys, die alle zu Wasser geworden waren, aber ich blieb ruhig.

Onkel Alan sagte Ich mache den Rest später sauber, Carol. Ich muss erst die Fragen vorbereiten.

Er sagte es so, als sei das Pub-Quiz wichtiger als meine toten Fische.

Dads Geist sagte Heute Abend, Philip, du kannst es heute Abend tun.

Ich sagte Ja, das werde ich.

Und Onkel Alan und Mum sahen mich an, als sei ich verrückt, und dann sahen sie Dads Geist an, als sei er nur Luft und ein Nichts, weil sie ihn nicht sehen konnten.

Dads Geist sagte Guter Junge, Philip, guter Junge.

DAS PUB-QUIZ

Am ersten Pub-Quiz-Abend war es ziemlich umtriebig im Pub. Ich dachte, wenn Onkel Alan heute Abend stirbt, dann hätte jeder ihn töten können. Also nahm ich die kleine Flasche ÄTHANOL und steckte sie in meine Hosentasche. Ich ging zu Mum in ihr Schlafzimmer und sagte Darf ich heute Abend beim Pub-Quiz zusehen?

Sie bürstete ihre Wimpern im Spiegel und sagte Es wird nicht viel zu sehen geben. Ich dachte, du wolltest früh zu Bett. Nach dem, was mit deinem Aquarium passiert ist.

Ich versuchte, nicht an Gertie zu denken, und sagte Darf ich jetzt?

Sie sagte Natürlich darfst du.

Sie wartete kurz und dann sagte sie Wir besorgen dir neue Fische, Philip. Wenn du möchtest.

Ich sagte nichts. Ich wollte keinen neuen Dad und ich wollte keine neuen Fische. Schon gar nicht, wenn Onkel Alan sie kaufte.

Ich blieb auf ihrem Bett sitzen und beobachtete sie im Spiegel und sagte Wenn Dad heute Nacht zurückkäme, würdest du Onkel Alan dann in den Wind schießen?

Sie hörte auf, ihre Wimpern zu bürsten, und sah mich an, nicht im Spiegel, sondern in echt, und sie sagte Wie bitte?

Ich sagte Wenn Dad heute Nacht zurückkäme, würdest du Onkel Alan dann in den Wind schießen?

Sie sagte Was ist denn das für eine Frage?

Ich hob die Schultern.

Es war nicht so eine Frage wie in einem PUB-QUIZ, darum war es wohl eine PRIVATE Frage und keine ÖFFENTLICHE Frage.

Sie setzte sich neben mich und sagte Philip, mein Schatz. Dad wird nicht zurückkommen.

Ich sagte Aber was, wenn doch?

Meine Worte ließen ihre Augen wässrig werden, aber sie stoppte den Wasserfluss, weil sie ihr Make-up nicht verschmieren wollte.

Sie sagte Niemand wird deinen Dad jemals ersetzen, Philip, niemand. Und jetzt komm.

Sie schlug drei Mal ganz schnell auf meine Beine, was in der Beinschlagsprache heißt Und jetzt komm.

Ich sagte Ich weiß.

Dann knetete sie mit den Händen ihre Frisur und sagte Wie sehe ich aus?

Ich sagte Hübsch.

Sie sagte Am Wochenende fahren wir zu Oma.

Ich sagte Oh.

Ich hätte wetten können, Mum hatte Oma noch nicht erzählt, dass sie Onkel Alan heiraten wollte. Ich hätte wetten können, aus diesem Grund fuhren wir zu ihr.

Mum stand auf und sprühte sich mit Parfüm ein und ich schmeckte es in meinem Mund und ich sah ihren Büstenhalter durch ihr enges, weißes Top.

Sie sagte Kommst du jetzt mit runter?

Ich sagte Ja.

Wir gingen nach unten und setzten uns an den Tisch gleich neben dem MIKROFON. An allen anderen Tischen saßen die Teams und die meisten Leute redeten, darum konnte ich nichts hören außer bla, bla, bla.

Carla kam herüber mit ihren runden Ohrringen und ihren runden Augen und ihrem kurzen Rock. Sie sah aus wie zwei Menschen, die zusammengenäht waren. Ein junger Mensch unten und ein alter, faltiger Mensch oben. Mum sah Carlas Beine an, als hätte sie Angst vor ihnen.

Carla gab Mum ein Glas Weißwein und mir ein Glas Pepsi und sagte Ein Glas Weißwein und ein Glas Pepsi.

Mum sagte Danke, Carla. Hast du Alan irgendwo gesehen?

Carla kratzte sich am Hals und sagte Ich glaube, er wollte ein paar Sachen ausdrucken.

Mum sagte So.

Sie sahen einander an und lächelten und irgendwas ging in der Luft zwischen ihrem Lächeln vor sich und dann ging Carla wieder zur Theke.

Onkel Alan kam herein und hielt ein paar Blatt Papier in der Hand und er hielt die Papiere hoch und ein paar Leute klatschten und jemand stieß einen Pfiff aus und Onkel Alan reichte die Antwortblätter herum und ging zum Mikrofon und schaltete es ein. Das Mikrofon machte richtig laut nnnnnnn und alle steckten die Finger in die Ohren und er versuchte, das nnnnnnn abzuschalten, aber es ging Ewigkeiten weiter und er sagte Verdammt und zugenäht.

Alle lachten und das nnnnnn hörte auf und er klopfte drei Mal auf das Mikrofon df df df.

Er sagte Also schön, die Show kann beginnen.

Ich tastete nach der Flasche mit dem Gift in meiner Tasche und sah, wie Carla hinüberging und Onkel Alan sein Glas Whisky gab. Jemand pfiff wieder. Es war ein anderes Pfeifen. Es war ein anerkennendes Pfeifen und es galt Carlas jüngerer Hälfte, nicht ihrer älteren Hälfte.

Onkel Alan sagte Danke, Carla.

Er sah auf ihre Beine und wollte noch etwas sagen, aber er

sagte nichts, weil Mum hinter ihm saß und ihm mit den unsichtbaren Laserstrahlen, die aus ihren Augen kamen, Löcher in seinen schlimmen Rücken bohrte.

Er sagte Also schön. In der ersten Runde geht es um Allgemeinwissen. Haltet eure Stifte bereit.

Auf unserem Tisch lagen ein Antwortbogen und ein Stift, aber Mum machte nur zum Spaß mit und nicht für die einhundert Pfund. Und ich tat es nur, um Onkel Alan zu töten und RACHE für Dad und Gertie und die Mollys und die fünf Guppys zu nehmen.

Onkel Alan sagte Was für ein Sternzeichen hat man, wenn man am 21. Juni zur Welt kommt?

Mum sagte Oh, das weiß ich.

Sie schrieb Zwilling neben die Eins auf das Blatt Papier.

Onkel Alan stellte seinen Whisky auf unseren Tisch und zwinkerte Mum zu und atmete in das Mikrofon. Und dann sagte er Also schön, die zweite Frage. Die ist ein bisschen schwierig. Wer war die zweite Ehefrau von Heinrich dem Achten?

Mum sah mich an und sagte Habt ihr das in der Schule schon durchgenommen, Philip?

Ich sagte Nein.

Mum sagte Dann muss ich wohl einfach raten.

Sie schrieb Johanna von Orléans auf das Blatt.

Ich sah das Whiskyglas an und die Lichter darin, die von den Spielautomaten und der Decke kamen, und ich blickte mich unter all den Menschen im Pub um, die die Köpfe gesenkt hatten und ihre Antworten aufschrieben.

Onkel Alan sagte Welche Stadt ist auch unter dem Namen die Ewige Stadt bekannt?

Ich wusste die Antwort, aber ich sagte nichts.

Es war ROM.

Ich wusste alles über Rom, weil das meine Lieblingszeit im Fach Geschichte war, und ich hatte alle Bücher aus der Bücherei gelesen. Ich kannte Nero und das Feuer und die Christen und die Löwen. Ich wusste, dass Rom durch Romulus und Remus entstanden war, die Brüder waren und von einer Wölfin beschützt wurden und dann von einem Hirten gefunden wurden. Ich wusste, dass Romulus wie Onkel Alan war, weil er seinen Bruder tötete und vor 2800 Jahren der erste König von Rom wurde.

Onkel Alan sagte Welcher beliebte Salat ist nach dem Hotel in New York benannt, in dem er zum ersten Mal zubereitet wurde?

Mum klopfte mit ihrem Stift auf den Tisch und sagte Oooooooh, das sollte ich wissen, ich esse dauernd Salat.

Sie ging die Salate laut durch. Griechischer Salat. Thunfischsalat. Nudelsalat. Kopfsalat mit Tomaten.

Sie lachte und sagte Ich glaube nicht, dass es ein Kopfsalat-und-Tomaten-Hotel gibt. Du etwa, Philip? Ich glaube, wir lassen die Antwort aus.

Mum nippte an ihrem Wein und sagte Oh, nein, wir raten einfach.

Sie schrieb Cäsarsalat und ich sah das Bild von Julius Cäsar vor mir, der eine Schürze trug und Tomaten klein schnitt, und ich dachte, wie dämlich mein Gehirn war, dass es dummes Zeug dachte, sogar dann, wenn ich einen Mord plante.

Onkel Alan sagte Waterloo ist der Ort einer berühmten Schlacht von Napoleon. In welchem Land liegt dieser Ort?

Mum summte den Waterloo-Song, der auf ihrer Lieblings-CD ABBA Gold ist, und sie schrieb Schweden auf das Blatt.

Sie sagte zu mir Ich geh nur mal kurz auf die Toilette. Und

sie ging aufs Klo, nicht nach WATERKLO, und ich zog die Flasche aus meiner Tasche und hielt sie unter den Tisch.

Onkel Alan sagte Noch eine knifflige Frage. In welchem Stück von William Shakespeare findet sich der Satz Nichts ist gut oder böse, das Denken macht es erst dazu?

Und ich schraubte die Flasche auf und ich wartete, bis alle Köpfe nach unten gingen, um die Antwort aufzuschreiben, und ich träufelte das Gift in das Glas tropf tropf tropf und ich beobachtete die Köpfe und steckte die Flasche wieder in meine Tasche. Niemand hatte mich gesehen, aber mein Herz klopfte, als wäre ich gerannt, dabei saß ich ganz reglos.

Onkel Alan sagte Welcher britische Läufer hat 1954 als Erster die Meile in vier Minuten gelaufen?

Ich versuchte, völlig normal auszusehen, wie Leah es mir gesagt hatte, dass man aussehen sollte, wenn man etwas klaut, aber ich wusste nicht, wohin ich blicken sollte, weil ich nicht auf den vergifteten Whisky blicken wollte. Aber ich konnte nicht anders. Er war ein Magnet für meine Augen.

Onkel Alan sagte Wie viele Laib Brot brauchte Jesus laut der Bibel, um damit die 5000 zu speisen?

Onkel Alan blickte zum Whisky auf dem Tisch, als ob er trinken wollte, und er blickte auf sein Blatt Papier und er sagte Also schön, noch zwei Fragen in dieser Runde. Dann ist es Zeit für eine flüssige Erfrischung.

Noch zwei Fragen, dann würde er sterben. Es war komisch. Ich wünschte mir, es wären mehr als zwei Fragen, ich wusste auch nicht, wieso.

Er sagte Wie viele Geister sind Ebenezer Scrooge in A Christmas Carol von Charles Dickens erschienen?

Als er Geister sagte, schaltete sich Dads Geist wie eine Glühbirne neben der Tür zu den Toiletten ein. Er sah mich an und nickte mit dem Kopf, als ob er wüsste, dass ich Gift in das Glas geschüttet hatte, und als ob er stolz wäre, dass ich das getan hatte.

Mum kam aus der Damentoilette und ging direkt durch Dads Geist hindurch und Onkel Alan drehte sich um und sagte ins Mikrofon Und hier kommt meine persönliche Christmas Carol.

Einige Leute lachten und einige sagten Ahhh, aber Big Vic sagte Neuer Mann, neues Glück.

Mum wurde rot, wie Onkel Alan auch, aber vor Peinlichkeit, nicht vom Whisky.

Sie setzte sich und sagte Habe ich etwas verpasst?

Sie sah so glücklich aus wie nie zuvor und ich blickte auf den Whisky und fühlte mich innerlich ganz schwer.

Onkel Alan sagte Also schön, jetzt kommt die letzte Frage in dieser Runde.

Ich hoffte in meinem Gehirn, dass es eine 5000-Wörter-Frage wäre, die ewig dauern würde, aber die Frage lautete Welcher Fluss fließt als einziger sowohl nördlich als auch südlich des Äquators?

Nach den Fragen sagte Onkel Alan Also schön, wir machen fünf Minuten Pause, dann geht es mit der Fragerunde zum Thema Musik weiter.

Er schaltete das Mikrofon aus und steckte es wieder in die Halterung und zog die Augenbrauen hoch und lächelte Mum an. Dann sah er den Whisky an und ich sah ihn an und ich sah den Whisky an und ich sah Mum an und er kam näher und immer näher auf den Whisky zu und ich verschwand unter dem Tisch und tat so, als müsste ich meine Schnürsenkel binden, und ich hob meinen Kopf und meinen Rücken mit all meiner Kraft wie Atlas, der die Welt auf seinem Rücken trug, und ich hob den Tisch an und die Gläser kippten um.

Onkel Alan rief Pass doch auf!

Mum rief Philip!

Und ich kam unter dem Tisch hervor und der ganze Pub sah mich an.

Das Whiskyglas und das Weinglas und das Pepsiglas lagen zerschmettert auf dem Fußboden und alle Getränke liefen ineinander, als ob es Flüsse wären, die ins Meer flossen, und der Tisch wackelte, aber er fiel nicht um und Onkel Alan wandte sich mit erhobenen Händen an die Leute im Pub und er sagte Nix passiert.

Und Mum sagte Also wirklich, Philip.

Sie stand auf und wischte sich den Weißwein von den Jeans wie Fussel.

Ich sah auf den vergifteten Whiskyfluss auf dem Boden und Onkel Alans Schatten darauf.

Carla kam auf ihren jungen Beinen angelaufen und wischte ihn auf.

Dads Geist bei den Toiletten schüttelte den Kopf, als ob er sich für mich schämte.

Er sagte Oh, Philip, du bist hoffnungslos. Hoffnungslos. Was ist nur los mit dir?

UNTER DEM H

Am nächsten Tag kam Leah wieder in die Schule. Es war der 5. November.

Sie hustete noch, aber es ging ihr besser und in der ersten Pause saßen wir unter einem der großen Hs auf dem Rugbyfeld. Leah legte sich auf den Rücken, ihre Jacke unter sich wie eine Decke, und sie sagte Warum hast du dich so merkwürdig benommen, als du am Wochenende bei uns warst?

Ich sagte Keine Ahnung. Es tut mir leid. Ich weiß es echt nicht.

Sie hustete in ihre Hand und sagte Du bist komplett ausgeflippt.

Ich wusste, wenn ich es nicht wagte, mit Leah Schluss zu machen, würde ich es niemals wagen, Onkel Alan zu töten, und ich wollte doch, dass Dads Geist sich wieder freute. Ich musste nichts weiter tun, als mit ihr Schluss zu machen, aber ich machte mir Sorgen, dass mein Mund nicht funktionieren würde, darum bereitete ich die Worte erst in meinem Kopf vor und ich zwang sie dann über meine Lippen. Mein Gehirn drängte, bis die Worte ganz schnell herausfielen, ohne Zwischenräume LeahichmussmitdirSchlussmachen-Wirkönnennichtmehrzusammensein.

Ich sah sie nicht an, als ich das sagte, weil ich das nicht wollte.

Sie setzte sich auf und sagte Was?

Ich sagte Leah, ich muss mit dir Schluss machen. Wir können nicht mehr zusammen sein.

Sie sagte Du musst was?

Ich sagte Leah ich muss mit dir Sch

Ihr Husten war weg und sie sagte Du? Du machst mit mir Schluss?

Ich nickte mit dem Kopf.

Sie sagte Warum? Liegt es an meiner Nase?

Ich sagte Warum sollte es denn an deiner Nase liegen?

Sie stand auf und schüttelte den Kopf und sagte Du kannst nicht mit mir Schluss machen.

Ich sagte Warum nicht?

Sie sagte Das kannst du nicht.

Ich sagte Es tut mir leid.

Und dann nahm sie ihre Jacke und ihren Rucksack und trat mir richtig heftig in den Rücken und ging weg, zurück zur Schule und ich blieb unter dem H sitzen und sah zu, wie sie immer kleiner wurde, bis sie nur noch ein grüner und grauer Punkt auf dem Schulhof war, zwischen all den anderen grünen und grauen Punkten, und sie hätte ein Mädchen-Punkt oder ein Jungen-Punkt sein können, und ich beobachtete all die anderen, die weit weg von mir waren, wie sie brüllten und spielten und lachten, und die Pause war so gut wie vorbei, darum wischte ich mir über die Augen und sagte in meinem Gehirn Hör auf zu weinen, hör auf zu weinen.

DAS PFÄHLEN

Denkt an den 5. November, denkt an den 5. November, heißt es immer, weil es der Tag der Pulververschwörung vor 400 Jahren war, nämlich im Jahr 1605, was schon lange vorbei ist und wo William Shakespeare, der Theaterstücke schrieb, noch lebte.

Mrs. Fell sagte, bei der Pulververschwörung hätte eine Gruppe von Katholiken das englische Parlament zusammen mit König Johann dem Ersten in die Luft jagen wollen und sie hätten einen katholischen Aufstand angefangen, weil die Katholiken durchsetzen wollten, dass sie vom Land gerechter behandelt wurden.

Mrs. Fell sagte, es sei ziemlich ähnlich wie heute, wo Menschen im Namen ihrer Religion schreckliche und brutale Sachen machten. Oder weil sie dachten, es sei das Richtige. Oder weil sie SO STARK an etwas glaubten, dass sie an nichts anderes denken konnten als an ihre Sache und dann die Menschen töteten, die nicht dasselbe glaubten.

Sie wirkte traurig, als sie das sagte, und ich fragte mich, ob sie an ihren Dad Ray Goodwin dachte.

Charlotte Wards Hand schoss nach oben wie ein Feuerwerkskörper und Mrs. Fell sagte Ja, Charlotte?

Charlotte sagte Wie hat man die Pulververschwörung aufgedeckt?

Mrs. Fell sagte Einer der Männer schickte einen Brief an seinen Schwager, der Mitglied des Parlaments war, und in dem Brief stand, er solle am 5. November, dem Tag, an dem das Parlament einberufen werden sollte, nicht hingehen. Der Brief wurde an andere wichtige Mitglieder des Parlaments weitergeleitet und man durchsuchte das Gebäude und fand 36 Fässer mit Pulver in einem Keller unter dem Oberhaus. Man wartete dort und verhaftete schließlich Guy Fawkes, der die Fässer anzünden sollte, sobald er in den Keller kam.

Jordan Harper war in meiner Geschichtsklasse und er saß am Tisch hinter mir und flüsterte Durchgeknallt durchgeknallt durchgeknallt und dann Helmchen Helmchen Helmchen und dann Daddy? Daddy? Wo ist mein Daddy?

Er schnipste Radiergummischnipsel nach mir und die ganze hintere Reihe lachte und Mrs. Fell sagte Jordan, was findest du so lustig? Wenn etwas lustig ist, warum bist du dann nicht so nett und teilst es der ganzen Klasse mit? Ich bin sicher, wir möchten es alle hören.

Mein Gesicht brannte feuerrot, falls Jordan die Wahrheit sagen würde, und mein Kopf stand in Flammen, aber Jordan sagte Nein, Miss. Ich musste nur an Guy Fawkes denken, Miss. Sie wissen schon, an das, was ihm passiert ist, Miss.

Mrs. Fell sah mich mit Es-tut-mir-leid-Augen an und ihre Augen machten mich kleiner, als ob ich nur noch zwei Zentimeter groß wäre, und dann sagte sie Man forderte ihn auf, König Johann dem Ersten zu erzählen, warum er ihn töten wollte. Anschließend wurde er gefoltert, damit er die Namen der Mitverschwörer preisgab.

Jordan Harper sagte Wie wurde er gefoltert?

Mrs. Fell sagte Auf der Streckbank.

Jordan Harper sagte Was ist das?

Mrs. Fell sagte Das war eine Maschine, die den Leuten die Arme und Beine in entgegengesetzte Richtungen zog. Die

Arme wurden in die eine und die Beine in die andere Richtung gezogen. Es war überaus schmerzhaft.

Jordan Harper sagte Cool.

Mrs. Fell sagte Nein, das ist nicht cool, Jordan. Das ist überhaupt nicht cool. Es war eine entsetzliche und grausame Form der Bestrafung.

Jordan Harper sagte Ist er daran gestorben?

Mrs. Fell sagte Nein, er wurde zusammen mit den anderen Männern erhängt und gevierteilt. Erst wurde er aufgehängt und dann in vier Teile geschnitten.

Die Schulglocke klingelte und alle gingen und Mrs. Fell sagte Geht es dir gut, Philip?

Ich sagte Ja.

Sie sagte Bist du sicher?

Ich sagte Ja.

Dann ging ich zur Pause nach draußen.

Die goldenen Blätter vom Spielplatz flogen mir entgegen und flüsterten etwas, das wie eine Warnung klang, und ich ging auf den Hof und es waren überall Gesichter, aus den Klassen sieben und acht, aber niemand wollte mit mir reden, jetzt, wo mein Leah-Kraftfeld nicht mehr existierte.

Ich hielt nach Ross und Gary Ausschau, aber ich konnte sie nirgends sehen. Es war, als seien sie unsichtbar. Aber es machte mir nichts aus, keine Freunde zu haben, weil Freunde einen dazu bringen, nicht mehr geradeaus zu denken, und ich musste geradeaus denken, bis Onkel Alan tot war. Es war kalt und die Luft spuckte Regen, darum wollte ich mich in der Nähe des Naturwissenschaftsgebäudes unterstellen, aber nach der Hälfte des Weges packte mich jemand am Rücken und es waren Jordan Harper und Dominic Weekly und Jordan sagte Packt seine Beine! Packt seine Beine! Werft ihn zu Boden!

Dominic stellte sein Bein zwischen meine Beine und stieß mich auf Judo-Art um und sie lachten und Gesichter schauten zu.

Sie zerrten mich über die feuchten Blätter und den Beton und zerkratzten dabei meine Jacke und Jordan Harper sagte An den Pfosten!

Ich strampelte mit den Beinen und versuchte, ihre Hände von meinen Knöcheln zu treten und nirgends waren Lehrer, nur Siebt- und Achtklässler und der schwarze Pfosten im Unterstand kam immer näher und die aufgereihten Gesichter zu beiden Seiten von mir waren die Gesichter von Riesen.

Dominic und Jordan zerrten mich zum Pfosten und meine Jacke war bis zu den Schultern hochgerutscht und mein Hemd rutschte aus der Hose. Mein nackter Rücken schürfte über den Boden und der nasse Kies drückte sich in mein Fleisch und – aua! – der Pfosten drückte in meine Eier und quetschte sie aus wie Obst und sie zogen immer stärker an meinen Beinen und zerrten den ekligen Schmerz wie einen Faustschlag in meinem Innern hoch.

Ich hörte eine Stimme über das Gelächter hinweg, das auf mich herunterprasselte, und es war eine Mädchenstimme.

Lasst ihn los!

Lasst ihn los!

Es war Leah und sie hatten bestimmt nicht gesehen, dass sie es war, weil Dominic sie mit seinem Ellbogen wegstieß. Das machte mich wütend und ich trat mit den Beinen, aber dadurch wurde der Pfosten nur noch mehr in mich gepresst, nicht nur in meine Eier, auch in die Knochen, als ob sie mich in zwei Teile spalten wollten, und wenn ich Guy Fawkes gewesen wäre, hätte ich ihnen jetzt alle Namen genannt und alle verpetzt.

Dann ließ Dominic mein linkes Bein los und ich hob den Kopf und sah Dane und er stieß Dominic zu Boden und dann wandte er sich an Jordan und hob die Fäuste und sagte Los, schlag zu, Mann!

Jordan sah die riesigen 16-jährigen Fäuste von Dane und Jordan bekam Angst und er ließ mein anderes Bein fallen und meine Eier ploppten wieder aus mir heraus und ich lag auf dem Boden und hustete den Schmerz heraus und alle waren weg und Dominic hievte sich hoch und rannte davon.

Leah kam zu mir, aber Dane packte sie am Arm und zog sie weg und ich hustete ihren Namen, aber sie konnte mich nicht hören, und sie gingen davon und Leahs glatte Haaren flatterten mir im spuckenden Wind zu.

DIE BADEZIMMERBOMBE

Als ich nach Hause kam, brannte mein Rücken immer noch, aber ich versuchte, nicht daran zu denken. Ich ließ Mum und Onkel Alan und all die anderen das Freudenfeuer entzünden und holte die Schachtel NATRIUM-METALL aus ihrem Versteck. Ich ging ins Badezimmer und verschloss die Tür und stellte die Schachtel auf den Boden und ich ging zur Badewanne und ich musterte die Shampoos und die Blubberbadezusätze und da war eine Schachtel, auf der stand *Lush! Bath Bomb* und ich fand das komisch und ich nahm die Flasche, auf der stand

Évanescents Badesalze

Das war Onkel Alans Badesalz, das er immer wegen seinem schlimmen Rücken verwendete, und ich öffnete den Verschluss und ich schüttete das Badesalz ins Waschbecken und ließ das Wasser laufen, bis alles weg war.

Dann setzte ich mich auf den Toilettensitz. Ich öffnete die Schachtel NATRIUM-METALL und die kleinen Kügelchen sahen fast genauso aus wie das Badesalz, also schüttete ich sie in die Flasche, bis sie auf der Höhe waren, wo das Badesalz gewesen war. Dann schraubte ich den Verschluss der Flasche zu und stellte sie auf ihren Platz auf der Badewanne und dann ging ich aus dem Badezimmer und stellte die Schachtel mit dem NATRIUM-METALL wieder in ihr Versteck.

In meinem Zimmer sah ich mir die Spuren des Pfählens auf meinem Rücken an. Ich fuhr mit dem Finger über einige der Kratzer, andere konnte ich mit meiner Hand nicht erreichen.

Ich zog meine Jeans und mein Sweatshirt an und wickelte meinen Schal um und zog meine Jacke an und ging nach unten und hinaus auf den Parkplatz. Es gab ein großes Freudenfeuer und alle Tische standen draußen, wo Carla und Renuka Getränke servierten, und ich sah, wie Onkel Alans Hand über Mums Rücken strich, während sie zusammen vor dem Feuer standen, und ich sah Guy Fawkes im Feuer und sein Körper schmolz und sein Kopf schmolz wie Gertie und die Guppys.

Mum drehte sich um und sah zu mir herüber, als hätte sie einen sechsten Sinn.

Sie sagte Mein Schatz, da bist du ja. Ich habe mich schon gefragt, wo du bleibst.

Ich sagte Ich hab mich nur umgezogen.

Sie sagte Du hast aber lange gebraucht.

Ich zog die Schultern hoch.

Sie sagte Du hast verpasst, wie wir das Feuer entfacht haben.

Onkel Alan sagte Er kommt genau richtig für das Feuerwerk. Wir fangen um halb sechs an.

Ich dachte in meinem Kopf, dass Onkel Alan selbst zu einem großen Feuerwerk würde, wenn er das nächste Mal ein Bad nahm. Ein großes Tomatenfeuerwerk, das auf die Wände spritzte, wenn die Wanne explodierte KRAWUMM!!!!!

Ich sagte Oh.

Mum sagte Es wird toll.

Die große Tomate sagte Na hoffentlich wird es gut, so viel, wie das Zeug gekostet hat.

Ich sah, wie sein Gesicht orangefarben glühte. Sein großes, fettes Gesicht lächelte, als Guy Fawkes von den Flammen gefressen wurde, und ich fragte mich, ob Onkel Alan mich heimsuchen würde, sobald er ein Geist war, und ob er versuchen würde, Rache zu nehmen und den Schrecken zu entkommen, aber ich dachte, dass es niemanden gab, der ihn so liebte, wie ich Dad liebte. Und Mum würde ihn nicht sehen, weil sie Dads Geist ja auch nicht sah.

Ein Mann kam herüber und es war ein Mann in einem Trainingsanzug und es war Schlafauge Terry.

Er sagte Alles klar, Alan?

Onkel Alan sagte Kann losgehen.

Schlafauge Terry sagte Was?

Onkel Alan sagte Wir zünden die Feuerwerkskörper um halb sechs.

Schlafauge Terry sah Mum an und lächelte, als ob er nervös wäre, und ich wusste, warum er nervös war. Weil er nämlich den Pub zertrümmert hatte und weil er versucht hatte, mich zu erwürgen, und dann sah er mich und zuckte zusammen, als sei ich ein Geist.

Er sagte He.

Ich sagte nichts, ich ging nur weg und ich ging hinter die Tische, wo Renuka aus einer riesigen Schüssel mit einer lustigen großen Kelle schöpfte, und sie sagte zu mir Möchtest du etwas Punsch, Philip? Es gibt einen alkoholfreien.

Ich sagte Nein.

Sie sagte Ist das Feuer nicht großartig?

Sie lächelte ein großes Lächeln in ihrem kleinen, dreieckigen Gesicht, als ob sie noch nie zuvor ein Feuer gesehen hätte, als ob es drei Millionen Jahre früher wäre, und ich sagte Ja.

Sie sagte Ist doch eine tolle Idee, oder nicht? Ein Feuer auf dem Parkplatz zu machen?

Sie redete mit mir, als ob sie mir gerade die Windeln wechselte.

Ich sagte Keine Ahnung.

Und dann kam Les Miserable in seiner marineblauen Lederjacke und er stellte Renuka eine Frage mit seiner ganz tiefen Stimme, ohne seinen Mund zu bewegen, darum ging ich zwischen den Leuten hindurch zu Mum.

Auf halbem Weg hörte ich eine Stimme hinter mir und sie sagte Ahoi, Stinkbombe.

Und ich drehte mich um und er war es. Es war Schlafauge Terry und jetzt zuckte ich zusammen.

EIN REGENSCHIRM AUS STERNEN

Ich hielt Ausschau nach Mum und Schlafauge Terry sagte Ist schon gut, ich bin kein Vampir. Ich beiße nicht.

Ich dachte Nein, aber du drückst Hälse wie Zahnpastatuben.

Ich drehte mich nach Renuka um und sie schenkte Les gerade Punsch ein und sah mich nicht.

Schlafauge Terry sagte Ich will mich nur für neulich Nacht im Park entschuldigen.

Ich sagte Oh.

Er sagte In der Nacht kam einfach viel zusammen.

Ich sagte Oh.

Ich sah ihn an und er sah aus, als ob es ihm wirklich leidtäte, aber das bedeutete nur, dass er ein guter Schauspieler war und ein guter Lügner, kein guter Mensch.

Er sagte Die Stinkbombe war einfach der Tropfen, der das Fass zum Überlaufen brachte. Es hat ewig gedauert, sie aus dem Teppich zu kriegen. Aber ich bin total ausgerastet. Das tut mir leid.

Und dann drückte er mich nicht wie Zahnpasta aus. Er ging einfach weg, mit den Händen in den Taschen des Trainingsanzugs, und ich ging zu Mum hinüber und sie sagte Philip, was ist heute Abend mit dir los?

Ich sagte Nichts.

Sie sagte Warum warst du so unhöflich zu Terry?

Ich sagte Keine Ahnung.

Sie sagte Er scheint doch ganz nett zu sein.

Onkel Alan lachte und sagte Er macht Fortschritte.

Mum schnitt eine Grimasse, die in der Gesichtssprache sagte Wie meinst du das?

Onkel Alan sagte Er nimmt Unterricht.

Mum sagte Unterricht?

Onkel Alan lachte und sagte Er flippt leicht aus. Hat den Wagen seiner Frau mit einem Baseballschläger zertrümmert, als sie ihn verlassen hat.

Baseballschläger Baseballschläger schrillte es in meinem Kopf wie eine Alarmglocke und ich wusste zu einhundert Prozent, dass Schlafauge Terry den Pub kaputt geschlagen hatte.

Mum sagte Wie bitte? Und da arbeitest du noch mit ihm? Und gehst mit ihm angeln?

Onkel Alan sagte Er ist in Wirklichkeit ein guter Kerl. Fährt ehrenamtlich in einem Krankenwagen für die Johanniter.

Onkel Alan log, damit Mum Terry mochte.

Er war nicht bei den Johannitern, denn die waren einmal in die Schule gekommen und er war nicht dabei gewesen, und selbst wenn er für die Johanniter den Krankenwagen fuhr, hatte das nichts zu bedeuten. Er hatte trotzdem versucht, mich zu Tode zu würgen.

Onkel Alan ging weg und holte Schlafauge Terry und sie zündeten die Feuerwerkskörper. Ich blieb bei Mum und sie legte den Arm um mich. Das Feuerwerk war nahe bei den Altglascontainern und ich hielt Ausschau nach Dad, aber er war in den Schrecken, und ich dachte an all die toten Väter, die uns zusahen, und ich fragte mich, ob man Feuerwerke mochte, wenn man ein Geist war.

Das erste Feuerwerk war ein Feuerrad, das sich dauernd im Kreis drehte und ein komisches Geräusch machte. Dann ging Onkel Alan in die Knie und entzündete einen anderen Feuerwerkskörper und er ging nicht los und er zündete ihn erneut an und ich sagte EXPLODIERE EXPLODIERE in meinem Kopf.

Mum rief Sei vorsichtig.

Onkel Alan stand auf und rannte und kniff die Augen zu, weil sein Rücken schmerzte, und der Feuerwerkskörper schoss in die Höhe und explodierte und machte einen Schirm aus Sternen am Himmel. Alle klatschten, abgesehen von den Leuten, die einen Becher in der Hand hielten, die sagten nur Uiiiii. Ein anderer Feuerwerkskörper ging hoch und er war genauso, aber er flog noch höher. Ich sah nach oben und beobachtete, wie die gelblich-weißen gepunkteten Linien verblassten und ins Nichts der Nacht verschwanden, und es gab noch fünf weitere Feuerwerkskörper, einen rosafarbenen, einen, der nicht zündete, einen wie ein großer Löwenzahn, einen, der nur Bumm machte, und einen grünen Kreiseligen, der wie ein Tier schrie, das verletzt war.

Und Big Vic sagte mit seiner dröhnenden Stimme Das war's schon?

Und Les Miserable sagte mit seiner leisen Murmelstimme in seinen Punsch Geizkragen.

Und einige Leute klatschten ein wenig und Mum klatschte ganz viel und dann gingen alle in den Pub. Onkel Alan und Schlafauge Terry räumten die Tische weg und Onkel Alan sagte Uff, mein Rücken.

Deswegen dachte ich, dass er an diesem Abend bestimmt ein Bad nehmen würde. Aber er tat es nicht.

DIE FURIEN

Die Römer glaubten früher, dass man in die Unterwelt kam, wenn man starb. Man fuhr auf einer Fähre über den Fluss Styx und gelangte dann an einen glücklichen Ort namens Hades. Aber da kam man nur hin, wenn man ordentlich beerdigt worden war, weil wenn man nicht ordentlich beerdigt worden war und keine Münze im Mund hatte, dann ließ einen der Fährmann namens Charon nicht über den Fluss. Dann blieb der tote Leichnam einfach am Fluss liegen, bis Hunde kamen und ihn auffraßen. Es gab böse Engel, die hießen Furien, und die sahen sich alle Leichen an und sie lachten und es gefiel ihnen, das ganze Blut zu sehen, weil die meisten Menschen, die nicht beerdigt wurden, einen schlimmen Tod gestorben waren. Einige waren GEKREUZIGT worden und anderen war der Kopf abgeschlagen oder die Kehle durchgeschnitten worden und wieder andere, wie die Christen, waren von Löwen gefressen worden, aber den Furien gefiel es, das ganze Blut zu sehen, weil sie fanden, die Leichen hätten es verdient, und es machte sie glücklich, Engel zu sein und keine Menschen, weil Engel besser sind als die Menschen und die Geister und weil sie keinen Schmerz spüren.

DIE ZEITMASCHINE

Ich wachte auf und es war noch dunkel. In der Ferne hörte man einen Zug und es war, als ob die Welt aufseufzte. Manchmal, wenn man aufwacht, ist man in einer anderen Zeit, als ob man in einer Zeitmaschine gereist wäre, und die Zeit, in der ich aufwachte, war die Zeit, bevor Dad gestorben war.

Alles war normal und Dad lag mit Mum im Zimmer nebenan im Bett und schlief mit dem Arm über sie gelegt und ich dachte daran, mir am Samstag das Ligaspiel mit ihm anzusehen. Es würde klasse werden und meine Gedanken wurden immer schneller und ich wurde weniger schläfrig und ich wurde durch die Zeit geschoben, bis ich an diesem Morgen ankam.

Da wusste ich, dass Dad nicht im Nebenzimmer lag und dass er mich nicht mit zum Fußball nehmen würde, und ich bekam ein ganz schweres Gefühl im Gehirn.

In der Zukunft wird es wahrscheinlich eine Waage geben, die anzeigen kann, wie schwer Erinnerungen sind, und es wird sein wie bei Mum und Renuka, wenn sie zu den Weightwatchers gehen. Die Leute oder spezielle Ärzte bei den Gehirnwatchers werden dann sagen Diese Erinnerung ist sehr schwer, Ihr Gehirn muss abnehmen.

Dann fordern sie einen auf, auf die richtige Weise Sport mit dem Gehirn zu treiben, damit das Gehirn leichter wird.

An diesem Morgen war mein Gehirn so schwer, dass ich

glaubte, den Kopf nicht vom Kissen kriegen zu können, ohne vorher einige Bilder von Dad aus meinem Kopf zu schütteln. Wie das Bild von ihm, als er mich und Mum mit Wasser vollspritzte, als er auf Rhodos im Swimmingpool war und wir trocken auf unseren Sonnenliegen lagen.

Oder das schwerere Bild von ihm am ersten Weihnachtstag, als der Pub geschlossen hatte und er seine orangefarbene Papierkrone trug und während *Titanic* weinte und sagte Ich weine nicht, ich bin ja nicht dämlich, ich weine nicht, aber er weinte doch.

Oder als wir zu einem Ligaspiel gingen und unsere Schals verstecken mussten, weil wir zwischen all den Auswärtsfans saßen.

Oder das schwerste Bild von allen, das war, als wir im Schnee nach Sconce Hills fuhren und sein Gesicht rot und kalt war, aber seine Hände in seinen wollenen, gemusterten Handschuhen waren warm und ich war noch klein genug, keine Angst zu haben, seine Hand zu halten, und er zog den Schlitten.

Er sah zu mir herab und seine Worte machten Wolken in der Luft und Schneeflocken wurden auf seiner Nase zu Regentropfen und seine Worte sagten Komm, lass uns zum Gipfel rennen. Und dann ließ er meine Hand los und rannte den Hügel hinauf und obwohl er den Schlitten zog, konnte ich ihn nicht einholen. Aber kurz vor dem Gipfel machte er langsamer und ließ mich überholen. Und als ich an ihm vorbeilief, sagte er wie im Fernsehen Und Philip Noble auf Bahn sieben holt von ganz hinten auf und nimmt seinen Platz in den Geschichtsbüchern ein mit einem neuen Weltrekord.

Und als wir oben auf dem Hügel waren, ließen wir uns beide mit dem Rücken in den Schnee fallen und lachten

Wolken in den Himmel und ich stützte mich auf meinen Ellbogen und ich sah ihn an, wie er im Schnee lag, und ich war so glücklich wie noch nie und dann konnte ich mich an nichts mehr erinnern, weil das Bild zu Schnee wurde und in meinem Gehirn schmolz.

DER WAHRE ONKEL ALAN

Ich hörte Wasser laufen wie bei einem Wasserfall. Es war die Badewanne. Es war Onkel Alan, der sein Bad nahm.

Dann machte mein Gehirn klick wie beim Lego und mir fiel das explodierende Badesalz wieder ein und ich fragte mich, ob der ganze Pub explodieren würde oder nur das Badezimmer. Ich dachte, es wäre wohl nur das Badezimmer, weil die Wände dick waren und das Bad war schmal und Onkel Alan war weich.

Ich blieb einfach im Bett liegen und hielt den Atem an und versuchte, mich davon abzuhalten, Onkel Alan davon abzuhalten, ein Bad zu nehmen.

Das Wasser lief immer noch und eine Stimme rief aus dem Badezimmer und es war nicht Onkel Alan, die Stimme sagte nur Alan.

Alan.

Alan.

Alan.

Alan.

Alaaan!

Ich dachte Oh, nein, aber dann dachte ich, es ist schon in Ordnung, weil Mum keinen schlimmen Rücken hatte, und dann hörte ich Alan in Mums Schlafzimmer und er sagte Was ist?

Und Mum sagte Soll ich dein Badesalz in die Wanne geben?

Und es war gar nicht Mums Bad. Sie ließ das Bad für Onkel Alan ein, als ob er ein König und sie seine Sklavin wäre, und ich dachte Oh, nein, weil sie sich gleich in die Luft jagen würde.

Onkel Alan sagte Wenn du so lieb sein würdest.

Ich sprang aus dem Bett und rannte zum Badezimmer und versuchte, die Tür zu öffnen, aber sie ließ sich nicht öffnen, und ich hämmerte dagegen und Onkel Alan hinter mir sagte Was zum Teufel?

Ich sagte Mum.

Mum!

Mum!

Mum!

Mum!

Mum!

Ich drehte weiter am Türknauf und hämmerte mit der Hand gegen das Holz und dann trat ich mit dem Fuß zu und meine Füße waren nackt, aber ich fühlte keinen Schmerz.

Ich sagte Mum, nicht das Badesalz benützen! Nicht das Badesalz benützen! Nicht das Salz ins Wasser schütten!

Mum drehte den Wasserhahn zu und sagte durch die Tür Philip?

Ich sagte Mach die Tür auf, Mum, mach

Sie stand da mit einem grünen Handtuch um sich geschlungen wie ein Kleid, mit nackten Schultern und nackten Beinen. Sie hielt die Badesalzflasche in der Hand, der Verschluss war noch festgedreht, und ich riss ihr die Flasche aus der Hand und sie sagte Philip? Was um alles in der Welt machst du da?

Nachdem ich das Badesalz gepackt hatte, das gar kein Badesalz war, presste ich es an meine Brust, als ob ich einen Rugbyball hielte, und ich hörte, wie Mums Stimme mich jagte.

Philip?
Philip?
Philip?
Philip?
Philip?

Und ich war im Pyjama und hatte nackte Füße und ich rannte die Treppe hinunter und den Flur entlang am Büro vorbei. Ich öffnete die Hintertür und rannte auf den Parkplatz und meine Füße taten auf den kleinen Steinchen auf dem Parkplatzboden weh und ich lief zu den Altglascontainern und warf die Flasche in den Container für Grünglas. Ich rannte schnell weg, weil das Glas zerbrach und Wasser und Wein in dem Glascontainer waren und ich dachte, der Container würde explodieren wie in einem Film, mit einem großen Feuerball und schwarzer Rauchwolke, aber das tat er nicht, es gab nur Plinggeräusche und Knacksgeräusche.

Pling!
Knacks!
Pling!
Knacks!
Pling!
Knacks!
Pling!
Knacks!

Und es war komisch, als ob das ganze Glas zum Recyceln irgendeine verrückte Glaskreatur im Altglascontainer zum Leben erweckt hätte, die nun fliehen wollte, aber nicht durch das Metall kam. Nach einer Weile gab die Kreatur namens Der Glasmann auf und es kamen keine Geräusche mehr aus dem Altglascontainer.

Ich stand reglos auf dem Parkplatz und ich hörte ein Hup!

Es war Carla mit ihren runden Ohrringen in ihrem kleinen, weißen Auto und die Scheinwerfer waren an und sie runzelte die Stirn durch die Windschutzscheibe, aber nicht ärgerlich.

Und ich sah sie an und hob meine Hand zum Winken und ich ging über den Asphalt zur Hintertür und da war Onkel Alan in seinem Morgenmantel und seinem RUHMREICHES ENGLAND-T-Shirt darunter, aber man konnte nur das AND sehen, und er sagte Was machst du denn da, Junge?

Ich sagte ewig oft Äh.

Ich sagte Äh äh äh recyceln.

Der wahre Onkel Alan im Innern des vorgetäuschten Onkel Alan fragte wütend Was?

Ich bekam Angst, aber Carla schlug ihre Autotür zu und kam herüber und da versteckte sich der wahre Onkel Alan wieder und der vorgetäuschte Onkel Alan lächelte Carla und ihre Ohrringe an und er sagte Na, meine Süße.

Carla sagte Hallöchen.

Sie sah mich und meine nackten Füße an und Onkel Alan sagte Kinder.

Carla lächelte und dachte an Ross und Gary und sagte Das musst du mir nicht sagen.

Und dann war da ein klirrendes Geräusch direkt neben meinen Füßen. Eine kleine grüne Glasscherbe war aus dem Glascontainer gesprungen. Onkel Alan sah mich an und ich hob die Schultern.

Ich ging ins Haus und nach oben und Mum stand am Treppenabsatz in ihrem Handtuch und sie sagte Philip, was ist nur in dich gefahren? Und was hast du mit Onkel Alans Badesalz gemacht?

Ich sagte Keine Ahnung.

Sie sagte Was meinst du mit keine Ahnung?

Ich sagte Ich dachte, die Flasche sei leer. Ich habe sie in den Altglascontainer geworfen.

Sie sagte Philip, warum tust du mir das an?

Ich sagte Ich tu doch gar nichts.

Sie sagte Warum machst du es mir so schwer? Ist es wegen deiner Fische?

Onkel Alan kam die Treppe hoch, nachdem er mit Carla geredet hatte, und Mum fing an, Tränen zu schnüffeln.

Onkel Alan sagte zu mir Siehst du, was du deiner Mutter antust, Junge?

Mein wahres Ich hinter meinem vorgetäuschten Ich kam heraus und sagte Es ist deine Schuld! Es ist alles deine Schuld!

Ich lief auf mein Zimmer und schloss die Tür und ließ Mum zurück, die in Onkel Alans Morgenmantel weinte.

DADDY LONG LEGS

Dad erzählte mir von den Daddy Long Legs, das ist eine Art Weberknecht und das sind die giftigsten Tiere der Welt, aber sie töten nie jemanden, weil sie nämlich ohne Zähne niemanden vergiften können, und sie haben keine Zähne. Wenn also die anderen Tiere auf ihnen herumhacken und He, Langbein! rufen, dann können sie gar nichts dagegen machen. Sie könnten natürlich sagen Ich bin total giftig und das stimmt auch, aber die anderen Tiere würden ihnen nicht glauben, weil sie ja nie jemanden vergiften. Sie wissen, sie könnten töten und in der NAHRUNGSKETTE aufsteigen, wenn sie nur Zähne hätten, aber sie haben keine, weil Gott das vergessen hat. Ich weiß nicht, ob das wahr ist oder nicht.

TASCHENGELD

Mrs. FELLtier Mrs. FELLt über eine Klippe, Mrs. FELLszeichnung Mrs. FELLsenfest saß auf ihrem Stuhl und sie sagte Du kannst mit mir reden, Philip. Du kannst mir alles sagen.

Ich sagte Ich weiß, Miss.

Sie sagte Wirklich alles.

Ich sagte Ich weiß.

Sie sagte Gibt es etwas, das du mir erzählen möchtest?

Ich sagte Was denn zum Beispiel?

Sie sagte Was auch immer. Beispielsweise was du jetzt gerade denkst.

Ich dachte daran, wie Ray Goodwin ermordet worden war, darum sagte ich Ich denke gerade gar nichts.

Sie sagte Was wirst du am Wochenende machen?

Ich sagte Keine Ahnung.

Sie sagte Wirst du etwas Interessantes unternehmen?

Ich zuckte die Frage auf meinen Schultern auf und ab.

Sie sagte Wenn du an diesem Wochenende etwas Besonderes tun könntest, was würdest du dann gern tun?

Ich sagte Ich kann nicht.

Sie sagte Du kannst was nicht?

Ich sagte Ich kann nichts Besonderes unternehmen.

Sie sagte Ich weiß. Aber wenn du alles machen könntest, wirklich alles. Was würdest du dann tun? Wie würdest du deine Zeit am liebsten verbringen?

Mrs. Fell sagt immer solche Sachen. Sie ist nett, aber manche Dinge versteht sie einfach nicht. Sie weiß nicht, dass die Zeit nicht wie Taschengeld ist, das man ausgeben kann, weil die Zeit diejenige ist, die Taschengeld ausgibt, und man selbst ist das Taschengeld.

Ich sagte Wenn ich wirklich alles tun könnte?

Sie sagte Ja, wenn du wirklich alles tun könntest.

Ich sagte Alles?

Sie sagte Wirklich alles.

Ich sagte Ich würde nach Rhodos fahren mit Mum und Dad.

Ihr Lächeln wurde mit jedem Wort breiter und dann, als ich Dad sagte, schnappte es wieder ein.

Sie sagte Ja, Philip. Ja. Ist gut. Ja. Aber dein Dad

Ich sagte Mein Dad ist tot.

Sie sagte Ja, Philip, ja, das ist er.

Ich sagte Und ich kann ihn nicht zurückholen.

Sie schloss die Augen und sagte leise Nein. Nein, Philip, das geht leider nicht.

Ich sagte Aber Sie haben gesagt, wirklich alles.

Sie sagte Ja, ja, das habe ich gesagt.

Ich dachte, dass Mrs. Fell ein schlechtes Gewissen hatte, darum sagte ich Ich würde auch gern nach Rom fahren.

Sie lächelte wieder und sagte Rom?

Ich sagte Ich würde gern in den Circus Maximus und die Wagenrennen sehen.

Sie sagte Ich glaube, dort werden keine Wagenrennen mehr veranstaltet.

Ich sagte Ich weiß. Ich meine ja auch, ich würde gern ins antike Rom fahren. Mit einer Zeitmaschine.

Sie sagte Oh.

Ich sagte Ich würde ins Kolosseum gehen und mir die Gladiatoren anschauen.

Sie sagte Es könnte ein wenig brutal zugehen.

Ich sagte Ich würde gern die Retiarii sehen.

Sie sagte Welche sind das?

Ich sagte Das sind die mit Netzen wie Fischer und großen Gabeln.

Sie sagte Geschichte gefällt dir, nicht wahr, Philip?

Ich sagte Es ist mein Lieblingsfach.

Ich wollte noch sagen, dass Mrs. Fell meine Lieblingslehrerin war, aber ich tat es nicht.

Sie sagte Meins auch.

Ich sagte Alles, was mit Geschichte zu tun hat.

Sie sagte Ja.

Ich sagte Wollten Sie immer schon Lehrerin werden?

Sie sagte mit trauriger Stimme Nicht immer, nein.

Ich sagte Was wollten Sie denn werden?

Sie sagte Ach, alles Mögliche.

Ich sagte Was denn zum Beispiel?

Sie seufzte und sagte Schauspielerin.

Ich sagte Sie wären eine gute Schauspielerin geworden.

Sie lächelte und in ihren Augen ging ein Funkeln an und sie sagte Warum? Warum glaubst du das?

Ich sagte Weil Sie hübsch sind.

Ich sagte es einfach so, ohne nachzudenken. Und dann war es aus meinem Kopf heraus und mitten im Raum, in dem Becher mit den dicken Stiften und es kam aus dem Computer und raschelte aus den Papieren auf ihrem Schreibtisch.

Weil Sie hübsch sind weil Sie hübsch sind weil Sie hübsch sind.

Und meine Wangen wurden rot und das Rot war ansteckend, denn Mrs. Fell bekam es auch.

Sie sagte Ach, ich weiß nicht recht. Aber ich bin sicher, dass du es mit Schmeichelei noch weit bringen wirst, Philip.

Ich musste etwas sagen. Ich musste irgendetwas sagen, um das Weil Sie hübsch sind wegzuradieren, also sagte ich Meine Fische sind geschmolzen.

Sie sagte Wie bitte?

Ich sagte Meine Tropenfische sind geschmolzen. Das Wasser war zu heiß.

Sie sagte Oh, Philip, das ist ja schrecklich. Es tut mir so leid.

Ich sagte Was denn?

Und sie sagte Es tut mir leid, was deinen Fischen zugestoßen ist.

Mir war nie klar, warum jemand sagte Es tut mir leid, wenn er gar nichts für die Sache konnte, die ihm leidtat. So, als ob jeder auf dieser Welt ein klein wenig Schuld an allem tragen würde.

Ich sagte Es war mein Onkel Alan.

Sie sagte Oh, Philip, es war bestimmt

Ich sagte Er hat den Wärmeregler hochgedreht.

Sie sagte Hast du gesehen, wie er den Wärmeregler hochgedreht hat?

Ich sagte Nein, aber ich weiß, dass er es war.

Sie sagte Es war bestimmt ein Zufall. Das Leben ist voller Zufälle, Philip. Das ist eine der größten Lektionen der Geschichte.

Geschichte.

Fischichte.

Ich sagte Nicht, wenn man gläubig ist.

Sie sagte Wie bitte?

Ich sagte Wenn man gläubig ist, dann ist alles Gottes Schuld.

Sie sagte Also, ich

Ich sagte Glauben Sie, dass Kaiser Nero deswegen den Christen die Schuld gegeben hat?

Sie sagte Kaiser Nero?

Ich sagte An dem Feuer in Rom.

Sie sagte Ich weiß nicht. Ich glaube nicht, Philip.

Ich sagte Ich glaube das wohl, Miss. Ich glaube, das war der Grund.

Ich fand es komisch, dass Mrs. Fell alles für einen Zufall hielt, wo doch Ray Goodwin, ihr Dad, ermordet worden war, aber ich dachte, dass Mrs. Fell kein normaler Mensch war.

Und dann sagte ich Haben Sie jemals etwas Schlimmes getan? Mit Absicht?

Sie sah mich an und verschlang mich mit ihren Augen und sie wartete sehr lange und dann sagte sie Ja, Philip, ja.

Ich wollte sie fragen, was genau sie getan hatte, und ich glaube, sie hätte es mir auch gesagt, aber ich fragte sie nicht, weil ich immer noch an die Mrs. Fell in meinem Kopf glauben wollte, darum sagte ich überhaupt nichts.

KAISER NERO UND KAISER NEROS MUM

Ich hatte Angst davor, was mit mir passieren würde, wenn ich Onkel Alan tötete.

Ich hatte keine Angst davor, überführt zu werden, weil ich schlau war und es wie einen Unfall aussehen lassen würde, aber ich hatte Angst davor, noch mehr schlimme Taten zu begehen.

Wenn man erst einmal eine böse Tat begangen hat, dann verändert sich alles und am Schluss begeht man noch mehr böse Taten wie Kaiser Nero.

Ich hatte über Kaiser Nero in einem Buch aus der Schulbücherei über die Römer gelesen und da stand drin, dass Kaiser Nero recht nett angefangen hat. Er hatte einen Lehrer namens Seneca, aber wahrscheinlich musste er ihn Mr. Seneca nennen.

Kaiser Neros Mutter war komisch.

Sie heiratete ihren Onkel, Kaiser Claudius, der alt war und viel sabberte, und sie heiratete ihn und tötete ihn mit giftigen Pilzen, damit Nero Kaiser werden konnte.

Nero war noch ein Junge, als er Kaiser wurde.

Anfangs war er gut, weil er auf seinen Lehrer Mr. Seneca hörte, der gut war und dem es nicht gefiel, dass es Sklaven gab, auch wenn es allen anderen gefiel. Aber Neros Mum versteckte sich immer hinter den Vorhängen und brachte Nero dazu, das zu tun, was sie wollte.

Nero war noch eine Weile gut und versuchte, die Spiele abzuschaffen, bei denen sich die Gladiatoren gegenseitig töteten, aber alle liebten die Spiele, darum konnte er sie nicht abschaffen. Er musste stattdessen was anderes machen, beispielsweise Kriminelle zum Tod verurteilen. Das gefiel ihm nicht, aber er gewöhnte sich immer mehr daran, und einmal musste er Hunderte von Sklaven töten lassen, nur weil einer der Sklaven seinen Herrn umgebracht hatte und so war nun einmal das Gesetz. Nachdem er das getan hatte, wurde er böse.

Er vergiftete einen Kuchen auf einem Kindergeburtstag, damit sein Bruder starb, und der hieß BRITANNICUS und hätte vielleicht selbst Kaiser werden wollen. Und Töten ist wie Pringles, das sind Mums Lieblingschips: Einmal gepoppt, nie mehr gestoppt.

Dann tötete Nero seine Frau, weil er eine andere Frau heiraten wollte, die sehr hübsch war und Poppäa hieß, und ich glaube, das ist wie bei Onkel Alan, weil Onkel Alan ein Auge auf Carla, die Barfrau, geworfen hat. Ich habe gesehen, wie er ihren Hintern berührt, wenn er hinter der Theke an ihr vorbeigeht, um Chips zu holen. Er holt keine Pringles, er holt McCoys mit Cheddar-Geschmack und die lassen seinen Atem noch schlimmer riechen als sonst schon.

Onkel Alan könnte Mum töten, um Carla, die Barfrau, zu heiraten, und dann könnte er Carla, die Barfrau, töten, weil Kaiser Nero ausflippte und Poppäa tötete. Er trat ihr auf den Kopf, wenn er sauer war.

Und nun war Kaiser Nero älter und es war gar nichts Gutes mehr in ihm übrig. Es war alles verbraucht und darum tötete er nach dem Feuer viele Christen. Dann musste er immer weiter töten, um Kaiser zu bleiben, und dann tat er das Allerschlimmste, nämlich seine Mutter zu töten.

Neros Mum war sauer auf ihn und Nero hatte einen riesigen Streit mit seiner Mum, aber dann TAT er so, als würde er sich mit ihr versöhnen wollen, und lud sie auf eine Party ein und sie sagte Ja, ich komme zur Party.

Sie musste in einem Boot zur Party fahren, darum baute Nero ein spezielles Boot, das mitten im Meer auseinanderfallen sollte, damit sie ertrank. Aber das Boot sank nicht, es zerbrach nur. Als die Männer im Boot versuchten, es zum Sinken zu bringen, TAT die beste Freundin von Neros Mum so, als sei sie Neros Mum, und sagte Rettet mich, ich bin Neros Mum!!!

Die Freundin von Neros Mum war echt tapfer, weil sie wusste, dass man sie töten würde, und das hat man auch getan. Sie wurde mit den Rudern erschlagen, mit denen das Boot gerudert wurde.

Neros echte Mum floh und sie schrieb Nero einen Brief und in dem stand Es gab einen Bootsunfall, aber ich lebe, mach dir keine Sorgen!!!

Und Kaiser Nero wurde wütend und schickte zwei Männer zu ihr und sie taten so, als ob sie nachsehen wollten, ob es ihr auch gut ging.

Sie sagten Geht es Ihnen gut?

Und Neros Mum sagte Ja.

Dann zog einer der Männer einen großen Holzknüppel heraus, wie einen Baseballschläger, und fing an, auf sie einzuschlagen. Und dann zog der andere Mann sein Schwert und sie wusste, dass Nero versuchte, sie töten zu lassen, darum hob sie ihr Kleid und legte ihren Bauch frei und wies darauf und sagte Erdolcht mich hier, denn von hier kam Nero.

Sie sagten Ist gut.

Und dann erdolchten sie sie und Nero erzählte allen Sie hat sich selbst umgebracht.

Er TAT so, als sei er traurig, wie Onkel Alan so TAT, als sei er traurig, als Dad starb.

Und dann vertraute Nero überhaupt niemandem mehr, nicht einmal Mr. Seneca, den er dazu brachte, sich selbst zu töten. Aber egal, wie viele Menschen Nero tötete, er war niemals sicher. Und das liegt daran, dass das Töten kein Stein ist, den man wegwirft, es ist ein Bumerang, der zu einem zurückkommt und einen am Kopf trifft.

Am Ende wollten Neros eigene Soldaten ihn loswerden und sie zogen los, um sich Nero zu krallen, also tötete Nero sich selbst, aber nicht ordentlich, sodass einer der Soldaten ihn richtig töten musste.

Und in dem Buch, das ich aus der Schulbücherei hatte, stand ganz unten auf der Seite

> Als Nero auf die Welt kam, weissagte ein Astrologe: »Er wird Kaiser werden und seine Mutter töten.«

Und er wurde Kaiser und tötete seine Mum. Ich weiß nicht, was ein ASTROLOGE sagte, als ich auf die Welt kam, aber es ist echt doof, dass alles, was passieren wird, vielleicht jetzt schon in den Sternen steht und ich es nicht ändern kann und Onkel Alan es nicht ändern kann und niemand es ändern kann. Nicht einmal Mum, die immer in ihren Zeitschriften die Horoskope liest und früher immer sagte Diese Woche wird eine gute Woche. Das steht hier.

Sie sagte es jede Woche und sie sagte es auch in der Woche, als Dad bei dem Autounfall starb, darum müssen die Sterne einige Dinge geheim halten und sie den Zeitschriften nicht mitteilen. Und die Geheimnisse über meine Zukunft sind jetzt am Himmel geschrieben und ich kann sie nicht ändern, ich kann gar nichts ändern, nicht einmal diese Worte und diesen Punkt.

DER KONDOMAUTOMAT

Es gefällt Dads Geist nicht, wie Onkel Alan den Pub verändert hat. Dads Geist mag die Spielautomaten nicht, auch nicht Wer wird Millionär? Oder das Karaoke oder das Pub-Quiz oder den Automaten in der Toilette.

Der Geist sagt nur Automat. Er sagt nie den ganzen Namen, nämlich Kondomautomat, weil er glaubt, ich wüsste nicht, was ein Kondom ist. Ein Kondom ist, was Männer auf ihren Pimmel ziehen, wenn sie keine Babys haben wollen. Man verwendet Kondome auch für Wasserbomben und Dominic Weekly hat eines am Hadrianswall über seinen Kopf gezogen und es aufgeblasen, bis es platzte.

Es ist komisch, dass Dads Geist findet, das Wort KONDOM sei gefährlicher, als Onkel Alan zu töten, aber genau darum glaube ich, dass Dads Geist in Wirklichkeit immer noch Dad ist. Der Automat hat verschiedene Arten von Kondomen wie GERIPPT und MIT NOPPEN und MIT FRUCHTGESCHMACK und BUNTE MISCHUNG mit CURRY-GESCHMACK.

Kondom ist ein komisches Wort.

Kondom.

Kondom.

Kondom.

Kondom.

Es klingt ein wenig wie Kondor und das ist ein Geier und Geier fressen tote Tiere!!!!

DIE TICKENDEN UHREN

Ich wollte Onkel Alan am Wochenende töten, weil ich nämlich einen neuen Plan hatte, aber ich hatte ganz vergessen, dass ich mit Mum nach Sunderland fuhr. Darum musste ich bis hinterher warten, was in Ordnung war, weil es ja nur eine Nacht war, und es war immer noch ein wenig Nicht-Zeit übrig, denn Dads Geburtstag war noch meilenweit weg.

Sunderland ist der schlimmste Ort von England. Von da kommt Mum und dort lebt Oma. Mum liegt Oma ständig in den Ohren, in die Nähe von Newark zu ziehen, aber Oma will nicht. Sie will in Sunderland wohnen bleiben und Mum sagt immer Du hast doch Angst, aus dem Haus zu gehen.

Oma sagt Es ist doch überall dasselbe.

Mum sagt Nein, Mam, das ist es nicht.

Oma sagt Außerdem kann ich George nicht verlassen.

George ist Opa und er starb 2002, und zwar am 10. September, aber Oma redet immer, als ob er noch lebte, obwohl sie weiß, dass er in Wirklichkeit tot ist.

Oma liebt mich immer. Ich weiß nicht, warum. Ich mache nichts Besonderes. Ich sitze nur da und esse Kekse. Aber sie lächelt mich immer an, als ob hinsetzen und Kekse essen ein ganz besonderer Trick wäre.

Es war Samstag und wir standen um elf Uhr vor ihrer Tür und sie öffnete um elf Uhr fünf die Tür und gab mir einen haarigen Kuss.

Mum war wie ein zu eng geschnürter Schuh mit Doppelknoten und das lag daran, dass sie Angst hatte, Oma von Onkel Alan zu erzählen.

Und anfangs redete Mum nicht über Onkel Alan. Sie redete von all den Läden und Häusern in der Nähe von Omas Haus, die tot waren, mit Holz über den Fenstern, und Oma sagte Es ist doch überall dasselbe.

Oma macht die Tage in ihrem Haus länger. Sie tut das mit einer Uhr. Die Uhr steht auf einem Sims über dem Kamin. Es ist eine kreisrunde Uhr mit römischen Ziffern und Goldrand und sie steht auf einem Sockel in der Form eines Grabes. Sie ist weiß und es sind Blumen und Pflanzen und Schmetterlinge darauf gemalt und sie geht TICK TACK TICK TACK TICK TACK den ganzen Tag, aber es ist die langsamste Uhr auf der ganzen Welt und sie bleibt eine halbe Stunde lang auf 20 nach 12 stehen.

Oma macht den ganzen Tag nichts anderes als ihre Kreuzstiche und ihr Kreuzworträtsel und Es ist ein Kreuz sagen, wenn sie Nachrichten sieht oder aus dem Fenster guckt, wo junge Mädchen mit Babys vorbeigehen.

Und dann, als es immer noch zwanzig Minuten nach zwölf war, sagte Mum, dass sie Onkel Alan heiraten würde, und Oma lachte, als ob es ein Witz wäre. Aber Oma lacht nie, darum denke ich, dass sie wusste, dass es Wirklichkeit war.

Mum sagte Mam, es ist mir ernst.

Oma sagte Aber ja, Liebes, natürlich.

Mum sagte Mam, bitte. Hör mir zu. Wir werden heiraten.

Oma hustete, während Mum sprach, und sagte Es steckt in meiner Brust. Es will sich einfach nicht lösen.

Sie zog ein Taschentuch heraus. Sie hob es vor den Mund und spuckte grüne Schleimklumpen hinein. Von ihrem Mund zum Taschentuch zogen sich Sabberfäden wie die Drähte an alten Straßenbahnen und dann rissen die Fäden und blieben am Taschentuch hängen und sie sagte Was hast du gesagt, Liebes?

Mum sagte Alan hat mich gebeten, ihn zu heiraten, und ich habe Ja gesagt.

Oma sagte nichts und dann sagte sie Niemals.

Mum sagte Jetzt weiß ich, was du denkst.

Oma sagte Ich denke gar nichts.

Mum sagte Du findest, es sei zu früh.

Oma sagte Ein Monat? Warum nicht.

Mum sagte Zwei Monate, es ist jetzt zwei Monate her.

Oma sagte Also schön, zwei Monate. Ich bin überrascht, dass du dich nach zwei Monaten überhaupt noch an Brians Namen erinnerst.

Mum sagte Mam, bitte.

Oma sagte Reichlich Zeit für Brian, sich im Grab umzudrehen. Jedenfalls ist es absolut vernünftig, seinen Bruder zu heiraten. Da musst du nicht einmal deinen Nachnamen ändern.

Oma sah mich an und dann sah sie Mum an und ihr Blick wurde scharf und sie sagte Du willst das diesem armen Jungen wirklich antun?

Mum sagte Was antun?

Oma sagte Der arme Kleine tut mir von Herzen leid.

Jetzt war ich also ein Kleiner. Nach der Beerdigung war ich ein Mann, aber jetzt war ich ein Kleiner.

Mum sagte Mam, lass das.

Oma sagte Sein Dad stirbt und du fängst etwas mit seinem Onkel an. Wirklich, was versuchst du ihm anzutun?

Mum sagte Philip, geh in den Garten und spiele.

Ich sah durch die Fensterscheibe auf die Veranda und ich sah auf die weißen Linien der Jalousie, die von oben nach unten verliefen wie Gitter in einem Gefängnis.

Der Garten war nichts und bot nichts. Nicht einmal einen Ball. Es sah kalt aus und ich blickte zum Himmel mit den dicken Wolken, die wie Gehirne aussahen, und ich sagte Es ist kalt.

Oma musterte mein T-Shirt und sagte Bei diesem Wetter braucht er mehr als ein T-Shirt.

Mum sagte Er hat eine Jacke.

Oma sagte Ach, die ist doch viel zu dünn. Da kannst du ihm auch gleich eine Mülltüte überziehen.

Mum sagte Es ist nicht so kalt wie in Newark.

Oma sagte Ach so, Newark liegt ja praktisch gleich neben den Pyramiden. Und der Trent fließt in den Nil.

Mum sagte Philip, geh bitte einen Augenblick ins Gästezimmer, während ich mit deiner Oma rede.

Also ging ich ins Gästezimmer, das im selben Stock liegt, weil Omas ganzes Haus auf demselben Stock liegt. Es ist ein Bungalow, weil Oma keine Treppen steigen kann wegen ihrer Hüfte, die aus Metall ist. Das Metall heißt Titanium und wenn man einen richtig großen Magneten hätte, dann könnte man Oma damit heransausen lassen, und wenn man ihn an eine Wand hebt, wenn sie im Zimmer nebenan wäre, dann könnte man sie dort an der Wand festpinnen. Wenn der Magnet hoch oben wäre, könnte man sie vom Boden lupfen und sie säße an der Wand fest und könnte nichts erreichen. Die Wände sind nämlich dünn wie Papier. Große, weiße Blätter Papier.

Wegen ihrer Metallhüfte läuft Oma mit einem verzerrten Gesicht herum, weil es wehtut. Sie hat zwei Krücken aus Metall, darum geht sie, als hätte sie vier Beine, als ob sie eine Art Weberknecht auf dem Wasser wäre. Sie hat auch einen schlimmen Rücken.

Sie hat Ost…irgendwas…ose.

Das bedeutet, dass ihr Rücken wie ein Fragezeichen aussieht und dass sie schrumpft. Sie war einmal richtig groß und jetzt ist sie so groß wie ich und eines Tages kommen wir zu Besuch und Mum wird sagen Wo ist denn Oma abgeblieben?

Dann wird sie auf dem Teppich stehen, einen Zentimeter groß, und sie wird sagen Hilfe Hilfe Hilfe ich schrumpfe und vielleicht verlieren wir sie dann noch einmal und Mum wird wieder sagen Wo ist denn Oma abgeblieben? Und dann schaue ich auf meine Schuhe und Oma wird am Kaugummi auf meiner Schuhsohle kleben und sagen Helft mir helft mir ich klebe im Kaugummi.

TICK TACK TICK TACK

Mums Stimme wurde lauter und ihre Worte drangen durch die Papierwand in ganzen Stücken und sie lauteten Glaubst du vielleicht, es war leicht für mich? Es war schrecklich. Du hast ja keine Ahnung. Brian hat ein Chaos hinterlassen. Ich hatte keine Ahnung, wie viele Schulden er gemacht hat. Und wie viel Geld wir durch den Pub verloren haben. Er hat mir nie auch nur ein verdammtes Wort gesagt. Und neben allem anderen musste ich mich dann auch noch mit diesem Bankkram herumschlagen. Philip hat in der Schule dauernd Probleme. Ich sorge mich zu Tode, so wie er sich benimmt. Und Alan war so nett und so freundlich und hat uns mit Geld geholfen und mit

Und dann wurden ihre Worte wieder leiser und kamen nur in halben Stücken durch die Wand irst da ni verh kö und ich konnte die Stücke nicht zusammensetzen.

Ich versuchte zu lauschen, aber neben dem Gästebett machte eine andere Uhr tick tack. Sie stand neben dem Foto von Opa, wo er gar nicht wie Opa aussah, weil er so jung war und ganz ausgebleicht. Es war ein altes Foto aus alter Zeit, als alles bleich und gezackt war, und sein Blick wirkte traurig, als ob er seine Zukunft kennte. Als ob er wüsste, dass er auf dem Sofa enden würde und immer dünner würde, weil er nichts essen konnte, weil ihm vom Essen immer gleich übel wurde.

Und zwischen dem Tick-tacken der Uhr weinte Mum. Sie weinte jetzt andauernd. Ich wusste nicht, ob sie wegen mir weinte oder wegen dem Geld oder wegen Dad. Ich glaube, sie weinte wegen mir.

Ich sah aus dem Fenster und da war nichts außer der Wand vom Nebenhaus.

Ich fühlte mich komisch und ich sagte Hallo.

Ich weiß nicht, ob ich einfach nur meine Stimme hören wollte, um zu sehen, ob ich real war, aber es klang nicht wie meine Stimme und die Uhr wurde immer lauter TICK TACK TICK TACK TICK TACK und ich setzte mich aufs Bett und dann legte ich mich hin und die Kreise an der Decke fingen an zu wirbeln und meine Haut juckte und ich dachte plötzlich über Dinge nach, über die man sonst nicht nachdenkt – wie einatmen und ausatmen – als ob ich aufhören würde zu atmen, wenn ich nicht daran dachte, und die Luft war anders, wie Coke anders ist als Pepsi, und es war Cocacolaluft und keine Pepsiluft und ich sagte noch mal Hallo, aber meine Stimme war immer noch weit von mir weg.

Mein Herz schlug wieder so seltsam, ohne Pausen, und ich dachte, warum bin ich ich, warum bin ich nicht Mum, warum bin ich nicht die tickende Uhr, warum bin ich kein Fisch, warum bin ich kein Laib Brot, warum bin ich am Leben, wo die meisten Menschen tot sind, woher weiß ich, dass ich ich bin, woher weiß ich, dass ich lebe, und ich dachte, es muss gut sein, tot zu sein, nicht tot, wie Dad tot war, aber nichts zu sein, wie wenn man schläft, aber dann dachte ich, vielleicht wäre es ein schlimmer Schlaf mit vielen Albträumen wie der, den ich in der Nacht zuvor gehabt hatte, als ich in der schwarzen Schachtel feststeckte, und dann fing meine Hand an zu zittern und ich bekam Angst, weil meine Hand zitterte, und ich dachte, ich müsste sterben, und ich rief Mum! Mum! Mum!

Mum kam herein und öffnete die Tür und ihre Augen waren rot und sie sah mich an und sagte Philip, was ist los?

Und weit weg sagte meine Stimme Ich weiß nicht, mir ist komisch, ich weiß nicht, meine Hände zittern.

Und sie kam und legte die Hand auf meinen Kopf und auf mein Herz und setzte sich neben mich auf das Bett und sagte Ist schon gut, ist schon gut, Philip, du hast einen kleinen Panikanfall. Ist schon gut.

Und Oma stand wie ein Weberknecht in der Tür mit ihren silbernen Vorderbeinen und sie sagte Nicht grübeln, mein Kleiner und Mum sagte Hol tief Luft, Philip und ich sagte Muss ich sterben? Und sie sagte Nein, was eine Lüge war, aber ich glaube, sie meinte Nicht gerade jetzt, und sie sagte Los, tief durchatmen und ich saugte die Cocacolaluft in großen Zügen ein und fühlte mich immer noch leer und die Uhr wurde immer lauter

Tick

Tack

Tick

HEIMKEHR

Wir waren auf der Autobahn auf dem Weg nach Hause und Mum sagte Morgen nach der Schule gehen wir zum Arzt, okay? Wir bringen dich morgen zu Dr. Crawford. Okay, Philip? Ist das okay?

Wir fuhren eine Meile, was eine Minute dauerte, und dann sagte ich Ja, okay.

Und die Autobahn zog sich ewig hin und Mum sagte Wir werden uns verspäten. Ich schicke Nooks besser eine SMS und sage ihr, dass ich zu spät fürs Training komme.

Mum zog das Handy aus ihrer linken Busentasche und tippte den Text mit einer Hand und lenkte das Steuer mit der anderen Hand und ihre Augen gingen Handy Straße Handy Straße.

Und ich dachte, wir könnten jetzt sterben, wir könnten jetzt in die Straßenbegrenzung krachen und alle anderen würden auffahren und mir gefiel dieser Gedanke.

Ich sah aus dem Fenster bei sechzig Meilen in der Stunde und der Grünstreifen löste sich auf und die anderen Autos fuhren fast genau im gleichen Tempo und Mums Auto spazierte an ihnen vorbei und wir überholten einen Lastwagen und der Fahrer sah zu mir herunter, als wir vorbeifuhren, und dann überholten wir ein Auto und es saßen zwei Mädchen, zwei Zwillinge auf dem Rücksitz, aber es waren kleine Mädchen, vielleicht erst acht oder so.

Sie winkten mir aus dem Fenster zu.

Ich sah sie einfach nur an, bis sie aufhörten zu winken, und dann sah ich den Dad und die Mum auf den Vordersitzen an und sie lachten und die Mum drehte sich zu den Zwillingsmädchen um und der Dad sagte etwas. Ich weiß nicht, was er sagte, aber es war etwas Nettes wie Wollt ihr in ein Little Chef?

Und ich sah den Dad an und er trug ein Polohemd und er hatte einen Bart wie Kaiser Hadrian, der eine Narbe im Gesicht hatte. Deshalb trug er einen Bart und ich fragte mich, ob der Mann auch eine Narbe im Gesicht hatte, und ich fragte mich, ob er auch auf Trick-or-Treat-Runden ging. Er merkte, dass ich ihn aus dem Fenster ansah, und ich lächelte und er lächelte mich an und ich fragte mich, ob ihm Mum gefallen würde.

Ich dachte, das würde sie bestimmt. Mum war hübscher als die Mum im Auto. Mum war nicht so hübsch wie Mrs. Fell, aber Mrs. Fell war wahrscheinlich die hübscheste Frau in ganz England.

Das Auto mit dem Dad und der Mum und den Zwillingen bog ab und der Mann würde Mum niemals kennenlernen und sich in sie verlieben und ihre Lippen küssen und sie vor Onkel Alan beschützen.

Es war jetzt weder Tag noch Nacht, es war ein Mittelding und wir kamen an einem Schild vorbei, auf dem stand Newark 42 und Mum sagte Lass uns Musik hören.

Sie schaltete das Radio ein und es kam ein Lied und die Frau, die sang, hatte eine Stimme wie eine Bettdecke, die einen umhüllt und einen wärmt, und ich sah Mum an und Tränen glänzten in ihren Augen und eine Träne rollte über ihr Gesicht und verwischte ihr Make-up und ich sagte Warum weinst du?, denn ich wollte wissen, warum sie weinte.

Und Mum wischte die Träne fort und wechselte auf die langsame Spur und sagte Ich weiß nicht, Philip, bitte, ich weiß es nicht.

Ich sah aus dem Fenster auf die lila Wolken am Himmel, der immer dunkler wurde, und ich schloss die Augen und der Mann, der aussah wie Kaiser Hadrian, öffnete seine Wagentür und lächelte seinen Hund an und fuhr mit der Hand über den Kopf des Hundes und die Zwillinge rannten ins Haus.

DIAZEPAM

Ich mag Dr. Crawford nicht.

Er ist der Arzt, der in den Sommerferien, bevor Dad starb, mein Pimmelende abgeschnitten hat, weil die Haut zu eng wurde, wenn ich an Mädchen dachte. Ich musste ins Krankenhaus und ich bekam eine Spritze und musste einschlafen, während eine Krankenschwester rückwärtszählte zehn neun acht sieben Schlaf. Nach der Operation wachte ich auf und es war alles weiß wie im Himmel, aber es tat weh und ich schaute in meine Pyjamahose und da waren große Stiche wie Dornen. Es war übel, weil ich wie ein Buckliger laufen musste, und ich durfte meine Pyjamahose nicht berühren, darum musste ich das Gummiband richtig weit weg halten, als ob ich einen unsichtbaren fetten Bauch hätte. Als ich an die neue Schule kam, war es noch ein wenig wund, aber die Fäden waren weg. Die fielen einfach heraus, sobald ich an ihnen zupfte, wenn ich zum Pinkeln ging. In der ersten Woche an der neuen Schule musste ich zum Sport und es war Rugby und Mr. Rosen ließ uns duschen. Danach nannten mich Dominic und Jordan Helmchen, weil es aussah wie ein Helm von einem römischen Soldaten, und sie nannten mich Judensack und ich wusste nicht, warum, und Dad sagte Juden werden auch beschnitten und ich sagte Warum?, aber er wusste nicht, warum.

Dr. Crawford trägt eine Brille. Ich weiß nicht, warum er eine Brille trägt, denn er blickt ständig über sie hinweg, das Kinn an den Hals gepresst. Dr. Crawford ist alt. Er hat Falten im ganzen Gesicht, als ob er eine Faltkarte wäre, die man nicht wieder zusammenlegen kann, und er fragte Mum Na, wo fehlt's denn?

Mum sagte, dass mein Herz richtig schnell geschlagen hätte und dass ich schlafwandelte und sie erzählte das mit meinem Atem und dass ich manchmal zitterte und alles andere auch und Dr. Crawford sah mich über seine Brille hinweg an, während er auf seinem Stuhl saß und die langen Beine übereinandergeschlagen hatte, und nickte ruckartig zu Mums Worten, als ob die Worte Futter wären und er ein Vogel, der es aufpickte.

Und als Mum fertig war, sagte Dr. Crawford Das sind alles klassische Anzeichen einer Panikstörung, die in seinem Fall wahrscheinlich dadurch hervorgerufen wird, dass der Tod seines Vaters eine solche Beschneidung war.

Ich weiß nicht, ob das Wort Beschneidung lautete, aber so klang es.

Mum sagte Oh.

Und er schob seine langen Flamingobeine unter seinen Schreibtisch und fing an, etwas aufzuschreiben, und Mum sagte Wird er wieder gesund?

Dr. Crawford sagte Ja. Ich bin sicher, dass es ihm bald wieder gut geht, Mrs. Noble. Wir müssen nur sein Nervensystem in den Griff bekommen und das ADRENALIN, das seinen Herzschlag erhöht.

Mum sagte Ich verstehe. Was sind das für welche? Die Pillen, meine ich. Das sind doch kei

Dr. Crawford sagte Das Medikament heißt DIAZEPAM.

Mum sagte Sind das, Sie wissen schon, sind das … ich meine, können Kinder es vertragen?

Dr. Crawford sagte In der Dosis, die ich verschreibe, ja, da ist es für Kinder in Philips Alter absolut geeignet.

Und Dr. Crawford reichte Mum den Zettel und Mum betrachtete die Handschrift, aber sie verstand die Arztsprache nicht, weil nur Apotheker die Arztsprache verstehen, also ging sie mit mir auf die andere Straßenseite zur Apotheke und besorgte mir die Tabletten und sie sagte Jetzt geht es dir bald besser, Philip. Du wirst dich wieder pudelwohl fühlen.

Hallo.
Hallo.
Hallo.
Hallo.
Hallo.
Hallo.
Hallo.
Hallo.
Hallo.
Hallo.
Hallo.
Hallo.
Hallo.
Hallo.
Hallo.
Hallo.
Hallo.
Hallo.
Hallo.
Hallo.
Hallo.
Hallo.
Hallo.
Hallo.
Hallo.

FERNSEHEN MIT MUM

Ich saß mit Mum auf dem Sofa im Wohnzimmer. Sie arbeitete nicht hinter der Theke, weil sie sich vergewissern wollte, dass es mir gut ging. Sie sagte im Flüsterton Hast du deine dritte Tablette genommen?

Ich sagte Ja.

Onkel Alan schlief in Dads Sessel in seiner blauen Werkstattuniform und er schlief wie ein Radio zwischen den Sendern und sagte manchmal Worte, die ich nicht hören konnte, und manchmal pfiff er durch die Nase.

Ich sah mit Mum die Nachrichten an.

Mum mochte die Nachrichten nicht. Sie sah gern berühmte Leute, die im Dschungel Insekten aßen. Die Nachrichten waren nur eingeschaltet, weil die Fernbedienung unter Onkel Alan lag und Onkel Alan schlief.

Auf dem Bildschirm explodierte gerade eine Bombe im IRAK und Menschen waren tot, Kinder und Erwachsene, und andere Menschen rannten mit blutigen Gesichtern herum und weinten und schrien den Bildschirm an, als ob sie uns anschrien. Es gab einen Mann, der nicht schrie, und der sagte Die Menschen hier auf den Straßen dieser Stadt fürchten allmählich, dass sie in einem endlosen Kreislauf der Gewalt gefangen sind.

Mum hielt meine Hand und sagte Was für eine schreckliche Welt.

Und ich sagte gar nichts. Ich ließ einfach meinen Kopf auf ihre Schulter sinken und ich konnte Mums Haar riechen und ihr Shampoo, das heißt Herbal Essences und es war schön. Sie küsste meinen Scheitel und ich wünschte mir, es gäbe nur mich und Mum und nicht Onkel Alan, der Radiogeräusche machte, und meine Augen wurden müde und die Fernsehbilder verschwammen, als ob der Bildschirm ins Zimmer leckte, und die Farben des IRAK vermischten sich mit dem roten Teppich in langen, dünnen Linien, wie wenn Dads Geist kommt.

Und ich sagte leise in ihre Bluse und in ihren Busen Heirate ihn nicht.

Aber Mum konnte es nicht hören, also sagte ich noch mal Heirate Onkel Alan nicht.

Dieses Mal hörte mich Mum und sie stieß mich von ihrer Schulter und sagte mit gebrülltem Flüstern Philip, hör damit auf. Bitte, hör damit auf.

Ich sagte Mum, geh nicht mit ihm ins Bett. Bitte, Mum, tu das nicht. Er hat getötet.

Und dann sagte ich es, ohne nachzudenken.

Er hat Dad getötet.

Und Mum sah mich einfach nur an und ich hatte zum zweihundertsten Mal Tränen in ihre Augen gebracht und sie sagte immer noch flüsternd, aber weinend Philip, warum bist du so? Warum tust du mir das an? Warum sagst du so was Schreckliches? Warum hörst du nicht damit auf, Philip? Es ist endlos, Philip, es ist endlos.

Und ich glaube, endlos steckte noch in ihrem Kopf, weil der Nachrichtenmann es gesagt hatte, sonst sagt sie nämlich niemals endlos.

Ich sagte Dads Geist kommt und besucht mich und er sagt, dass Onkel Alan

Und Mum sprach in meine Worte hinein und sagte Philip, hör auf. Philip, hör auf. Du musst damit aufhören, Philip, oder sie kommen und holen dich, Philip. Sie nehmen dich mit, wenn du sagst, dass du Geister siehst, oder wenn du weiter Gegenstände kaputt schlägst, Philip. Bitte, Philip. Versuch es einfach, Philip. Für mich. Für mich, Philip. Für mich.

Und dann hörte sie auf zu reden und hörte auf zu weinen und wischte sich über die Augen und verschmierte das Schwarz von ihrem Make-up über ihr Gesicht, weil Onkel Alan aufwachte und die Lippen aneinanderrieb und sich mit seinen Automotorhänden über das Gesicht wischte.

Onkel Alan sah zum Fernseher und sagte Sind das immer noch die verdammten Nachrichten?

Mum sagte Ja, genau, ja.

Onkel Alan sagte Hast du es ihm gesagt?

Ich spürte, wie sich Mums Körper anspannte.

Mum sagte Nein.

Dann sagte Mum Wir können es am 22. machen.

Ich sagte Was?

Sie sagte Da hat jemand abgesagt.

Ich warf einen Blick auf die rennenden Leute auf dem Bildschirm und sie schrien immer noch.

Sie sagte Beim Standesamt.

Onkel Alan sagte Ist das nicht toll?

Und ich sah ihn an, aber der Wut-Schalter in meinem Gehirn funktionierte nicht. Ich versuchte, ihn zu betätigen, und versuchte es immer wieder, aber das Einzige, was ich fühlte, war Müdigkeit, darum tat ich gar nichts. Ich schlief einfach an Mums Schulter ein.

stirb stirb stirb stirb stirb stirb stirb stirb stirb stirb stirb
stirb stirb stirb stirb stirb stirb stirb stirb stirb stirb
stirb stirb stirb stirb stirb stirb stirb stirb stirb
stirb stirb stirb stirb stirb stirb stirb stirb
stirb stirb stirb stirb stirb stirb stirb
stirb stirb stirb stirb stirb stirb
stirb stirb stirb stirb stirb
stirb stirb stirb stirb
stirb stirb stirb
stirb stirb
stirb

DIE TICKENDEN TAGE

Tick tack tick tack tick tack tick tack tick machte die Zeit vor der Hochzeit und Dads Geist sagte mir immer wieder, ich solle Onkel Alan töten, aber ich wusste nicht, wie, und mein Gehirn arbeitete langsamer als sonst.

Mir kam der Gedanke, den Rest des Natrium-Metalls in die Zuckerdose zu füllen, weil Onkel Alan immer fünf Stück Zucker in seinen Tee nahm, und dann wäre seine Tasse eine Bombe und würde ihm ins Gesicht explodieren.

Aber dann fand ich, das sei eine schlechte Idee, weil Mum manchmal seinen Tee zubereitete und selbst wenn sie seinen Tee nicht machte, war sie manchmal mit ihm in der Küche, wenn er seinen Tee machte, und manchmal gab sie auch Zucker auf ihre fettarmen Cornflakes, darum musste ich einen anderen Weg finden, Onkel Alan zu töten.

Aber die Tage tick tack tickten immer weiter und Dads Geist sagte Es liegt an den Tabletten, Junge, die machen dich langsam. Nur noch knapp einen Monat, dann ist die Nicht-Zeit vorbei. Nur noch 29 Tage bis zum 10. Dezember. 29 Tage. Noch weniger bis zur Hochzeit.

Ich sagte Ich weiß.

Er sagte Hör auf, die Tabletten zu nehmen, Philip. Hör auf, sie zu nehmen. Sie machen dich schwach.

Tick tack tick tack tick tack.

Sie machen dich

Woche sieben sechs fünf vier drei zwei eins

Ich sagte Ich fühle mich aber besser damit.

Dads Geist sagte Hör auf, sie zu nehmen. Bitte. Hör auf, sie zu nehmen.

Tick tack tick tack tick tack machten die Tage und dann wachte ich auf und es war der Morgen der Hochzeit, der 22. November.

Mum kam in mein Zimmer und sagte Hast du deine Tablette genommen?

Und ich sagte Ja.

Aber es war eine Lüge.

DAS TROPF TROPF UND DER WINDSORKNOTEN

Onkel Alan war im Bad gewesen. Ich konnte sein neues Badesalz riechen und ich konnte seinen Haufen im Klo riechen. Ich stieg in die Wanne und ich lag einfach nur da und ich dachte gar nichts, ich lauschte nur dem tropf tropf tropf tropf tropf tropf tropf tropf tropf tropf des Wasserhahns.

Zwischen dem tropf tropf tropf hörte ich die Stimmen von Mum und Onkel Alan und Onkel Alan sagte Ich sehe gar nicht übel aus, wenn ich das selbst sagen darf.

Mum sagte Sind meine Schuhe in Ordnung? Wirken sie nicht zu aufgedonnert mit dem Kleid? Sind sie nicht zu hoch? Wie sehe ich aus?

Und Onkel Alan sagte Wie ein Filmstar. Wie aus einem Hochglanzheft.

Und dann ging Onkel Alan an der Tür vorbei und die Treppe hinunter und er pfiff, was er die ganze Woche schon gepfiffen hatte.

Das Pfeifen war Hei, heute Morgen mach ich Hochzeit, ding, dong, bald bimmelt's wunderbar, ding, dong, nur bringt mich pünktlich zum Altar tropf tropf tropf tropf tropf tropf tropf tropf tropf tropf tropf tropf.

Und Mum sagte hinter der Tür Philip, mein Schatz. Philip? Philip?

Und ich sagte Was?

Und sie sagte Wir müssen eine halbe Stunde vorher auf dem Standesamt sein, Philip. Bist du bald fertig?

Und ich sagte Ja.

Und Mum sagte Ich geh und schau nach Oma.

Ich blieb noch ein wenig länger, bis das Wasser kalt war wie das kälteste römische Bad, das ist das Frigidarium, und da gingen die Römer nach dem Tepidarium hin, dem lauwarmen Bad, und das Calidarium war das heiße Bad und dann stieg ich aus der Wanne und trocknete mich ab und trocknete meinen Kopf unter dem Handtuch und es gefiel mir unter dem Handtuch. Es war wie eine andere Welt. Wie eine grüne Handtuchwelt, die ganz weich war.

Onkel Alan war vier Stunden Autobahn gefahren, nur er und Oma, in der Nacht zuvor. Oma hasst ihn und Onkel Alan hasst Oma, aber Menschen hassen sich immer und tun so, als sei das nicht so. Darum dreht es sich beim Menschsein.

Ich verließ das Badezimmer, mein grünes Handtuch wie einen Rock um mich gewickelt, und ich ging auf mein Zimmer.

Mum hatte meinen Anzug herausgelegt und es war derselbe Anzug, den ich bei Dads Beerdigung getragen hatte, aber mit einem hellen, weißen Hemd, nicht mit einem dunkelblauen Hemd. Ich sah den Anzug auf dem Bett an und er sah komisch aus, als ob mich jemand mit einer Dampfwalze platt gerollt hätte oder mich flach wie Papier geklopft hätte.

Mum redete unten mit Oma, aber ich konnte die Worte nicht hören. Ich zog den Anzug an. Ich stopfte das Hemd in die Hose, nachdem ich die Jacke angezogen hatte, was gar nicht so einfach war. Mein Gehirn war immer noch ein wenig langsam von den Tabletten, aber es wurde schon schneller. Dann band ich die Krawatte um und als ich die Krawatte umband, sah ich nicht in den Spiegel, ich sah in die Luft, die das Wasser gewesen war, in dem die Fische geschmolzen waren.

Und ich sah Gertie in der Luft schwimmen. Gertie ganz allein beim Schwimmen. Ich versuchte, sie zu berühren, aber da war nichts, und ich ging aus dem Zimmer und stellte mich an den Treppenabsatz und Onkel Alan kam mit Elefantenschritten die Treppe hoch und sagte Alles in Ordnung, Kleiner?

Ich sagte Ja.

Er trug seinen engen Anzug und sein Hals quoll heraus.

Er sagte Soll ich dir die Krawatte richten?

Ich sagte Was?

Er sagte Deine Krawatte sitzt ganz schief.

Ich sagte Oh.

Er sagte Soll ich dir einen Knoten wie meinen binden?

Ich betrachtete Onkel Alans Knoten. Es war ein kleines Dreieck, das auf dem Kopf stand, und er sagte Das ist ein Windsorknoten.

Ich sagte Keine Ahnung

Er sagte Das ist ein spezieller Hochzeitsknoten.

Ich wollte nicht, dass er mir einen Windsorknoten band, aber seine großen Hände lagen bereits auf meiner Krawatte und er knotete sie auf und dann schlug er meinen Kragen hoch und ich dachte, er würde das Leben aus mir herausquetschen, wie es Schlafauge Terry hatte tun wollen, und Mum und Nan würden nichts hören. Aber er tat es nicht.

Ich sah Dads Geist auf der Treppe hinter Onkel Alan und ich stand auf der obersten Stufe und Onkel Alan stand zwei Stufen unter mir, darum konnte ich über seine Schulter sehen und Dads Geist sagte Jetzt ist die Zeit gekommen, Philip.

Ich sagte Was?

Onkel Alan zog die Krawatte durch den Knoten und er sagte Ich habe nichts gesagt.

Dads Geist sagte Jetzt oder nie, Philip. Stoß ihn die Treppe hinunter, Philip. Stoß mit all deiner Kraft zu.

Ich sagte Ich ich ich

Onkel Alan sagte Fehlt dir was?

Dads Geist sagte Töte ihn, töte ihn jetzt, Philip, bevor er sie heiratet.

Ich sagte Ich will nicht.

Onkel Alan sagte Ich bin schon fast fertig, mein Junge.

Dads Geist sagte Tu es, Philip. Tu es, bevor es zu spät ist.

Und ich schloss die Augen und hob die Hände und Dads Geist sagte Stoß zu, stoß zu, stoß zu.

Und ich wollte zustoßen. Ich war ganz kurz davor. Aber da hörte ich Mum am Fuß der Treppe und sie sagte Wer ist denn nur dieser gut aussehende Mann?

DIE HOCHZEIT

Ich öffnete die Augen und Onkel Alan band die Krawatte fertig und Dads Geist war nicht mehr da und Mum trug ein hellgrünes Kleid und hellgrüne Schuhe und ihre Haare waren nach innen gewellt, als ob sie in ihren Kopf wollten, und ihr Gesicht hatte Make-up aufgelegt und ihre Augenbrauen waren wie Vogelflügel, wenn man Vögel am Himmel malt, und ihre rosa Lippen färbten ihre Zähne auch rosa.

Sie sah mich an und das Ich, das sie sah, war nicht das wahre Ich, das beinahe Onkel Alan getötet hätte, weil sie lächelte, als sei ich ihr Augapfel. Ihre Augen glänzten voller Tränen und Oma stand hinter ihr mit ihren vier Beinen auf dem Teppich, der blau war wie ein Teich.

Oma sah zu mir hoch und sagte Uih, ein Bild für die Götter.

Onkel Alan ging an mir vorbei und auf die Toilette und schloss die Tür und fing an, seine Elefantenpisse zu pissen.

Mum war jetzt zwei Menschen. Eine sich schnell bewegende Person in einer sich langsam bewegenden Person. Oder eine sich langsam bewegende Person in einer sich schnell bewegenden Person. Ich weiß nicht, welche.

Und sie sagte Philip, kannst du Oma zum Wagen bringen?

Und dann sagte sie Schlüssel, Schlüssel, Schlüssel.

Ich stieg die Treppe hinunter und nahm Omas Ellbogen und ihre hängende Haut ohne Blut darin und Oma machte ein Geräusch, als ob es ihr wehtat, wenn ich nur ihren Ellbogen berührte.

Ssssssssssss.

Mum fand die Schlüssel und öffnete die Tür für mich und Oma und zog los, um alle Lichter auszumachen, und ich hielt weiter Oma am Arm.

Oma war zwei Menschen. Sie war eine sich langsam bewegende Person in einer sich sehr langsam bewegenden Person. Also ging ich in den kleinsten Guinness-Buch-der-Rekorde-kleinen Schritten zur Tür.

Oma machte au au au au au au au, jedes Mal, wenn sie mit ihren Beinen oder ihren Krücken einen Schritt machte. Als wir zur Hintertür kamen, sah ich raus und vermutete, dass es bis zum Auto ungefähr zehn normale Schritte waren und das hieß hundert Oma-Schritte.

Au au au au au au.

Ich sagte Wir sind fast schon beim Auto, Oma.

Sie sah dauernd zum Auto und lachte mich aus, als ob ich verrückt wäre, als ob das Auto zehn Meilen und keine zehn Schritte weit weg wäre, und Opa hatte immer gesagt, wenn man älter wird, dann wird die Zeit kürzer und die Wege werden länger.

Onkel Alan ging an uns vorbei und strich sich über den Anzug und machte ein Doppelkinn und Mum schloss die Tür und klipp-klapperte an uns vorbei wie ein Pferd mit zwei Beinen und Oma sagte zu ihr Seht mich an, au au au, ich halte euch nur auf.

Mum sagte Du hältst uns nicht auf. Wir haben noch reichlich Zeit.

Oma sagte Wenn ihr nur etwas näher geparkt hättet.

Mum sagte Wenn du wartest, dann wende ich den Wagen.

Oma sagte Ich will euch keine Umstände machen, Liebes.

Mum sagte Es ist kein Umstand.

Mum stieg ins Auto und fuhr rückwärts und hätte beinahe eine von Omas silbernen Krücken umgefahren.

Oma lachte und sagte zu mir Ich glaube, die wollen uns aus dem Weg räumen, Philip.

Ich hielt das Skelett unter ihrer Haut fest und ich lachte nicht und das Auto blieb vor uns stehen und ich öffnete die Tür für Oma und ich hielt ihre Krücken und Onkel Alan sagte Braucht ihr da hinten Hilfe?

Und Oma sagte zu mir Ein paar neue Beine würden mir schon reichen.

Onkel Alan stieg auf seiner Seite des Autos aus und half Oma beim Einsteigen und Oma sagte Au au au au, pass auf, au au und als ihre Beine im Auto waren, nahm mir Onkel Alan die Metallkrücken aus der Hand und legte sie vor ihr auf den Boden des Autos.

Ich ging zur anderen Seite und stieg ein und setzte mich neben sie und half ihr mit dem Sicherheitsgurt und sie sagte Ich schaffe das allein, mein Lieber, aber sie schaffte es nicht.

Onkel Alan sagte Mein Sitz ist doch nicht zu weit hinten, oder, Philip?

Ich sagte Nein.

Ich dachte, dass er nur nett war, wenn Mum dabei war, und dann lächelte er Mum mit Augen wie im Fernsehen an, wenn die Menschen verliebt sind, und mir wurde übel dabei, als hätte ich Grieß in den Augen.

Mum fuhr zum Standesamt, das auf der anderen Seite der Stadt lag, und der Himmel war grau und niedrig und wir kamen an Häusern vorbei, die gelb waren, als ob sie krank wären, und niemand sagte etwas. Oma sah hinaus zu ein paar Kindern und machte Ssss, als ob sie eine Luftmatratze wäre, aus der man die Luft rauslässt, und wir kamen an Players Video vorbei und an J D Sports und an KFC und am Chip Shop und an Cäsars Palast. Das ist nicht der Palast von Julius Cäsar, sondern ein Nachtclub, das ist eine Art Theaterclub für Menschen, die die Nacht mögen, aber kein Theater, und er muss jemand namens Cäsar gehören, aber nicht Julius. Vielleicht gehört er David Cäsar oder Brian Cäsar oder Philip Cäsar.

Wir kamen an der Schlossmauer vorbei und am Schlosspark und an den zahnlosen Schlosspennern, die auf einer Bank aus Pappbehältern tranken. Einer von ihnen merkte, dass ich ihn ansah, und starrte mich an, als ob er versuchte, mir etwas zu sagen, aber ich wusste nicht, was. Wir kamen am Chinesen vorbei und am Purple Door Club, wo Dad einmal hingegangen ist, und Mum hatte ihn danach angebrüllt, warum weiß ich nicht, und am Bottoms Up und an der Frau, die was von Gott brüllte, und an Les Miserable, der aus Ladbrokes kam, und wir fuhren hinter einem Pferd in einem Anhänger her. Es war kein schickes Geldsäcke-Pferd, es war ein Schausteller-Pferd, das nach links auf die Toney Lane bog, wo all die großen goldenen Wohnwagen standen und wo die Schausteller und die knallharten Kids lebten, die nicht auf eine normale Schule gingen und die jeden verprügeln konnten, sogar Dane, mit ihren Fäusten und den riesigen Ringen, und wir fuhren weiter, an Morrisons und an all den Häusern vorbei und dann kamen wir an, wir kamen zum Standesamt und Newark kam zum Stillstand.

Das Standesamt sah nach nichts aus.

Es war einfach ein Gebäude mit roten Ziegeln, das einem gar nicht weiter auffiel. Das war Absicht, damit Gott es nicht bemerkte und er keinen Blitz aus seinen Fingern schleuderte und die Menschen tötete, die ihn in der Kirche angelogen hatten und nun wieder heirateten.

Mum parkte ganz nah am Eingang, damit es Oma nicht so weit hatte. In der Tür stand eine zwei Meter große Frau in einem kastanienfarbenen Kostüm, und die Frau fragte, als wir ausstiegen, Alan und Carol?

Mum sagte Ja, das sind wir.

Die Frau war so groß wie Onkel Alan und sie sagte Wir haben miteinander telefoniert. Ich bin Angela, die Standesbeamtin.

Da war eine Stufe und Oma musterte die Stufe und in ihrem Kopf tobte weit entfernt ein Sturm und Angela, die Standesbeamtin, beugte sich einen Meter nach unten und lächelte Oma an, als ob sie eine Katze wäre, und sie sagte zu Oma Na, meine Gute, wollen Sie einen Rollstuhl?

Oma sagte Nein, Herzchen, ich brauche keinen Rollstuhl.

Also halfen ich und Onkel Alan ihr die Stufe hinauf und sie machte Au au au und Mum sagte mit Ärger in der Stimme, aber mit einem Lächeln für Angela, die Standesbeamtin, auf den rosa Lippen Bist du sicher, dass du keinen Rollstuhl möchtest, Mum?

Und als wir hineingingen, war da ein Flur und vier Türen und Stühle zwischen den Türen und ein stinkender Teppich. Ich und Oma setzten uns auf zwei Stühle und es war niemand sonst da, weil wir früh dran waren, und Oma machte immer noch luftablassend Sssssss.

Mum und Onkel Alan gingen zu Angela, der Standesbeamtin, und Angela, die Standesbeamtin, sagte Prima, wenn ich bitte Ihre Pässe haben dürfte?

Sssssss

Mum suchte in ihrer hellgrünen Handtasche und zog zwei Pässe heraus und Angela, die Standesbeamtin, sagte Super. Wenn ich bitte Ihre Geburtsurkunden haben könnte?

Sssssss

Mum reichte ihr die Geburtsurkunden und Angela, die Standesbeamtin, sagte Super. Prima. Wenn ich bitte einen Nachweis Ihrer Adresse haben könnte, beispielsweise eine Rechnung oder Ihren Führerschein?

Sssssss.

Mum reichte ihr ein Blatt Papier und Angela, die Standesbeamtin, sah es an und sagte Super und dann sah sie Mum an und sagte Haben Sie auch eine Sterbeurkunde Ihres verblichenen Ehemannes?

Warum sind tote Menschen verblichene Menschen? Dad ist nicht bleich, er ist nur durchsichtig. Und tot.

Dad hat alle überholt. Er liegt vor denen, die noch leben, weil man nicht tot anfängt, man fängt als nichts an und dann ist man am Leben und dann ist man tot. Also heißt es

nichts

am Leben

tot

Und wenn man mit 41 tot ist, dann ist man früh dran und hat die anderen abgehängt.

Mum gab Angela, der Standesbeamtin, die Sterbeurkunde. Es war nur ein Blatt Papier und Angela, die Standesbeamtin, sah es sich an und sagte Super.

Und dann kamen die Leute.

Da war Renuka, die mich ansah und viel Tamtam machte, weil ich einen Anzug trug, und Carla, die Barfrau, die mit ihren Ohrringen spielte und verärgert wirkte und sich in ihrem Kostüm bewegte, als wäre Juckpulver drin. Sie sagte zu Ross und Gary Benehmt euch, ihr beiden.

Sie spielten Ganzkörperlähmung.

Ross sagte Alles paletti, Philiboy?

Und Gary sagte Ist das deine Oma? Als ob Oma keine Ohren hätte.

Ich sagte Ja.

Ross sagte Ist sie hundert?

Ich sagte Nein.

Gary sagte Ist sie älter als 100?

Ross sagte Ist sie 120?

Ich sagte Nein.

Sie sagten Wie, noch älter?

Ich sagte Nein.

Oma sagte Sssssss.

Gary sagte 119?

Und dann ging Angela, die Standesbeamtin, durch eine der Türen und alle folgten ihr, als ob sie der Rattenfänger wäre und uns zum Fluss führte.

Der Raum hatte eine grün gestreifte Tapete und viele Stuhlreihen und eine Decke, die immer niedriger wurde, und einen Teppich, der dick wie Gras war und in dem meine Füße versanken.

Ich saß zwischen Oma und Renuka in der zweiten Reihe und sie waren die einzigen Erwachsenen im Raum, die kleiner waren als ich, und ich fühlte mich komisch, als ob mein Gehirn zu schnell arbeitete, und ich wünschte, ich hätte meine Tabletten dabei.

Angela, die Standesbeamtin, nickte hoch oben mit großen Augen einem Mann am anderen Ende des Raumes zu und sagte Derek, Musik und dann fing irgendeine Derek-Musik an.

Dann sagte sie Derek und die Musik hörte auf.

Angela, die Standesbeamtin, sah Onkel Alan und Mum an, die vor ihr standen, und Renuka beugte sich zu mir und flüsterte Sieht deine Mum nicht wunderhübsch aus, Philip?

Ich sah Mums nackten Rücken über ihrem Kleid und ihren nackten Hals und sagte Ja.

Sie sagte Ich wette, du bist sehr stolz.

Ich sagte nichts.

Und Angela, die Standesbeamtin, presste die Hände zusammen und sagte Ich möchte damit anfangen, dass ich Sie alle willkommen heiße zu

Er stand direkt dahinter. Dads Geist.

Er sagte Du musst dem Einhalt gebieten, Philip.

Angela, die Standesbeamtin, sagte Wenn einer der hier Anwesenden von einem Hinderungsgrund weiß, warum Alan und Carol nicht in den Stand der Ehe treten sollten, so möge er bitte jetzt sprechen.

Dads Geist sagte Sag etwas, Philip. Erzähle ihnen von Onkel Alan. Sag ihnen die Wahrheit, Philip, die Wahrheit.

Angela, die Standesbeamtin, sah Onkel Alan an und sagte Bitte sprechen Sie mir nach.

Er sprach ihr nach Ich erkläre hiermit feierlich, dass mir kein Hinderungsgrund bekannt ist, warum ich, Alan Peter Noble, nicht die Ehe schließen sollte mit Carol Suzanne Noble.

Und dann sagte Mum das auch und setzte noch mehr Nobles in den Raum.

Ich erkläre Noble bekannt ist Noble warum ich Noble nicht Noble schließen sollte Noble mit Noble Noble Noble.

Dads Geist schrie Nein! Nein! Nein!

Und die Decke kam immer tiefer tiefer tiefer und der Teppich wuchs wuchs wuchs wuchs und ich drehte mich um und ich sah all die anderen Gesichter, die auf Onkel Alans und auf Mums Rücken gerichtet waren, und dann geschah es, der blaue Riese und die kleine grüne Mum wandten sich einander zu und die Worte kamen aus ihm heraus in Mums Augen hinein.

Ich fordere die Anwesenden auf zu bezeugen, dass ich, Alan Peter Noble, dich, Carol Suzanne Noble, zu meiner angetrauten Ehefrau nehme und Oma machte Sssssss und Renuka tupfte sich die Augen und machte Ohhhh und Dads Geist sah Mum an und sagte Tu es nicht, sag es nicht, sag es nicht, ich liebe dich immer noch, bitte und Mum lächelte in Onkel Alans Gesicht Ich fordere die Anwesenden auf zu bezeugen, dass ich, Carol Suzanne Noble, Ohhhh dich Alan Ich liebe dich Peter immer noch Nein zu meinem angetrauten Ehemann Sssssssssssssssssssssssssssssssssss

Mir ist schwindelig und ich blinzele und ich bin auf dem Parkplatz und halte Omas Ellbogen und weiter vorn hebt Onkel Alan Mum hoch und trägt sie durch die Tür wie es die Römer taten, und Mum lacht und Onkel Alan lacht und Oma sieht mich an mit ihren Augen, die wie kleine Milchteller für eine Katze aussehen, und ihr lippenloser Mund sagt Das hält nicht, Kleiner, das hält nicht.

DIE WERKSTATT

Dads Geist sagte Sie werden schlimmer, die Schrecken. Sie werden immer schlimmer.

Ich sagte Ich weiß. Ich werd's heute tun. Ich werde dich in Frieden ruhen lassen.

Ich steckte die letzte meiner Waffen, das MAGNESIUM-GRANULAT, in meinen Rucksack und ich wartete, bis Dads Geist sich in Luft auflöste, und dann ging ich zur Schule.

Ich wollte in den Pausen nicht nach draußen, deshalb blieb ich in der Schulbibliothek und las *Horrible*-Geschichten und nach der Schule ging ich nicht direkt nach Hause, ich ging durch die stillen Straßen und an all den Schaufenstern vorbei und in einigen standen Weihnachtsbäume und Engel und dann kam ich an einen Laden, der hieß LONDIS.

Es war ein Laden, in dem ich noch nie gewesen war, deshalb kannte mich niemand, und ich sagte Kann ich eine Schachtel Streichhölzer haben?

Und die Frau saß auf einem Hocker und las *Heat*, das ist die Zeitschrift, die Renuka immer Mum mitbringt. Die Frau war bleich wie ein toter Guppy und ich fragte mich, ob sie weißes Blut bluten würde, wenn man sie schnitt.

Sie sah von der Zeitschrift auf, als ob sie nicht die Kraft hätte, Streichhölzer zu holen. Als ob die Zeitschrift ein Farbmagnet wäre, der alle Farbe aus ihr saugte. Sie sagte Guy Fawkes ist schon seit Wochen vorbei.

Ich sagte Ich weiß.

Sie sagte Du bist noch zu klein, um zu rauchen.

Ich sagte Ich will keine Zigaretten, nur Streichhölzer.

Sie kletterte vom Hocker und drehte sich um und nahm die Streichhölzer aus dem Regal, als sei es der anstrengendste Job der Welt, und ich zahlte mit meinem Pausengeld.

Die Streichhölzer hießen Vestas.

Vesta ist die römische Göttin des Feuers und die vestalischen Jungfrauen hielten immer eine Flamme am Brennen in ihrem Tempel, der rund war.

Ich steckte die Streichhölzer in meine Tasche und die bleiche Frau vertiefte sich wieder in ihre Zeitschrift und ich ging nach draußen und marschierte zur Werkstatt.

Es war fast dunkel und die Tagesschatten waren von der Nacht beinahe ausradiert worden, aber es gab noch ein paar Schatten von der Straßenlampe, die wie ein Geist flackerte.

Die Werkstatt stand ganz allein. Es gab keine Läden oder so in der Nähe. Nur die Technische Hochschule. Aber nicht den Haupteingang zur Technischen Hochschule, nur den Zaun. Die Werkstatt war in der Nähe der Stadtmitte, aber nicht an einer Hauptstraße. Sie versteckte sich hinter der Ecke einer Straße in L-Form.

Die L-Straße hatte keinen Namen, denn es gab kein Schild, aber sie lag in der Nähe der Friary Road, wo die Technische Hochschule ist und wo der Park ist, in dem die Leute ihre Hunde Gassi führen.

Und die Werkstatt hatte zwei Türen, eine große, eine Art Holzwand, und in dieser Tür war noch eine Tür und die war normal und beide waren geschlossen, darum waren es nur senkrechte Holzbretter, aber die Umrisse rund um die kleine Tür waren hell, darum musste noch jemand drin sein.

Ich zog das Magnesium aus meinem Rucksack und schüttete das Granulat in einer Linie vor der Tür auf den Boden und es leuchtete, obwohl es immer dunkler wurde.

Ich tastete in meiner Tasche nach den Streichhölzern und zog sie heraus. Ich versuchte, durch den Spalt in der Tür ins Innere der Werkstatt zu spähen, weil ich keine Kunden oder Schlafauge Terry töten wollte, ich wollte nur Onkel Alan töten.

Ich sah einen Schatten vorbeigehen, aber ich konnte nicht erkennen, ob es Onkel Alans Schatten war. Und dann hörte ich Dads Geist hinter mir.

Er wusste, was ich dachte, und er sagte Er ist allein, Philip. Es ist Onkel Alan. Er ist der Einzige da drin. Alle Kunden sind gegangen. Deshalb sind die Türen geschlossen.

Ich sah mich um und Dads Geist stand vor dem Drahtzaun der Technischen Hochschule und er sagte Es ist sonst keiner da.

Seine Stimme sagte Tu es, Philip.

Tu es.

Tu es.

Tu es.

Zünde das Streichholz an.

Zünde es an, Philip.

Los schon.

Zünde es an.

IN DEN ARMEN VON MORPHEUS

Es kamen 200 Zungen aus Mündern unter dem Boden hervor und sie leckten am Holz und ich sah sie eine Weile an und mein Gesicht war heiß und ich konnte Dads Geist nicht sehen, aber er sagte Lauf.

Ich sagte Tschüss, Dad, ich liebe dich.

Er sagte Lauf!

Ich hörte etwas in der Werkstatt. Ein Schreien. Und ich dachte Er ist es! Er ist es!

Und ich lief vor dem Feuer davon und ich lief immer weiter und ich hörte einen Knall und dann eine Art Sauggeräusch, als ob die Werkstatt versuchte zu atmen, und ich drehte mich um und sah, wie das Feuer aus der Tür kam.

Ich rannte an der Technischen Hochschule vorbei. Die Fahrräder, die an den Zaun gebunden waren, sahen im Dunkeln komisch aus. Sie sahen aus wie lauter Brillen, die mich anglotzten.

Und als ich auf die Hauptstraße kam, hörte ich auf zu rennen, und ich schaute, sah mich nach Dads Geist um, aber er war nirgends. Er war in der Werkstatt und sah zu, wie Onkel Alan in den Flammen starb, und dann würde Dads Geist für immer in Frieden ruhen.

Ich ging die Hauptstraße entlang und da war niemand, weil es eiskalt war, und ich kam an den Tennisplätzen vorbei und ging durch den Park, damit mich keine Autos sahen, und ich sah den Rauch. Es waren schwarze Wolken, die aufstiegen und die Sterne ausradierten.

Ich dachte Oh, nein, was ist, wenn das Feuer nicht aufhört? Was ist, wenn es wie in Rom im Jahr 64 immer weiter brennt? Oder wie das Große Feuer von London im Jahr 1666? Was ist, wenn ich das Große Feuer von Newark ausgelöst habe? Oder das Große Feuer von England und das ganze Land brennt und alle müssen dann auf dieser Insel im Wasser in Rufford Park leben, wo ich und Mum und Dad hingefahren sind, als ich klein war.

Ich sah Les Miserable auf der Bridge Street und er ging mit einer Frau und als er mich sah, hörte er auf, die Frau an der Hand zu halten, und er merkte, dass ich ihn ansah, und er ließ eine Wolke aus seinem Mund aufsteigen und sagte Alles in Ordnung, Phil, mein Junge?

Ich sagte Ja.

Ich ging weiter und dann hörte ich eine Feuerwehrsirene, die machte niiarniiiar und ich rannte zum Pub und ging zur Hintertür hinein und ging nach oben und ich hörte Mums Schritte aus dem Pub in den Flur kommen und Mums Stimme flog nach oben Philip? Philip? Philip?

Ich sagte Ja.

Mum stieg die Treppe hoch und sie sagte Wo zum TEUFEL bist du gewesen?

Ich sagte Draußen. Ich war draußen.

Die Flammen ließen ihn wie Schweinefleisch brutzeln und er schrie und schrie, aber es war zu spät.

Mum sagte Was meinst du mit draußen? Wo draußen?

Ich sagte Einfach draußen.

Die Schläuche spritzten Wasser überallhin und es regnete auf die Werkstatt, aber das Feuer und der Rauch hörten erst auf, als Onkel Alan ein Geist war und Dad ihm sagen konnte, was passiert war.

Ich hatte Onkel Alan getötet und ich wollte Dads Geist

sehen, weil Dads Geist der einzige Mensch war, der wusste, dass ich ihn getötet hatte. Aber Dads Geist war weg und den Schrecken entronnen und im Himmel oder im Nichts.

Ich lag auf meinem Bett und ich wartete, dass das Telefon für Mum klingelte oder dass Mum sich Sorgen machte, aber Mum machte sich keine Sorgen, und ich dachte an Les Miserable und die Frau, die ich gesehen hatte, und was, wenn sie der Polizei erzählten, dass sie mich gesehen hatten? Ich dachte an Onkel Alan und die ganzen Sorgen waren wie Strom in meinem Körper und all meine Adern waren Drähte, die den Strom LEITETEN.

Ich hatte ihn getötet und ihn prasseln lassen und jetzt war sein Leben in mir. Ich hatte es ihm genommen und ein Körper ist nicht für zwei Leben gemacht und es war zu viel Strom in meinen Drähten, darum konnte ich nicht liegen bleiben. Ich ging in den Flur und rief laut Mum.

Ich sagte Mum Mum.

Und sie kam aus der Bar an den Fuß der Treppe und sie sagte Psst.

Ich sagte Warum?

Sie sagte Du wirst Alan wecken.

Ich sagte Was?

Sie sagte Du wirst Alan aufwecken.

Ich sagte Was?

Sie sagte Du wirst Alan aufwecken.

Ich ging die Treppe nach unten und ich sagte Onkel Alan ist in der Werkstatt. Er ist in der Werkstatt.

Mum sagte Er kam heute Nachmittag mit Kopfschmerzen nach Hause. Seitdem liegt er in Morpheus' Armen.

Mum sagte Fehlt dir was, Philip? Du siehst aus, als hättest du einen

Ich rannte die Treppe schneller hinauf als ihre Frage und ich lief in Mums und Dads Schlafzimmer und da lag er auf dem Bett und sein dicker Bauch ragte wie ein Berg auf und er schnarchte wie ein Schwein, aber er brutzelte nicht wie eines.

Ich dachte, er könnte vielleicht ein Geist sein und Mum wusste nicht, dass er ein Geist war. Aber er war nicht durchsichtig und Geister schlafen nicht auf Betten und drücken auch keine Kuhle in die Matratze und ich dachte Oh, nein.

Ich erinnerte mich an das Geräusch in der Werkstatt. Das Schreien. Es drang wieder in meine Ohren Aaaaaaa und mein Gesicht wurde heiß, als würde ich noch vor dem Feuer stehen, und ich dachte Oh, nein. Oh, nein. Oh, nein. Oh, nein.

Ich sah mich im Zimmer um, auf die Stadt aus Tiegeln und Töpfen und Tuben, und auf Onkel Alan im Spiegel, der immer noch im Arm von Morpheus ruhte. Ich wünschte mir Dads Geist herbei, aber er war nicht da und ich verließ das Zimmer und ging nach unten in den Pub und alle Gesichter lachten. Big Vic und Carla und Mum. Sie sahen wie Teufel aus. Big Vic sagte Ich schwöre, das ist die gottverdammte Wahrheit.

Dann lachten sie wieder alle und dann sah mich Carla und sie sagte Ist alles in Ordnung, Philip, mein Schatz?

Und Mum drehte sich um und sagte Du hast Alan doch nicht aufgeweckt, oder?

Und Big Vic sah mich an, als sei ich die Millionen-Frage im Millionärsautomaten, die er nicht beantworten konnte, und in diesem Augenblick machte das Telefon ring ring.

Aber es war das Pub-Telefon und das Pub-Telefon klingt eher wie ein Schaf mäh mäh mäh mäh.

Mum ging in den Flur, immer noch lachend, und sie nahm den Hörer ab und sagte Hallo?

Ich beobachtete ihr Gesicht, als ihr Lachen verkümmerte und starb.

Es war nichts in der Welt außer Mums Stimme und Mums Worte.

Ja.

Ja?

Was für ein Unfall?

Nein.

O Gott.

Nein.

Sind Sie sicher?

In der?

Nein.

War jemand?

Nein, er ist hier. Er ist oben.

Ich kann es nicht glauben.

Ja, natürlich.

Was, jetzt sofort?

Hier im Pub?

Nur Alan oder wir beide?

Ja.

Ja, das werde ich.

Ja.

Auf Wiederhören.

Auf Wiederhören.

Die Fragen hatten Kiefer wie Krokodile, die in meinem Kopf das Maul aufrissen und dann zuschnappten.

Wer war der Schrei? Wer war es? War es Schlafauge Terry? War es der andere Mann, der den Pub zertrümmert hatte? War es ein Kunde? War es nur in meinem Kopf? Es war nur in meinem Kopf gewesen, ja, es war nur in meinem Kopf gewesen, ja, ja, es war nur in meinem Kopf gewesen.

Aber dann legte Mum den Hörer auf und dann war da die Antwort und sie verschlang mich mit einem einzigen Haps.

Mr. Fairview ist tot

DIE STIMMEN AUS DER WAND

Der Polizist mit seinem Tellergesicht sah auf die Ringe an Mums Ringfinger und fragte sie Und wo war Ihr Sohn zu diesem Zeitpunkt?

Und Mum sah mich an und Onkel Alan sah Mum an.

Mum sagte Er war hier. Er kam gegen vier aus der Schule. Er war oben auf seinem Zimmer. Während Alan schlief.

Der Polizist schrieb das auf und er wusste nicht, dass es eine Lüge war, und Onkel Alan wusste nicht, dass es eine Lüge war, aber es war eine Lüge und ich sah Mum an und sie sah mich an, als ob sie wüsste, was ich getan hatte.

Ich sagte Darf ich jetzt zu Bett?

Mum sagte Ja.

Der Polizist mit seinem Tellergesicht sah mich einfach nur an und ich ging nach oben auf mein Zimmer und Dads Geist war nicht da.

Und ich wartete einfach und ich hörte, wie der Streifenwagen davonfuhr, und ich hörte Mum und Onkel Alan nach oben kommen und ich hörte, wie sie sich nebenan über Mr. Fairview unterhielten.

Onkel Alan sagte Was zur Hölle hatte er da zu suchen? Er kommt sonst nie in die Werkstatt.

Mum sagte Ich bitte dich, denk nicht darüber nach.

Onkel Alan sagte Das ergibt einfach keinen Sinn.

Mum sagte Das tut es nie.

Onkel Alan sagte Was zur Hölle hat er da gemacht?

Mum sagte Weiß der Kuckuck.

Onkel Alan sagte Das ergibt keinen Sinn.

Ich zog die Decke über den Kopf und die Stimmen hörten auf, aber was anderes fing an, also streckte ich den Kopf wieder unter der Decke hervor und hörte Mum sagen Hier, dein Whisky.

Onkel Alan sagte Danke.

Mum sagte Glaubst du, es war unser Sohn?

Ich fuhr im Bett hoch wie beim Insektentraum und mein Herz pochte wie wild pochpochpoch und dann sagte Onkel Alan Brandstiftung?

Mum sagte Ja und mein Herz pochte wieder langsamer.

Onkel Alan sagte Wer weiß? Wer soll das schon wissen?

Mum sagte Du denkst doch nicht …

Onkel Alan sagte Was?

Mum sagte Du denkst doch wohl nicht, dass er das absichtlich getan hat?

Onkel Alan sagte Dass er sich selbst umgebracht hat?

Es wurde still und dann sagte Onkel Alan Nein, ich wüsste nicht, warum er das hätte tun sollen. Er hat doch zwei Kinder. Und er gehört zur Gottesschwadron. Er würde doch nicht seine Chance aufs Spiel setzen, in den Himmel zu kommen. Und auf diese Weise will man doch nicht abtreten. Ich meine, wenn man die Wahl hat.

Mum sagte Aber er hat seine Frau verloren, oder nicht?

Onkel Alan Das ist schon ein paar Jahre her.

Mum sagte Ich kann es immer noch nicht glauben.

Onkel Alan sagte Andererseits hat er sich in letzter Zeit merkwürdig verhalten. Hat sich nach den Büchern erkundigt. Ich wette, er wollte herumschnüffeln.

Mum sagte Die armen Kinder.

Onkel Alan sagte Das wird eine Menge Geld geben.

Mum sagte Was?

Onkel Alan sagte Das Geld von der Versicherung.

Danach redeten sie leiser weiter.

Ich konnte die Worte nicht hören, nur die Stimmen, die sich mit den Geräuschen der Züge und der Lastwagen und des Windes und der bellenden Hunde und all den Geräuschen der Stadt vermischten, die böse Menschen bei Nacht wach halten.

DIESE VERDAMMTE STADT

Ich war draußen und rannte vom Parkplatz und rannte aus der Stadt. Ich rannte vorbei an der Kreuzung und an all den Samstag-Protztypen, die auf den Waitrose-Parkplatz fuhren.

Ich kam an dem Schild vorbei, auf dem stand

Sie verlassen das historische Newark-on-Trent

Aber jemand hatte das Schild mit Farbe übermalt und über **historische Newark-on-Trent** DIESE VERDAMMTE STADT geschrieben.

Ich lief weiter, bis es keine Häuser mehr gab, nur die Felder, die im Sommer leuchtend gelb sind, aber im Dezember braun, und bis der Bürgersteig schmaler und schmaler wurde, bis es keinen Bürgersteig mehr gab, und ich rannte am Rand der Fahrbahn weiter und ich bekam Seitenstechen, aber ich lief immer weiter und die Autos fuhren jetzt schneller und hup hupten!, aber mir waren die Autos egal, ganz egal.

Und dann konnte ich nicht mehr rennen, weil der Schmerz wie ein Messer war und meine Zunge brannte, aber es war ein schnelles Gehen, mit ein wenig langsamem Laufen. Es fühlte sich komisch an, es war, als ob ich mit jedem Schritt weniger real und irgendwann zu nichts würde.

Ich lief immer weiter und sah mich um, bis die Kirche ganz klein war, und ich war an der Zuckerfabrik und die Zuckerfabrik lag auf dem halben Weg nach Kelham.

Hup!

Huup!

Huuuup!

Die Zuckerfabrik riecht komisch. Sie riecht gar nicht nach Zucker und der Geruch kriecht einem in den Mund und es wird einem übel.

Nach einer Weile kamen die Hochspannungsmasten in Sicht und sie wirkten wie riesige Roboter, die das Land regierten und die mit ihren Waffen, nämlich mit tödlichen Drähten, die vom Himmel herabsausten, dafür sorgten, dass die Menschen nicht zu groß wurden.

Zwanzig Minuten später kam ich zur Brücke, vorbei an all den Bäumen, und es war das erste Mal, dass ich sie sah, seit Dad gestorben war, abgesehen von damals, wie sie in East Midlands Today gezeigt worden war.

Auf der Straße war jetzt weniger los und es gab wieder einen schmalen Gehweg und der Himmel war immer noch hell, aber es fing an, dunkel zu werden, und ich sah die Brücke von der anderen Straßenseite aus an.

Dads Auto war genau durch das mittlere Stück gerast. Man konnte sehen, wo die Brücke repariert worden war, weil die neuen Ziegel zu neu aussahen und die alten zu alt und der Mörtel zwischen all den neuen Ziegeln war zu weiß.

Ganz oben auf den Ziegelsteinen waren graue Steine, aber die neuen grauen Steine waren in einem helleren Grau, weil die Zeit alles dunkler werden lässt.

Ich musterte die Straße, ob ich schwarze Bremsspuren entdecken konnte, aber da war nichts, nur die Teile der Straße, die von den Autoreifen blank poliert worden waren, und sie verliefen alle in gerader Spur. Sie verliefen nicht in die Brücke, weil nur ein Auto in die Brücke gerast war, und das war Dads Auto gewesen.

Ein Motorrad fuhr vorbei und es röhrte wie ein Löwe und als es vorbeifuhr, miaute es wie eine Katze, und nachdem es verschwunden war, ging ich über die Straße.

Als ich zur Brücke kam, ging ich in die Knie und berührte die alten Ziegel und dann berührte ich die neuen Ziegel und sie fühlten sich anders an. Ich musste an Dad denken, wie er ganz allein im Auto war, und ich streichelte die neuen Ziegel, als ob sie ein Wehweh wären, das man besser machen kann.

Der Unfall lief in meinem Kopf ab. Die Reifen kreischten und die Ziegel zerbröselten und in Dads Gesicht war nur Angst und ich wusste nicht, ob die Bremsen nicht funktionierten oder doch, aber das war mir auch egal, weil er nicht wiederkommen würde und nie mehr mit mir sprechen oder mit mir im Schnee liegen würde.

Selbst wenn sein Geist wiederkäme, wäre es nicht dasselbe, und ich wollte seinen Geist auch nicht mehr. Ich wollte ihn. Ich wollte, dass alles wieder so normal war wie früher. Ich wusste nicht, warum die Dinge nicht für immer so bleiben konnten, wie sie waren, und wenn sie nicht so bleiben konnten, wie sie waren, wozu brauchte man sie dann überhaupt? Warum konnte man nicht einfach ein Baum sein oder ein Ziegelstein und gar nichts wissen?

Früher dachte ich, Dad sei der beste Dad auf der Welt, aber ich weiß nicht, ob er das wirklich war. Manchmal brüllte er herum und er sperrte mich unter der Treppe in den dunklen Schrank, wenn er wütend auf mich war, weil ich eine Scheibe zerbrochen hatte.

Dads sind einfach Männer, die Babys haben, aber ich weiß, er hat mich geliebt, weil ich merkte, dass nach Dads Unfall ein Stück von mir fehlte. Es war wie Luft oder Blut oder Knochen oder etwas, das mich zu mir gemacht hatte, und es war nicht mehr da und jetzt hatte ich nur noch halb so viel davon und ich wusste nicht, ob das ausreichte.

Und ich dachte an Mr. Fairview und ich fragte mich, ob Leah und Dane auch gemerkt hatten, dass ein Stück von ihnen fehlte, und es war egal, dass es ein Unfall war, ebenso wie es egal war, ob Dads Unfall ein Unfall war, weil es trotzdem geschehen war, und *was* geschieht, ist wichtig, nicht, *warum* es geschieht.

Unten an der Brücke war Unkraut unter den alten Ziegeln, aber nicht unter den neuen. Die neuen Ziegel hatten keine Löcher und keinen Platz für Unkraut. Aber eines Tages würde das Unkraut einen Weg in die neuen Ziegel finden, weil Unkraut überall wachsen kann. Das hat Dad mir gesagt.

Und ich berührte die Ziegel noch einmal und dann ging ich nach Hause.

GRAS ANSPUCKEN

Ich ging auf der London Road zurück in die Stadt und ich hörte eine Stimme und es war jemand, der He Philiboy rief. Ich drehte mich um und es waren Ross und Gary und sie saßen auf einer Bank in der Nähe des großen Grasdreiecks und sie trugen fette Nike-Turnschuhe und sie sagten Komm her, als ob sie sich nicht bewegen könnten. Als ob die Turnschuhe schwere Gewichte wären, die sie am Boden festhielten.

Ich ging hinüber, obwohl ich das gar nicht wollte. Ich wollte nie wieder irgendetwas tun, weil alles immer schiefläuft, wenn man etwas tut. Aber sie hatten die Fernbedienung für mich und ich sagte Was ist?

Ross sagte Wie weit kannst du spucken?

Ich sagte Keine Ahnung.

Gary sagte Könntest du von hier aufs Gras spucken?

Ich sagte Keine Ahnung.

Ross sagte Versuch's.

Gary sagte Aber du musst dich auf die Bank setzen.

Ross sagte Ja, versuch's von der Bank aus.

Ich setzte mich auf die Bank und war immer noch ferngesteuert und da sah ich die ganzen Spuckekreise auf dem Weg. Ein paar waren noch weiß und schaumig und andere waren dunkel und fast trocken. Ross spuckte und hätte beinahe das Gras getroffen und Gary spuckte und kam noch näher und dann sahen sie mich an. Ich versuchte zu spucken, aber ich musste an Leah denken und kam auch nicht annähernd an die Spucke der beiden heran. Sie lachten, aber dann hörten sie abrupt auf zu lachen und Gary sagte Das war vielleicht blöd mit dem Feuer.

Ich sagte Ja.

Ross sagte Es muss cool sein, etwas in Brand zu stecken. Ich meine, was Großes wie eine Werkstatt.

Ich sagte Mag sein.

Gary sagte mit leichter, schwerer Stimme Bist du das gewesen, Philiboy? Hast du das getan?

Ich sagte Nein, aber zu schnell und dann versuchte ich zu lachen, aber es kam komisch heraus, als ob das Lachen mit einem Hammer zertrümmert worden wäre und alle Stücke wären falsch wieder zusammengesetzt worden, und dann sagte ich Natürlich nicht. Natürlich war ich das nicht.

Ross sagte Wir verpfeifen dich auch nicht oder so.

Gary sagte Ich meine, es wäre nur cool, das ist alles.

Ich musste wieder an Leah denken und ich sagte Ich war's nicht, ich war's nicht, ich war's nicht.

Ross sagte Ist ja gut, wir haben ja nur gefragt.

Gary sagte Ja, wir haben nur gefragt, Alter.

Ich sagte Ja, ich weiß.

Ross sagte Gefallen dir unsere Schuhe?

Mir waren ihre Schuhe egal, aber ich sagte Ja.

Gary sagte Air Hercules.

Ross sagte Wir haben sie geschenkt bekommen.

Gary boxte Ross in die Seite, als er das sagte, als ob es ein Geheimnis wäre.

Ich sagte Oh.

Und dann spuckten sie wieder und versuchten, bis aufs Gras zu kommen, aber ich versuchte es nicht noch mal. Ich saß einfach nur da und sah zu, wie die Spuckekreise heraussprudelten, und dann stand ich auf und sagte Man sieht sich.

Sie sagten Man sieht sich, Philiboy.

Man sieht sich, Kumpel.

Aber es klang dieses Mal nicht richtig, als ob das Wort Kumpel ein Insekt war, das in mein Ohr krabbelte und in meinem Kopf blieb.

Als ich zum Pub zurückkam, musste ich an den Mülltonnen vorbei und es standen Tüten neben den Mülltonnen und darauf stand JD Sport und ich konnte durch die Tüten sehen und es waren Schachteln mit dem Nike-Zeichen darin.

Ich sah nach, ob mich jemand beobachtete, und es war niemand da, nur Geister, die ich nicht sehen konnte, also zog ich eine Schachtel heraus und ich sah hinein und ich sah die Aufkleber und sie sagten Nike Air Hercules und es war ein blauer Zettel in der Tüte und da stand drauf Nike Air Hercules x 2 und es war in Onkel Alans Handschrift und ich wusste, er hatte die Schuhe für Ross und Gary gekauft, damit sie mich ausspionierten. Und ich hörte Gary wieder in meinem Kopf Bist du das gewesen, Philiboy? Hast du das getan?

Ich wusste von da an, dass niemand auf der ganzen Welt so ist, wie man denkt, dass er ist. Man kann niemandem vertrauen. Weder den Toten noch den Lebenden. Alle lügen ständig und verstecken Dinge, die man nicht sehen kann, aber man kann sie riechen, wenn man weiß, wie, und wenn man sie riecht, dann stinken sie schlimmer als eine Stinkbombe. Ich ging ins Haus und ging auf mein Zimmer und schloss die Augen und hatte das Gefühl, als würde noch etwas Schlimmes passieren.

GEISTERWORTE

In der Nacht kam Dads Geist und seine Entschuldigungen purzelten eine nach der anderen in meinen Kopf.

Es war ein Fehler, Philip, es war ein Fehler
Ich war am Wegflackern
Man konnte kaum etwas sehen
Ich konnte nicht richtig sehen, Philip
Er sah aus wie Onkel Alan, mein Sohn
Er sah aus wie Onkel Alan
Glaubst du etwa, ich hätte das gewollt?
Glaubst du etwa, das hätte ich gewollt?
Ich wollte, dass es Onkel Alan trifft
Es hätte Onkel Alan sein müssen
Wenn du eher gehandelt hättest
Wenn du nicht so lange gewartet hättest
Warum hast du auch so lange gewartet?
Warum hast du nicht viel früher etwas unternommen?
Du warst einfach zu langsam, Philip
Viel zu langsam
Es tut mir leid, mein Sohn, aber du bist
Nein
Es tut mir leid, das habe ich nicht so gemeint
Philip, das hätte ich nicht sagen sollen
Philip, ich
Philip
Philip, mein Sohn

Phil
Ph
Und ich sagte Geh weg, geh einfach weg.

TOT UND GESTORBEN UND WEG

Ich musste Leah und Dane die WAHRHEIT sagen.

Ich musste es tun, bevor Mr. Fairviews Geist es ihnen sagte, also ging ich los und fragte Mum. Sie machte gerade ihr Training mit den Händen und den Knien auf dem Boden und hob abwechselnd die Knie hoch wie ein Hund, der pinkeln muss.

Ich sagte Darf ich eine Stunde raus? Darf ich in die Bücherei?

Die Bücherei hatte sonntags nicht geöffnet, aber Mum wusste das nicht, darum war es eine gute Ausrede.

Bobby mit den Muskeln sagte auf der DVD Sie sollten es jetzt langsam spüren.

Mum hob weiter die Knie und sie sah mich an und sagte Ich fahre dich, gleich nach meinen Übungen.

Bobby sagte Lassen Sie Ihre Gesäßmuskeln brennen. Spüren Sie, wie es brennt. Entfachen Sie ein Großfeuer!

Ich sagte Darf ich allein gehen?

Sie sagte Ist gut. Aber nur eine Stunde. Nicht wie gestern.

Es war mir egal, ob Dane und Leah der Polizei von mir erzählten, aber ich hatte ein wenig Angst, dass Dane mich töten könnte, weil ich dann womöglich in die Schrecken kam.

Aber ich dachte, dass die Schrecken vielleicht auch nur eine Lüge waren, und vielleicht war Dads Geist gar nicht Dads Geist, vielleicht war es einfach nur der Teufel, der versuchte, mich schlimme Dinge tun zu lassen, wie beispielsweise Mr. Fairview zu töten, weil der Gott mochte und nicht den Teufel.

Danes rasierter Schädel erschien in der Milchglasscheibe und er öffnete die Tür. Ich hatte Angst, dass er mich sofort töten würde, aber er sah mich nur an wie einen Fremden oder als ob ich ein Luftloch wäre oder Wasser in einem Aquarium und ich sagte Hallo.

Das Hallo klang dämlich, wie alles immer dämlich klingt, wenn jemand gestorben ist, und ich wollte ihm sagen, dass ich es war, dass ich ihn getötet hatte, aber ich tat es nicht.

Er sagte nicht Hallo, aber er ließ mich hinein.

Es war niemand im Haus außer Leah und Dane. Ich dachte, dass sie jetzt vielleicht allein zusammen wohnen würden, ohne einen Erwachsenen.

Ich ging nach oben und stieß Leahs Tür auf und sie saß auf dem Bett in ihrem Mantel mit dem Fell um die Kapuze, was sie wie ein Tier aussehen ließ. Ein Tier, das vielleicht auf Bäume kletterte. Ich sagte Leah?

Aber das Wort blieb für ihre Ohren unsichtbar.

Leah?

Leah, ich bin's.

Philip.

Ich setzte mich neben sie aufs Bett und sah ihr Gesicht im Fenster gespiegelt. Es war durchsichtig wie ein Geist und es weinte nicht, es tat gar nichts, und ich sah auf die Poster an der Wand und alle lächelten, als sei es ihnen egal, und ich sagte Leah, es tut mir leid.

Sie bohrte ihren rechten Daumennagel in ihre linke Hand und machte ein kleines, blutunterlaufenes Smiley-Gesicht und sie sagte langsam und leise, fast als ob sie es sänge Tot und gestorben und weg.

Vor dem Fenster lag ein Brief und es waren zwei Tickets

in einem blauen Umschlag, auf denen stand Air New Zealand und ich sagte Sind die von deiner Tante? Werdet ihr jetzt in Neuseeland wohnen?

Ihr Kopf sank ein wenig nach links und ihre Augen im Fenster wurden größer und sie sagte es immer weiter Tot und gestorben und weg tot und gestorben und weg tot und gestorben und weg tot und gestorben und weg

Ich sagte Leah, Leah?

Und ich sah, wie sich ihr Nagel tiefer in ihre Hand grub, und ich versuchte, in ihr Gesicht zu blicken, aber da war nur ihre Kapuze, also blickte ich ins Fenster und ich zuckte zusammen, weil da noch jemand neben ihr im Glas war, mit einem roten Gesicht wie der Teufel und er hatte seinen Arm um sie gelegt und er sagte Wenn das mal nicht der kleine Philip ist.

MR. FAIRVIEW BRINGT MICH DAZU, DIE WAHRHEIT ZU SAGEN

Ich sprang rasch vom Bett und da war er, direkt neben Leah. Sein verbranntes Gesicht sah mich hinter ihrer Kapuze an und seine verbrannte Hand lag auf ihrer Schulter. Es war Mr. Fairview in schwarzer Kleidung wie Kohle, mit Löchern darin und durch die Löcher schimmerte es rot und Leah konnte ihn nicht sehen und nicht hören. Sie grub ihren Fingernagel ein und sang flüsternd einen Popsong

Tomorrow is Saint Valentine's Day
And I expect no flowers
The best I can hope is to stay like this
Counting down the hours

Mr. Fairview stand vom Bett auf und er hatte keine Haare auf dem Kopf und keine Augenbrauen. Er hatte nur gekrümmte Narben überall, wie zerknülltes Papier, und er trat nahe an mich heran und er sagte Er kommt mit den Schrecken nicht zurecht, kleiner Philip.

Ich sagte Bitte.

Leah sang weiter und Mr. Fairview sagte mit seinem Finger auf seinen unsichtbaren Lippen Pst, pst, kannst du es hören, Philip? Hörst du seine Schreie? Er schreit deinen Namen, Philip, aber du kannst ihn nicht hören. Hörst du ihn jetzt, Philip?

Ich schüttelte den Kopf.

Mr. Fairview sagte Für die Bösen gibt es keinen Frieden.

Keinen Frieden. Bist du böse, Philip? Hast du etwas Böses getan? Ich glaube, das hast du, Philip. Ich glaube, deswegen bin ich hier. Bist du böse gewesen?

Ich schüttelte den Kopf.

Mr. Fairview wurde still und ich konnte den schwarzen Knochen in seinem Kiefer sehen und seine Haut flatterte und er sagte Nicht einmal die Geister wollen ihn jetzt noch, Philip.

Ich sagte Bitte lassen Sie mich in Ruhe.

Mr. Fairview sagte Clubs haben Regeln.

Ich sagte Bitte.

Mr. Fairview sagte Ich habe ihnen die Wahrheit gesagt, Philip.

Ich kniff ganz fest die Augen zu, aber ich konnte immer noch seine Stimme hören.

Ich öffnete meine Augen und sah Leah an und sie steckte unter ihrer Kapuze und gab Murmelgeräusche von sich und Mr. Fairview sah sie an und sagte Mein Lämmchen.

Dann sah er mich an und sagte Sag die Wahrheit, Philip.

Er sagte es immer und immer wieder Sag die Wahrheit sag die Wahrheit sag die Wahrheit sag die Wahrheit.

Und seine Worte stießen mich zum Kleiderschrank und dann rannte ich aus dem Zimmer und die Treppe hinunter und vorbei an den gerahmten Worten an der Wand Ihr werdet die Wahrheit erkennen und die Wahrheit wird euch frei machen und ich kam an die Hintertür und draußen stand Dane und rauchte.

Mr. Fairview flackerte neben ihm auf und schrie wegen der Schrecken und dann sagte er Du musst es ihm sagen, Philip, du musst das loswerden, Philip, oder ich werde für immer hier sein, Philip. Ich werde dir überallhin folgen, wohin du auch gehst.

Ich sagte Dane.

Dane sah mich an und zog heftig an der Zigarette.

Ich sagte noch einmal Dane.

Ein Was ist? drang aus einer Rauchwolke.

Ich sah seine große Hand an, während er an der Zigarette zog, mit breiten Fingern und so gut wie keinen Nägeln.

Ich sagte Ich weiß, wer das Feuer gelegt hat.

Dane sah mich an, als hätte ich ihm einen Stoß versetzt, und er sagte Wie bitte?

Ich sagte Ich weiß, wer das Feuer gelegt hat.

Er ließ einen Rauchkringel aus seinem Mund aufsteigen und blies noch mehr Rauch aus und der Kringel zerbarst.

Dane sagte Philip, lass es einfach gut sein.

Dane verstand nicht, darum sagte ich Das kann ich nicht.

Ich sah mich um und sah die Rückseiten der anderen Häuser an der Straße und in keinem der Fenster war Licht, also war niemand zu Hause und niemand würde es sehen, wenn Dane mich tötete.

Er sagte Wovon zum Teufel redest du da?

Er schnipste die Zigarette auf den Boden und sie rollte über den Beton in eine Pfütze und ging aus.

Er nahm etwas aus seiner Hosentasche, etwas Schwarzes, und klappte Metall heraus wie einen Spiegel, aber es war kein Spiegel, es war ein Messer. Er fing an, den Beton aus der Wand zu kratzen, und machte eine Staubwolke.

Mr. Fairviews Geist sah mich an und sagte Sag es.

Ich sagte Ich war's.

Dane sagte Was?

Ich sagte Das Feuer.

Er sagte Wovon sprichst du eigentlich?

In einem der anderen Gärten bellte ein Hund und das Bellen wurde zu einem Schrei.

Mr. Fairview sagte Sag es noch einmal.

Ich sagte Ich habe das Feuer gelegt. Ich habe das Feuer in der Werkstatt gelegt.

Die Worte waren jetzt in Danes Gehirn und wurden immer größer ICH HABE DAS FEUER IN DER WERKSTATT GELEGT und ließen seine Augen herausquellen.

Er sagte mit leiser Stimme und lautem Gesicht Du hast was?

Ich sagte Ich habe das Feuer gelegt.

Seine Hand, die nicht das Messer hielt, landete auf meinem Gesicht und quetschte meine Wangen und zog meinen Kopf aus meinem Körper.

Ich sagte Es tut mir leid, es war ein Unfall. Ich wollte Onkel Alan töten.

Er konnte mich nicht richtig hören, weil ich meinen Mund nicht bewegen konnte, weil seine Hand meine Wangen quetschte.

Mr. Fairviews Geist war jetzt in Danes Ohr und sagte Tu es, Sohn. Töte ihn. Räche mich. Schenke mir Ruhe.

Dane stieß meinen Kopf gegen die Ziegelwand neben dem Küchenfenster und es tat weh und ich spürte kaltes Metall an meinem Hals und ich dachte In zwanzig Sekunden bin ich TOT. Er wird mir den Kopf abreißen und ihn in einen Krug stecken, wie es die Druiden taten, als die Römer nach England kamen.

Er sagte Hör auf hör auf hör auf.

Ich sagte Es tut mir leid, ich bin zur Werkstatt gegangen. Ich hatte Magnesium. Ich habe die Werkstatt angezündet, um meinen Onkel zu töten.

Er sagte Warum zum Teufel sagst du das?

Ich sagte Es tut mir leid.

Er sagte Was zum Teufel ist los mit dir?

Ich sagte Es tut mir leid.

Er sagte WAS ZUM TEUFEL IST LOS MIT DIR?

Ich sagte Es tut mir leid, Dane, es tut mir leid. Ich wusste nicht, dass dein Dad drin war.

Mr. Fairview sagte zu Dane Schenke mir Ruhe, schenke mir Ruhe.

Das Messer kitzelte an meinem Hals und ich schloss die Augen und ich wartete, dass es in mich stieß und dass das Blut über Danes Gesicht spritzte und über den Ohrring in seiner Augenbraue. Ich fragte mich, wie lange es dauern würde, bis mein Gehirn starb, und ich hoffte, er würde es ordentlich machen, nicht wie Kaiser Nero, als der sich selbst töten wollte und einer seiner Soldaten ihm helfen musste, weil er das Messer nicht richtig in sich hineingestoßen hatte.

Ich dachte TÖTE MICH SCHNELL TÖTE MICH SCHNELL TÖTE MICH SCHNELL, aber dann dachte ich an die Schrecken und an Mum und ich dachte Ich will nicht sterben. Und meine Augen waren jetzt offen und ich sah, dass der Himmel sternenklar war. Manche Sterne waren tot und manche lebten, aber man erkannte den Unterschied nicht, weil sie immer noch Licht ausstrahlten.

Mr. Fairview sagte Tu es, Sohn, stoß mit dem Messer zu.

Und Dane sagte zu sich selbst Tu es! Tu es, verdammt noch mal! Tu es! Tu es, verdammt noch mal! Arsch! Tu es!

Und ich dachte, das war es, das war das große Ausrufungszeichen, aber das war es nicht, weil er auf einmal das Messer auf den Boden warf und brüllte, als wäre er ein Tier. Ich wusste nicht, warum er das Messer auf den Boden geworfen hatte. Ich wusste nicht, ob es wegen Leah war oder wegen Neuseeland oder wegen seinem Dad.

Er drehte sich um und ich sah auf seinen Rücken und er sagte mit der leisesten Stimme der Welt Komm nie wieder her oder ich bringe dich um, Philip. Und wenn du es Leah erzählst, dann töte ich dich. Verdammt, ich werde dich töten. Das schwöre ich.

Und er drehte sich nicht um und ich ging zur Pforte und ich öffnete sie und ich ging immer weiter und Mr. Fairview blieb bei Dane und folgte mir nicht.

BESUCH FÜR MICH

Es war der 6. Dezember und das bedeutete, es dauerte nur noch vier Tage, bevor Dads Geist für immer die Schrecken erleiden musste.

Und ich wusste nicht, was ich tun sollte, weil ich nicht wusste, was wahr war und was nicht wahr war. Ich hatte immer gedacht, dass die Dinge schieflaufen, weil man ein Weichei ist und zu lange wartet und dann die Dinge nicht tut, aber jetzt wusste ich, dass die Dinge schieflaufen, wenn man die Dinge tut und es die falschen Dinge sind. Und selbst wenn es die richtigen Dinge sind, laufen sie am Ende doch schief, weil es unmöglich ist, nur ein Ding zu tun, weil wenn man ein Ding tut, geschieht immer ein anderes Ding und noch ein Ding und noch ein Ding und noch ein Ding und noch ein Ding und noch ein Ding und noch viel mehr Dinge.

Es war Wochenende und Schlafauge Terry hatte den ganzen Morgen im Wohnzimmer mit Onkel Alan und Mum über die Beerdigung von Mr. Fairview geredet, bei der sie am Tag zuvor gewesen waren. Und dann gingen Onkel Alan und Schlafauge Terry nach unten und verließen das Haus, darum traute ich mich ins Wohnzimmer und zu Mum.

Ich sagte Wo ist Onkel Alan?

Sie stopfte die Wäsche in die Waschmaschine und sagte Er ist zum Angeln. Ich habe ihm das geraten. Er muss an etwas anderes denken als an du weißt schon.

Sie sah mir nicht in die Augen. Sie hatte mir nicht mehr in

die Augen gesehen, seit sie dem Polizisten die Lüge erzählt hatte.

Ich überlegte mir, ob ich Mum mit der Wäsche helfen sollte, aber ich tat es nicht, ich ging einfach auf mein Zimmer zurück und tat zwei Stunden lang gar nichts. Ich starrte einfach an die Decke und tat so, als würde ich meine Tablette nehmen, als Mum mich dazu aufforderte.

Ich dachte darüber nach, wie ich Dads Geist gesagt hatte, er solle weggehen, und jetzt wünschte ich, ich hätte das nicht getan, denn wenn Mr. Fairview recht hatte und Dads Geist nicht mehr zum Club der toten Väter gehen durfte, dann hatte er jetzt niemanden mehr.

Ich hörte Mums Stimme und sie sagte Ja, ja, ist er. Ich hole ihn.

Und dann rief sie die Treppe hinauf Philip? Philip, mein Schatz? Besuch für dich.

Ich ging nach unten und Mum war nicht da. Die Tür stand offen und Dane stand da mit seinem rasierten Schädel, auf dem jetzt die Haare nachwuchsen, und seiner Augenbraue, die schorfte, und ich dachte Er hat seine Meinung geändert und wird mich jetzt erstechen.

Ich ging zur Tür und wartete darauf, dass er mich erstach, aber er hatte kein Messer dabei. Er sagte nur Sie ist weg.

Ich sagte Was?

Seine Augen sahen aus, als wären sie herausgenommen und wieder eingesetzt worden.

Er sagte Hast du sie gesehen? War sie hier?

Mein Herz fühlte sich wie ein Kieselstein an und ich wünschte, er würde mich töten, und ich sagte Nein.

Ich sah Leah vor meinem inneren Auge. Ich sah, wie sie versucht hatte, mich vor den Jungs zu retten, und wie ihr rotbraunes Haar mir zugeweht war.

Ich sagte Sie ist nicht hier gewesen.

Seine Augen huschten in alle Richtungen und er sagte zu sich selbst Ich muss sie suchen ich muss sie suchen ich muss sie suchen sie suchen. Und seine Augen hörten auf herumzuhuschen und er sah einen Ziegelstein, einen halben Ziegelstein auf dem Parkplatz liegen und er nahm ihn und ging zu Carlas kleinem weißen Auto und er schlug die Scheibe ein und er stieg ein und er setzte sich auf die Scherben und er beugte sich vor, sodass ich ihn nicht mehr sehen konnte, und es dauerte zehn Sekunden und dann hustete das Auto und der Motor ging an und Dane schloss die Wagentür und fuhr vom Parkplatz und die Reifen kreischten beim Davonfahren, als hätten sie Angst.

DER PAPIERVOGEL

Ich sagte ins Leere Dad.

Ich sagte Dad, komm zurück.

Ich sagte Dad, Dad, komm zurück. Ich brauche dich.

Ich sagte Dad, bitte. Ich muss Leah finden. Sie steckt in Schwierigkeiten. Sie ist verschwunden.

Ich ging zu den Altglascontainern, aber ich konnte Dads Geist immer noch nicht sehen, und ich sagte Kann mir jemand helfen? Ray? Ray Goodwin? Ich muss Mr. Fairviews Tochter finden. Sie heißt Leah. Kann mir jemand helfen? Mr. Fairview? Sind Sie da?

Ich hörte eine Stimme hinter mir und zuerst dachte ich, es sei einer der Geister, und die Stimme sagte Ist alles in Ordnung, Philip?

Und die Stimme lachte und ich drehte mich um und es war Big Vic und er klimperte mit seinen Wagenschlüsseln, klimper, klimper, und Les Miserable war bei ihm und Les Miserable sagte nichts, er hatte den Kopf gesenkt und ratschte den Reißverschluss seiner Jacke zu, was komisch war, weil sie doch auf dem Weg zum Pub waren, und Big Vic sagte Unterhältst du dich mit den Altglascontainern?

Er lachte immer noch und sie sahen komisch aus, wie sie da standen, der dünne Les und der fette Vic, Seite an Seite, wie die Zahl 10, und ich sagte nichts und mein Schweigen ließ Vics Lachen verstummen. Dann kam Wind auf und Les Miserable wollte nicht mit mir reden, weil ich ihn mit der Frau gesehen hatte und er mich in der Nähe des Feuers gesehen hatte, und er sagte zu Vic mit seinem bewegungslosen Mund Komm schon, es wird kalt.

Sein Kopf nickte nach hinten zum Pub, als ob seine Haare Eisenspäne wären und der Pub ein Magnet wäre, und sie drehten sich um und der Wind blies sie zum Pub und ich hörte Big Vic und er sagte Das Kind hat doch eine Meise.

Ich sah ein Stück Papier auf dem Boden. Es war der *Newark Advertiser* und es war die Titelseite und die Rückseite. Die Titelseite hatte ein Foto von der Werkstatt, die ganz schwarz vom Feuer war, und das Wort **TRAGÖDIE** und dann schlug der Wind die Zeitung auf und die Worte lauteten **TRAGÖDIE BEI WERKSTATTBRAND.** Die Zeitung flog in die Luft, als ob sie ein Vogel mit Flügeln wäre.

Ich folgte ihr vom Parkplatz auf die Straße.

Ich folgte der Zeitung immer weiter und sie flog die Castlegate Road hinunter und dann eine weitere Straße entlang und dann blieb sie eine Weile liegen und ich fand das komisch, weil Leah nicht da war, aber dann flog sie weiter und die Leute sahen mich komisch an, aber das war mir egal. Ich folgte der Zeitung und sie flog in einen Durchgang und auf der anderen Seite wieder hinaus und ich dachte Oh, nein, weil ich wusste, wo wir waren. Wir waren am Fluss.

Erst war der Boden aus Beton und dann kam Gras und dann ganz langes Gras und es gab einen sehr schmalen Pfad und ich rannte, weil die Zeitung jetzt abhob und schnell flog, und ich drehte mich kurz um und die Gebäude waren ganz klein und es war nur noch Gras da und der Wind flüsterte Wir sind ganz nah.

Ich sah nach vorn und rannte weiter, folgte der Zeitung, die hoch flog und kaum zu sehen war, wegen der hellen Wolken, und dann hörte ich ein Geräusch wie eine Toilettenspülung, nur lauter, und es hörte nicht auf. Ich wusste, was es war. Es war das Wehr. Und der Wind sagte Wir sind nah Wir sind nah am Wehr.

Ich rief LEAH! Und da war nichts. Nur das Wehr, das immer lauter wurde, und die Zeitung, die immer näher flog.

LEAH!

LEAH!

LEAH!

Und dann sank die Zeitung vom Himmel und ich hörte auf zu rennen und folgte der Zeitung mit den Augen und dann sah ich sie und sie stand hoch oben auf der Brücke, die Arme ausgestreckt wie Jesus.

Sie stand auf dem Geländer der Brücke, nicht da, wo man läuft, und das Wasser war unter ihr und das Wehr war Schaum, wie weiße Wolken, wie ein Wasserfall, und es war tief unten wie ein Schwimmbecken unter einem Sprungbrett, aber doch nicht wie ein Schwimmbecken, weil man stirbt, wenn man ins Wehr geht, das weiß jeder.

Sie trug ein Top mit kurzen Ärmeln, als ob es Sommer wäre und nicht der kälteste Tag der Welt.

LEAH!

LEAH!

Ihr rotbraunes Haar wehte wie wild, als ob es lebendig wäre und nicht mit dem Rest von ihr sterben wollte.

LEAH!

LEAH!

Sie konnte mich nicht hören, weil das Wasser so laut war, es war, als ob da nichts war als nur das Wasser, also rannte ich auf sie zu und schrie und sie drehte sich um und sah mich und sie drehte sich wieder um und sah hinunter zum Wasser und ich hatte eine Heidenangst, dass sie ins Wasser springen würde, und die Zeitung wickelte sich um ihre Beine und flog hoch und weg ins Nichts.

AUF DER BRÜCKE

Ich sagte TU'S NICHT.

Ich sagte TU'S NICHT LEAH TU'S NICHT. KOMM RUNTER. ES IST MEINE SCHULD. TU'S NICHT.

Ich brüllte wegen dem Lärm vom Wehr und Leah nahm die Arme herunter und sie sahen aus wie rosa Würstchen wegen der Kälte und sie hatte Worte auf ihre Arme geschrieben, nicht mit blauer Tinte, sondern in rotem Blut TOT + WEG.

Sie drehte sich um und sah mich an, aber sie sagte nichts, und ihr Gesicht sah leer aus wie die Läden bei Oma mit dem Holz über den Schaufenstern und dann sah sie wieder zum Wasser hinunter und ich lief näher und ich sagte LEAH, KOMM DA RUNTER.

Meine Worte ertranken.

Ich sah den Weg entlang, ob jemand kam, und da war Dads Geist. Er stand da in seinem roten T-Shirt, aber seine Arme waren nicht kalt, und er sagte Sei vorsichtig, Philip, du kannst das Geschehene nicht ungeschehen machen.

Ihm war Leah egal und das machte mich so wütend, dass ich sagte DU BIST ES GEWESEN ES IST DEINE SCHULD DU HAST ES GETAN DU HAST IHN GETÖTET DU BIST ES GEWESEN.

Leah drehte sich um, weil ich jetzt lauter sprach und sie mich hören konnte.

Ich sprach mit Dads Geist, aber Leah wusste nicht, dass ich mit Dads Geist sprach, weil sie Dads Geist nicht sehen konnte, weil sie mit dem Rücken zum Weg stand und Geister sowieso nicht sehen konnte.

Ich drehte mich um und sagte LEAH NEIN!

Aber es war zu spät und sie fiel nach vorn und ihr Körper war ganz gerade wie eine Tür und ich rannte zum Geländer und ich sah, wie sie ins Wasser eintauchte mit einem kleinen weißen Spritzer.

Ich kletterte auf das Brückengeländer und der Wind wurde wütend und Dads Geist sagte Nein.

Ich sah zwei Angler in der Ferne und ich rief HILFE! HILFE!

Aber sie konnten mich nicht hören.

Ich sah nach unten zu Leahs weißem Spritzer und ich sah zum Wehr.

Eigentlich sollte ich nicht ins Wasser gehen. Das war nicht vorgesehen. Ich sollte einfach nichts tun. Und Leah würde sterben und ich würde nicht sterben, dann würde ich am Leben bleiben und könnte Onkel Alan töten, wie Dads Geist es gesagt hatte.

Das sagten die Sterne und alle sagten es, aber ich hatte so ein merkwürdiges Gefühl, wie wenn man träumt, und zuerst beobachtet man seinen Traum und man hat keine Kontrolle über seinen Traum, aber wenn man dann immer noch schläft, denkt man ICH TRÄUME und sobald man das denkt, fängt man an, den Traum so zu ändern, wie man will, und man kann die Insekten auf dem Teller wieder in Rosinen verwandeln.

Und als ich auf dem Brückengeländer stand, dachte ich, das Leben ist kein Film oder ein Weihnachtsmärchen oder ein Fernsehgerät mit nur einem Sender. Es gibt mehrere Sender. Man kann die Geschichte ändern und umschalten oder was anders machen, es liegt ganz an einem selbst.

Und Dads Geist sagte Philip, nein! Nicht springen! Philip, nicht springen!

Und mein Körper sagte Philip, nein! Nicht springen! Philip! Nicht springen! Aber dann war da eine andere Stimme, die lauter war als die Stimme der Geister und die Stimme der Körper, und die Stimme war die Stimme, auf die ich hörte, als ich den Fuß in die Luft setzte und ins Wasser fiel.

IM FLUSS

Es war komisch, als ich fiel.

Es war, als würde sich mein Körper schneller bewegen als ich und ich wäre immer noch auf der Brücke und würde auf das Wasser sehen. Mein Körper fiel immer weiter durch das ganze Universum und dann schlug er aufs Wasser auf und ich war wieder in meinem Körper.

Ich sank tief ins schwarze Wasser tief tief und es war brennend kalt und es zog mich zum Wehr und ich strampelte mit den Beinen und es war nicht wie im Schwimmbecken im Pyjama, weil das Wasser so stark war, als ob es wütend auf mich wäre.

Dann dachte ich an Leah und das machte mich stärker und ich kam an die Luft und ich sah ihren Hinterkopf ganz nass und funkelnd wie einen Fußball, der näher ans Wehr trieb. Ich fing an zu schwimmen, aber die Kälte ließ meine Arme erstarren und sie taten weh und wurden langsam, aber ich sah, wie Leahs Kopf unter der Wasseroberfläche verschwand, und das ließ mich weitermachen.

LEAH!

LEAH!

Sie drehte sich im Wasser um und sie sah nicht ängstlich aus. Sie sah nach gar nichts aus. Ich dachte, vielleicht ist sie schon tot, aber sie war es nicht und das Wasser versuchte weiter, in meinen Mund einzudringen und in meine Nase und mich nach unten zu ziehen, aber ich schwamm immer weiter, näher zu Leah und näher an das Wehr und an das

Wasser und ich kickte mir im Wasser die Schuhe von den Füßen, weil sie schwer wurden.

Leah war ganz nah an der Stelle, wo das schwarze Wasser auf das weiße Wasser traf, und kaum war sie im weißen Wasser, ging sie unter, also musste ich sie packen.

Ich bekam sie zu fassen und ich sagte STRAMPLE MIT DEN BEINEN, aber es klang eher wie STRAMPLE MIT DEN BEINEN weil das Wehr so laut war.

LEAH LEAH STRAMPLE MIT DEN BEINEN

Und dann versuchte ich, den Anglern Hilfe! zuzurufen, aber sie konnten mich nicht hören, und dann gerieten wir in das weiße Wasser und das würde uns sterben lassen.

IM WEISSEN WASSER

Ihre Augen wissen jetzt, was sie getan hat, und Wasser schwappt in ihren Mund und wird zu einem Husten und sie entgleitet mir und sie geht unter und ich kann sie nicht sehen, aber mein Arm verfolgt sie und erwischt sie und ich ziehe sie hoch und sie ist wieder in der Welt und sie schnappt nach Luft und ich halte ihren Arm am Handgelenk und wir versuchen, vom weißen Wasser wegzuschwimmen und vom Lärm, aber ich schaffe ja nicht einmal einen Liegestütz und ich bin nicht Spiderman und das Wasser zerrt an uns, die ganze Natur zerrt an uns und wir treiben rückwärts in den Schaum und das Wasser schlägt über uns zusammen und wir stürzen auf dem Rücken über das Wehr wie zwei Stück Holz und ich kann nichts sehen und ich kann nichts hören und das Wasser zerrt an Leahs Kleidern von der anderen Seite wie beim Tauziehen und das Wasser gewinnt.

Und das Wasser ist überall, es ist in meinen Augen und in meiner Nase und in meinen Ohren und in meinem Mund und ich bin unter dem Wasserfall gefangen und es regnet Luft und ich suche Leah, aber ich kann sie nicht sehen, und ein Fisch berührt mein Gesicht und fliegt weg und ich schwimme wie ein Frosch auf dem Kopf und das Wasser schubst mich und ich spüre das Flussbett, ich kann seinen Schlamm spüren, der an mir klebt und mich umarmt und mich festhalten will, aber es ist noch Luft in mir, darum steige ich aus dem Schlamm auf und drehe mich und schwimme in der Dunkelheit nach oben und schwimme immer weiter, aber die Welt ist meilenweit entfernt und ich verliere die Luft wie kleine Kiesel aus meinem Mund, ich kann nicht atmen, kann nicht atmen, und der Fluss drückt die Luft aus mir heraus wie Zahnpasta und drückt ganz fest. Wo ist Leah? Wo ist sie? und die Panik packt mich am Hals und ich muss einatmen ich bin kein Fisch keine Kiemen mein Körper ist eine Maschine eine Luftatmungsmaschine ein und aus und ein und aus und sie muss jetzt einatmen muss dringend einatmen irgendetwas irgendetwas auf meiner Schulter irgendetwas eine Hand zieht mich hoch ich kann nicht länger warten ich kann nicht länger warten mein Körper kann nicht einatmen jetzt einatmen atmen

Newarkforelle

komm, begrüße mr. fairview
wenn du die arme und beine vom boden nimmst, hast
du das gefühl, du würdest fliegen

nach vielen jahren im warmen sonnenschein

unter normalen umständen
direkt aus dem fluss trent
wir hätten keine andere wahl, als philip

aus der unbekannten welt zu holen
um in die tiefe zu fahren und im dunkeln zu arbeiten

im namen gottes

im namen

im namen gottes.

IM SCHLAMM

Philip?

Philip, mein Junge.

Philip, kannst du mich hören?

Philip.

Philip?

Philip, mein Junge, mach die Augen auf.

Philip, versuch die Augen zu öffnen.

Philip?

Meine Augen klappen auf und er ist da, die Stimme ist da.

Er versperrt den Himmel. Es ist Onkel Alan und er sieht sehr besorgt aus und er sagt Philip, kannst du mich hören? Wenn du mich hörst, dann sag Ja. Wenn du mich hören kannst, Junge, dann sag Ja.

Ich sage Ja.

Er steht auf, sieben Meilen hoch, und er geht weg und ich drehe den Kopf, der so schwer ist wie die Welt, und ich folge seinem Rücken und ich sehe Leah auf dem Boden im Schlamm liegen wie tot und einen Mann, der Wiederbelebungsversuche an ihrem Mund macht und dann mit seinen Händen auf ihrem Herzen und Onkel Alan redet mit dem Mann und zeigt ins Wasser.

Onkel Alan schreit ICH MUSS IHN RAUSHOLEN.

Und der Mann, dessen Gesicht ich jetzt sehen kann, mit seinem halb geschlossenen Auge, ist Schlafauge Terry und er treibt immer noch Leahs Herz an und er sagt WEN?

DA IST NOCH JEMAND IM WASSER.

Terry blickt zum Wasser DA IST NIEMAND.

DA.

DA IST NIEMAND.

ICH MUSS IHN RAUSHOLEN.

GOTTVERDAMMT DA IST NIEMAND.

Mein verschwommener Blick folgt Onkel Alan zum Fluss und er ist im Fluss und er krault und er versucht, in gerader Linie zu schwimmen, aber das Wehr drückt ihn nach links und Terry quetscht Leahs Rippen und schreit ALAN! ALAN! ALAAAAAN!!!

Ich versuche zu sehen, wo Onkel Alan schwimmt, und da ist niemand im Wasser, außer wenn ich meine Augen schließe, dann sehe ich den Hinterkopf eines Mannes.

Ich glaube, es ist Dads Kopf, und er planscht wie im Swimmingpool auf Rhodos und Onkel Alan kommt immer näher, aber Dad oder Dads Geist oder der Mann, der wie Dad aussieht, treibt immer weiter weg und als ich meine Augen wieder öffne, schwimmt da nur Onkel Alan ins Nichts.

ALAAAAAN!!!!

Ich versuche, meinen Kopf zu bewegen, aber er ist noch zu schwer.

Ich bin überhaupt viel zu schwer. Es fühlt sich nicht an, als hätte ich einen Körper, es ist, als sei ich das Flussbett und der Schlamm und ich bin seit 2000 Millionen Jahren der Schlamm und ich kann alles sehen, ich kann Terry und Leah am Flussufer sehen und Terry, der ein Johanniter-Rettungssanitäter ist, drückt ihre Nase zu und pustet in ihren Mund und er hört auf zu pusten und hält sein Ohr an ihren Mund und sieht, wie Alan untergeht.

ALAAAAAN!!!!!

Leah wacht von den Toten auf und hustet.

Terry sagt Es geht dir gut, Kleines, es geht dir gut.

Der Johanniter hält ihren Kopf hoch und der Fluss strömt aus ihrem Mund und läuft ihr Kinn hinunter und er legt ihren Kopf in den Morast und dreht sie auf die Seite zu mir, aber ihre Augen schlafen noch.

Er steht auf und er rennt zum Ufer und er ratscht den Reißverschluss seiner Trainingsjacke auf und er taucht ein und nimmt die weiße Spur auf, die Onkel Alan im Wasser hinterlassen hat.

Ich versuche, den Kopf anzuheben. Ich versuche, aufzustehen. Ich bin zu müde. Ich bin todmüde.

Ich sehe Leah mit Matsch auf einer Gesichtshälfte, sie sieht immer noch tot aus und ich glaube, ich bin auch tot.

Wir sind die Toten, die nicht ordentlich begraben wurden, und wir liegen am Flussufer und wir werden hier liegen bleiben, weil der Fährmann uns nicht in die Unterwelt bringen will.

Und dann sehe ich sie.

Sie stehen da wie die Furien. Es sind Ray Goodwin und der Viktorianer und Mr. Fairview und alle toten Väter. Sie schauen mich alle an, abgesehen von Mr. Fairview, der Leah ansieht. Und dann sieht mich Ray Goodwin in seinem karierten Hemd und seiner Brille mit den Schrecken in seinem Gesicht an und er sagt Die Toten ruhen nie, Philip, und seine Stimme lässt mich tiefer in den Morast und in den Schlaf sinken.

MENSCHEN, DIE VORBEIKOMMEN UND AUF DEM STUHL SITZEN

Die Erste ist Mum, die ihre Lippen fest zusammenpresst, als ob die ganze Welt versucht, aus ihrem Mund herauszukommen.

Ich versuche, mit ihr zu reden und ihr zu sagen, dass es mir gut geht, ehrlich, und dass ich nur eine Weile nicht in meinem Körper drin war, aber sie kann mich nicht hören.

Und dann kommt Leah in einem Krankenhaushemd und einem Morgenmantel und sie nennt mich Dummkopf mit krächzender Stimme, weil ich ihr nachgesprungen bin, und ich bin froh, dass sie die Wahrheit nicht kennt, und dann ist da Mrs. Fell, die Ewigkeiten bleibt, und dann ist da Kaiser Nero und sein blutender Hals und er spielt auf seiner Leier und singt komische Lieder und dann ist der Stuhl leer.

Es ist niemand da und das Krankenhaus ist dunkel und die Nachtschwester kommt vorbei und der Klang ihrer Schuhe auf dem Boden schallt durch das Universum und ich fühle mich nicht in meinem Körper, ich fühle mich in allem und jeder ist in allem, das weiß nur niemand, aber jeder ist in allem, weil es verschiedene Ebenen des Lebens gibt.

Es gibt die oberste Ebene, das ist die Ebene, die man die ganze Zeit sieht, und das ist die Ebene der Lügen und des ganzen Geredes.

Dann gibt es die zweite Ebene, das ist die Ebene der Stille und der Blicke mit Augen, die ehrlich sind, und der Tränen, die von Umarmungen herausgequetscht werden, und das ist die Ebene der Liebe.

Dann gibt es die dritte Ebene, das sind die Teile vom Gehirn, die einem Angst einjagen, wenn die Schatten die Wand hochkriechen und wenn man sein Gesicht im Spiegel ansieht, dann ist es nicht das eigene Gesicht und das ist die Ebene der Albträume.

Dann gibt es die vierte Ebene, das sind die Teile von einem, die man nur sieht, wenn man sie sehen muss, wenn man beispielsweise auf einer Brücke steht und sich entscheidet zu springen, und das ist die Ebene der Tiere.

Und dann gibt es die unterste Ebene, das ist die Ebene, die dem Totsein am nächsten ist, und das sind die Teile von einem, die nicht im Körper oder im Gehirn sind. Das sind die Teile von einem, die in allem sind. In den Wolken und im Morast und man kann durch die ganze Welt ziehen und das ganze Universum, auch wenn der Körper in einem Krankenhausbett liegt, und das ist die Ebene, die keinen Namen hat, weil Worte nicht so tief hinunterreichen. Die Worte versuchen es, aber sie können diese Ebene nicht erreichen, wenn man jedoch höher steigt, dann hört man die Worte, die wie ein Seil herabfallen, und man versucht, das Seil zu packen und sich durch die Ebenen wieder nach oben zu hangeln.

Philip?
Philip?
Philip?
Philip?
Philip?
Philip, kannst du mich hören?
Philip?

Philip?
Philip?
Philip, mein Schatz, kannst du mich hören?
Philip?
Philip?
Philip?
Philip?
Philip, mein Liebling?
Philip?
Philip?
Ich bin's, Liebling.
Philip?
Philip?

ALS ICH DAS ERSTE MAL AUFWACHTE

Der Schlaf klammert sich an meine Augen wie feuchte Kleidung und versucht, mich in Dunkelheit versinken zu lassen.

Sie hält meine Hand und sie sagt Philip.

Sie sagt Philip, kannst du mich hören?

Sie sagt Philip, mein Herzblatt, kannst du mich hören?

Ich rufe ein Ja, aber es kommt nur als Flüstern heraus.

Sie sagt Philip, es geht dir gut. Du bist im Krankenhaus, aber es geht dir gut.

Sie lächelt und das Lächeln presst Tränen aus ihren Augen und sie laufen ihr Gesicht hinunter, als sei es ein Wettrennen zum Kinn.

Sie sagt Ich liebe dich und sie drückt meine Hand und streichelt sie.

Ich sage Leah.

Sie sagt Was, mein Herzblatt?

Ich sage Geht es Leah gut?

Sie sagt Oh. Ja. Ja. Sie hat vor zwei Stunden das Krankenhaus verlassen. Es geht ihr gut. Sie ist mit ihrem Bruder gegangen. Sie meinte, sie fährt nach Neuseeland.

Ich sage Onkel Alan.

Sie sagt Was?

Ich sage Geht es ihm gut?

Sie nickt und sagt Versuch jetzt zu schlafen, mein Liebling. Die Ärzte sagen, du brauchst viel Schlaf.

Ich sage Ist er?

Sie sagt Versuch zu schlafen.

Philip?
Philip, sag was.
Philip?
Philip, bist du da?
Philip?
Philip, bitte.
Philip, rede mit mir.
Philip?
Philip, ich weiß, dass du mich hören kannst.
Philip?
Philip?
Philip?

ALS ICH DAS ZWEITE MAL AUFWACHTE

Zwei Krankenschwestern kamen vorbei und ich sah sie an, wie sie so unbeschwert vorbeigingen, und ich dachte, es muss komisch sein, eine Krankenschwester zu sein und froh zu sein, dass man die ganze Zeit gesund herumlaufen kann und keine Schmerzen hat. Aber vielleicht wird man dann auch traurig, weil man weiß, wie das Leben endet.

Mum rieb meine Hand und sagte Die Ärzte meinen, du darfst morgen nach Hause.

Ich blickte auf den leeren Stuhl neben ihr und sagte Wo ist Onkel Alan?

Mum sagte Er ist noch hier. Er liegt in einem anderen Teil des Krankenhauses.

Sie stülpte die Lippen in den Mund und schloss die Augen und das machte mir Angst und ich sagte Ist er tot?

Sie sagte Nein, ganz schnell, als ob das Wort *tot,* wenn es erst einmal in der Luft hing, Wirklichkeit werden könnte.

Sie sagte Die Ärzte meinen, er hält sich ganz gut. Er ist nur noch nicht wieder aufgewacht, das ist alles.

Ich sagte Es ist schon zwei Tage her.

Sie sagte Ich weiß, Philip, ich weiß. Aber alles wird wieder gut. Er wird wieder gesund.

Ich fand nicht, dass jemals wieder alles gut sein würde, aber ich sagte Ich weiß, er wird wieder gesund.

Dann langte Mum in ihre Morrisons-Tüte, in der kleine Orangen waren, und sie zog den *Newark Advertiser* heraus und sagte Man hat sie gefunden.

Ich sagte Was?

Sie sagte Hier und gab mir die Zeitung.

Ich sah die Titelseite und in großen Buchstaben stand da **Pub-Bande verhaftet.** Es gab Fotos von drei Männern, die ich noch nie zuvor gesehen hatte, und ich las den Artikel und er lautete

> **PUB-WIRTE** in ganz Newark und dem Großraum Sherwood werden heute Nacht sehr viel ruhiger schlafen, da die drei Männer, die für kriminelle Übergriffe und Diebstähle in diversen örtlichen Pubs verantwortlich sind, endlich festgenommen werden konnten. Die Männer wurden von einer schnellen Zugriffstruppe der Polizei überwältigt, als sie in Turk's Head Pub in Balderton einbrachen. Sie haben bereits ähnliche Einbrüche im Robin Hood in Collingham und im *Castle and Falcon* in Newark gestanden.

Ich sah mir die Fotos noch einmal an und die Männer waren nicht Onkel Alan und nicht Schlafauge Terry.

Und nachdem Mum gegangen war und die kleinen Orangen zurückgelassen hatte, dachte ich über was anderes nach, wie das Aquarium und wie Schlafauge Terry meinen Hals losgelassen hatte. Und alles, was Dads Geist zu mir gesagt hatte, tauchte in meinem Kopf wieder auf und ich dachte Was stimmt und was stimmt nicht? Ich versuchte, an das zu denken, was ich definitiv wusste, und es waren nur sechs Dinge, die ich definitiv wusste, und das waren

Dad ist auf der Brücke bei Kelham gestorben

Drei Männer haben den Pub zertrümmert

Meine Fische sind geschmolzen

Mr. Fairview ist im Werkstattfeuer gestorben

Onkel Alan hat mein Leben gerettet

Ich und Onkel Alan und Schlafauge Terry haben Leahs Leben gerettet.

Und ich dachte über die geschmolzenen Fische nach. Ich dachte, dass es womöglich doch nicht Onkel Alan gewesen war. Vielleicht war es wirklich ein Unfall gewesen. Vielleicht hatte Mum den Schalter berührt, als sie Staub wischte, und ich hatte ihm die Schuld gegeben, wie Kaiser Nero den Christen die Schuld gegeben hatte und die Römer Nero die Schuld gegeben hatten, und ich blickte mich um und sah all die kranken Menschen in den Betten an.

Ich dachte an Ross und Gary und die Turnschuhe und vielleicht hatte Onkel Alan sie aus einem anderen Grund für sie gekauft, einen, den ich nicht kannte.

Mrs. Fell kam mich besuchen, als Mum Onkel Alan besuchte.

Sie legte ihren Kopf noch schräger als sonst und sagte Wie FÜHLST du dich heute, Philip?

Ich sagte Mir geht's ganz gut. Aber wenn ich schlucke, kann ich immer noch den Fluss in meinem Mund schmecken.

Mrs. Fell sagte Igitt.

Dann wurde eine Weile nicht geredet und ich hörte ein Flugzeug über das Krankenhaus hinwegfliegen und in meinem Kopf sah ich Leah und Dane im Flugzeug und es flog nach Neuseeland zum Haus ihrer Tante am Meer.

Mrs. Fell sagte Dein Onkel ist ein sehr tapferer Mann, nicht wahr, Philip?

Ich lächelte ein Ja, aber sagen konnte ich es nicht.

Sie sagte Er ist wirklich ein Held. Ganz wie sein Neffe.

Ich sagte Keine Ahnung.

Sie sah mich lange an und las in meinem Gesicht, als stünde da eine traurige Geschichte.

Ich dachte, dass ich sie jetzt alles fragen könnte, und sie würde es mir sagen, also sagte ich Denken Sie noch manchmal an Ihren Dad?

Ihr Gesicht sah plötzlich so aus, als wäre kaltes Wasser darauf gelandet, und sie sagte Natürlich, Philip. Ich denke jeden Tag an ihn.

Sie lachte Luft aus ihrer Nase, aber auf traurige Weise, und sie sagte Jedes Mal, wenn ich durchs Schultor gehe.

Ich fragte Warum?

Sie holte tief Luft und ihr Busen wurde riesig und sie sagte Er wollte immer, dass ich Lehrerin werde, Philip. Ich wollte Schauspielerin werden, aber die Idee gefiel ihm nicht besonders.

Ich sagte Haben Sie es mit dem Schauspielen versucht?

Sie sagte Ich ging auf die Schauspielschule. Aber mit 19 ging ich dann wieder ab.

Ich fragte Warum?

Sie lächelte, aber ihr Gesicht sah noch trauriger aus, und sie sagte Damals ist er gestorben. Ich war im ersten Jahr und ich bekam einen Anruf von Mum. Sie sagte mir, er hätte einen Herzinfarkt gehabt.

Mein Kopf wurde ganz komisch. Ich hatte gedacht, sie würde sagen, dass Ray Goodwin von einem Bergarbeiter erstochen oder von einem Gangster erschossen worden war, aber sie sagte Herzinfarkt.

Ich sagte Was?

Sie sagte Er hatte einen Herzinfarkt, Philip. Er hatte viele Probleme. Und ich fühlte mich mies. Ich hatte Schuldgefühle, weil er sich wegen mir Sorgen hatte machen müssen. Also ging ich von der Schauspielschule ab und machte schließlich eine Ausbildung zur Lehrerin. Meine Mum meinte, ich solle doch weiter auf die Schauspielschule gehen, aber sie war selbst sehr krank, also kehrte ich nach Hause zurück und kümmerte mich um sie und besuchte die Pädagogische Hochschule in der Nähe von Ollerton.

Ich begriff nicht und sagte Aber ich dachte, er wäre

Und ich hätte es beinahe gesagt, ich hätte beinahe gesagt ERMORDET WORDEN, aber ich tat es nicht, weil ich wusste, dann würde sie mich hassen, und ich wusste, dass ein Herzinfarkt kein Mord war, darum musste ich auch gar nicht fragen.

Mrs. Fell sagte Die Sache ist die, Philip, es kommt ein Zeitpunkt, da muss man die Toten ruhen lassen, Philip. Man muss stattdessen sein Vertrauen in die Lebenden setzen. Du kannst nicht auf ewig für deinen Dad leben, Philip. Als mein Dad starb, glaubte ich, es sei meine Schuld gewesen. Aber mittlerweile glaube ich das nicht mehr. Man kann alles glauben, was man glauben will. Das ist meine Meinung.

Ich sagte Wie Nero glaubte, dass die Christen das Feuer gelegt hätten.

Sie sagte Ja, so in etwa.

Ich sah Mrs. Fell an und sie nickte mit dem Kopf, als ob sie eine Frage beantwortete, und dann sagte sie Ich habe der Klasse ein Bild von ihm gezeigt. Erinnerst du dich?

Ich sagte Nein.

Sie steckte eine Locke hinter ihr Ohr und sagte Als wir die Unterrichtsstunde über Familienstammbäume hatten.

Und in diesem Moment wusste ich, wie ich zum ersten Mal von Ray Goodwin erfahren hatte. Nämlich nicht von Dads Geist, sondern im Unterricht über Familienstammbäume am Tag bevor Dad starb, als Mrs. Fell uns erzählt hatte, dass ihr Dad ein Bergarbeiter gewesen war.

Ich konnte jetzt glauben, was ich glauben wollte, darum glaubte ich nicht länger an den Club der toten Väter und ich glaubte nicht mehr an Geister, die auf ewig Schmerzen erleiden, wenn man ihnen nicht hilft.

Mrs. Fell sagte Aber vermutlich war es so am besten. Wenn ich keine Lehrerin geworden wäre, dann hätte ich niemals Jonathan getroffen.

Sie zeigte auf die Ringe an ihrem Ringfinger und ich dachte an den Mann im Rollstuhl, mit dem ich sie zusammen gesehen hatte und der krank war.

Mrs. Fell sagte mit Traurigkeit in ihren Augen und Glück in ihrem Lächeln Dabei fällt mir ein, ich muss jetzt los.

Sie tätschelte meine Hand und stand auf und sagte Vertrau den Lebenden, Philip. Vertrau den Lebenden. Das habe ich für mich gelernt.

Und ich sagte Ja.

Philip?
Philip, warum kannst du mich nicht hören?
Warum kannst du mich nicht sehen?
Ich bin hier, Philip.
Ich bin direkt hier vor dir.
Philip, schau.
Bitte, Philip.
Philip?
Philip?
Philip?
Ich bin gefangen, Philip.
Ich bin an diesem Ort gefangen.
Du musst mir helfen.
Du musst mich herauslassen.

DER VOGEL VOR DEM FENSTER

Mum goss das schwarze Wasser aus und machte eine Pfütze auf dem Gras.

Das Wasser hatte Bläschen, die aufplatzten, und die Pfütze wurde kleiner und kleiner, weil das Gras sie trank.

Mum stellte die scheppernde Metallvase wieder neben das Grab und goss neues Wasser aus der Pepsiflasche hinein und dann setzte sie den Metalldeckel mit den Löchern auf die Vase. Sie schnitt die Enden der Blumen ab und steckte sie durch die Löcher und sie gab mir auch einige und ich steckte die grünen Stiele in die Löcher und die Blumen neigten die Köpfe in ihren Kapuzen. Ich versuchte, sie zum Himmel aufzurichten, aber sie ließen die Köpfe immer wieder sinken, als seien sie auf einer Blumenbeerdigung.

Sie sagte Lass es, Philip. Die sind schon in Ordnung.

Ich sagte Aber sie sehen besser aus, wenn sie nach oben zeigen.

Sie sagte Sie müssen aber so aussehen.

Ich sagte Oh.

Sie stand vor dem Grab und sagte zum Grab Alles Gute zum Geburtstag.

Und ich sagte es auch Alles Gute zum Geburtstag.

Mum sah Dad an, der vom Gras zugedeckt war, als ob er unter einer Bettdecke schliefe, und ich stand neben ihr und sie strich mir über den Rücken.

Es war fast dunkel und wir sahen uns Dads Grab noch

eine Weile an und ließen den Wind mit unseren Mänteln und den Bäumen spielen.

Mum sagte Wir gehen jetzt besser, Philip.

Ich sagte Ja.

Sie sagte Es ist bald Zeit, Alan zu besuchen.

Ich sagte Ist gut und dann sagte ich Tschüss zu Dad.

Und wir gingen auf dem Weg zurück und da waren zwei Männer, die ein Loch für einen Sarg gruben, und wir gingen zurück zum Wagen und Mum schaltete die Heizung ein und wir fuhren vom Parkplatz und ließen Dad unter dem Gras zurück und ich sah in Mums Gesicht. Es machte sich Sorgen um Onkel Alan, und unter der Weihnachtsbeleuchtung vom Weihnachtsmann und den Schneemännern und Rudolph und dem Nordstern und den Engeln veränderte es seine Farbe, und wir kamen an dem großen Weihnachtsbaum neben der Schlossmauer vorbei und der war mit kleinen weißen Lichtern geschmückt.

Dann kamen wir zum Krankenhaus und Mum parkte und machte den Motor aus. Sie holte tief Luft und öffnete die Tür und wir stiegen aus und gingen los.

Ich sagte Mum, hast du den Wagen abgeschlossen?

Sie ging zurück zum Auto und schloss ab und sie sagte Ich weiß nicht, wo mir der Kopf steht, ganz ehrlich, ich weiß es nicht.

Wir gingen ins Krankenhaus und kamen an einer alten Frau vorbei, die gelb war wie ein Simpson, und sie wurde auf einem Bett auf Rollen gezogen. Ich folgte Mum all die weißen Flure entlang, links und rechts und links, und dann fuhren wir in einem Aufzug. Ein kleines Mädchen weinte in den Bauch seines Dads und sein Dad streichelte seinen Hinterkopf und ein Mann in Grün kratzte sich über das Gesicht, als seien seine Finger Streichhölzer, die nicht angehen wollten.

Der grüne Mann sagte Welches Stockwerk?

Mum sagte Drei.

Der grüne Mann drückte auf die Drei und wir fuhren mit dem weinenden kleinen Mädchen nach oben und die Türen öffneten sich mit einem Dingeling. Wir stiegen aus und da saß eine Frau hinter einer Theke und Mum sagte Hallo.

Die Frau wusste, wer sie war, weil sie sagte Setzen Sie sich doch bitte, Mrs. Noble, ich frage kurz bei der Schwester nach, ob Sie gleich durchgehen können.

Wir setzten uns auf Plastikstühle und warteten unter der Tick-tack-Uhr und rochen die Gerüche des Krankenhauses. Sauberkeitsgerüche und Schulkorridorgerüche und die Gerüche der Familie, die auf den anderen Stühlen wartete. Die Familie redete nicht und meine Mum redete nicht und ich redete nicht und die Krankenschwestern, die Sachen auf Klemmbretter schrieben, redeten nicht und die Ärzte, die durch die Schwingtüren traten, redeten nicht. Es war, als ob die stummen Körper auf den Betten in den kleinen Räumen rund herum eine ansteckende Schweige-Krankheit hätten.

Ich betrachtete das Lametta hinter der Frau an der Theke und es war golden und Teile davon fielen herunter und es gab noch ein funkelndes goldenes Schild, das sagte FRÖHLICHE WEIHNACHTEN, aber das NACHTEN hing herunter, darum stand da nur FRÖHLICHE WEIH

Ich dachte, dass Mrs. Fell recht hatte. Man kann wählen. Man kann auf Geister hören oder man kann nicht auf Geister hören und man kann denken, was man will, es liegt ganz bei einem selbst, denn es gibt nur zwei Dinge, die in hundert von hundert Fällen stimmen, und das ist, dass man lebt und dass man stirbt, und alles andere ist nicht richtig oder falsch, sondern eine Mischung. Es ist beides. Und keins von beidem.

Und jetzt redete Mum.

Sie sagte Ich frage mich, warum die so lange brauchen. Normalerweise kann ich einfach durchgehen.

Da war ein Fenster und ein kleiner Umriss draußen vor dem Fenster und dieser kleine Umriss war ein Vogel, der nichts tat als stillstehen.

Eine Krankenschwester kam und sagte Warten Sie auf Zimmer sechs?

Mum sagte Ja.

Die Krankenschwester sagte Sie können jetzt beide hineingehen. Folgen Sie mir bitte.

Wir folgten ihr einen Flur entlang und die Krankenschwester sagte Hallo zu einer Frau im Kostüm, die vorbeikam.

Und dann sah ich ihn in der Glasscheibe, die ein Rechteck in der Wand war. Durch das Glas sah es aus, als sei er in einem Aquarium und er lag auf einem Bett mit einer grünen Decke um seinen riesigen Bauch und die Krankenschwester deutete auf die Tür und Mum ging durch die Tür und ich ging durch die Tür.

Er sah ganz normal aus, als würde er schlafen, aber es standen Maschinen neben ihm und Drähte kamen aus ihm heraus, als ob er eine Maschine wäre, und er hatte einen weißen Clip am Finger und es gab einen Bildschirm, der bei jedem Herzschlag elektrisch ausschlug, piep piep piep.

Mum sah Onkel Alan an und ihr Atem zitterte und sie setzte sich auf einen Stuhl neben dem Bett und ich setzte mich auf einen Stuhl daneben und ich sah unter die Maske auf Onkel Alans Mund, der offen stand, als ob er darauf wartete, dass jemand eine Münze auf seine Zunge legte, um den Mann auf der Fähre zu bezahlen, damit er ihn über den Fluss Styx brachte.

Mum redete mit ihm, als ob er sie hören könnte.

Sie sagte Ich glaube, du hattest recht, was den Weihnachtsbaum angeht. Er wird sich hübsch machen in der Ecke neben den Automaten. Wir können nach North Muskham fahren und einen Baum aussuchen. Philip wird uns helfen, nicht wahr, Philip?

Ich sagte Ja.

Mum sagte Carla und Nooks haben geholfen, die ganzen anderen Dekorationen aufzuhängen. Es sieht ganz reizend aus, nicht wahr, Philip?

Ich sagte Ja.

Mum beugte sich vor, eine Hand am Kinn, und eine Hand auf dem Knie, als ob sie die Zahl 4 wäre.

Onkel Alan tat nichts. Er hielt einfach die Augen geschlossen und den Mund offen, ohne Münze, und der Bildschirm machte weiter piep piep piep piep.

Es klopfte an die Tür und die Tür ging auf und ein Mann in einem langen weißen Kittel und mit einem langen weißen Gesicht stand da. Ich merkte, dass Mum wusste, wer er war, und er sagte Mrs. Noble, wenn Sie fünf Minuten erübrigen könnten, ich möchte kurz mit Ihnen reden.

Mum ging hinaus und ich blieb sitzen. Sie schloss die Tür nicht ganz und einige der Doktorworte waren schmal und quetschten sich durch den Türspalt.

ernst

Wasser

Lungen

hoch

Bläschen

Ohr

Gehirn

Schwellung

Risiko
Schaden
Herz
Überleben
60
Prozent
Wahl
Entscheidung
Atmung
Atmung
Atmung
Mrs. Noble

Der Arzt redete immer weiter und Mum schwieg immer weiter und ich setzte mich auf Mums Stuhl und er war noch warm von ihrem Hintern. Ich sah zu Onkel Alan und ich sah auf seine große Hand an seiner Seite und den Draht, der in sein Handgelenk führte. Ich berührte seine Hand mit meinen Fingerspitzen und sie war real und sie war warm und ich wusste nicht, ob das die Hand war, die Dads Auto manipuliert hatte, aber es war die Hand, die Leah gerettet hatte und die mich gerettet hatte und die vielleicht Mum gerettet hatte, und es war kein Dreck auf der Hand. Kein Öl von Motoren. Alles war vom Fluss abgewaschen worden.

Der Arzt schloss die Tür und die Worte hörten auf, sich durch die Tür zu quetschen.

Ich sagte Onkel Alan.

Onkel Alan sagte piep piep piep piep.

Ich sagte Das mit der PlayStation tut mir leid.

Onkel Alan sagte piep piep piep piep.

Ich sagte Und alles andere.

Onkel Alan sagte piep piep piep piep.

Ich hielt seine Hand und beobachtete den Schlauch, der in seinen Mund führte, und den Schlauch, der in sein Blut führte.

Ich sagte Du darfst nicht sterben, Onkel Alan. Du musst leben. Wenn du lebst, dann mache ich alles wieder gut. Es wird super werden und wir können wie eine Familie sein und so und wir können ein schönes Weihnachtsfest feiern.

Dads Geist in meinem Kopf sagte Noch zwei Minuten, Philip. Noch zwei Minuten, um die Schrecken zu beenden.

Ich sagte Geh weg.

Dads Geist sagte Du bist ein Dummkopf, Philip, du bist ein Dummkopf.

Ich sagte Geh weg.

Dads Geist sagte Ich muss ruhen. Ich kann nicht auf ewig im Schmerz bleiben.

Ich sagte Geh weg!

Und ich sah, wie Onkel Alans Augen flackerten und sich wie Dinosauriereier bewegten, wenn die Babydinosaurier schlüpfen wollen, und ich dachte, er würde aufwachen, aber er wachte nicht auf. Seine Hand zuckte, darum drückte ich sie nach unten, und dann kam Dads Geist aus meinem Gehirn und fuhr in die Maschine und durch die Drähte wie eine Luftblase, als ob er die Spielregeln ändern wollte, und der Bildschirm machte piep piep piep piep piiiiiiiiiiiiiiiiiiiiiiii und die Ausschläge wurden flach und ich sagte Mum!

Und Mum und der lange weiße Arzt kamen herein und der Arzt sah auf den Bildschirm und dann rief er durch die offene Tür in schneller Krankenhaussprache, dass jemand kommen sollte.

Und Mum sagte Was ist denn los? Was ist los? Was ist denn?

Der Arzt ging zu den Maschinen und dann kamen andere

Leute herein und der Arzt sagte Mrs. Noble, warten Sie draußen, warten Sie beide draußen.

piiiiiiiiiiiiiiiiiiiiiiiiiiiiiiiiiiiiiiiiiiiiiiiiiiiiiiiiiiiiiiiiiiiii

Ich und Mum gingen hinaus und Mum ging hin und her und hin und her und wir konnten ihn durch die Aquariumglasscheibe sehen und sie legten ihm diese Metalldinger auf, um ihn wie einen Motor starten zu lassen, und Mum sagte Oh, Gott, oh, bitte Gott, oh, Gott, oh, bitte, oh, bitte, oh, Gott. Und Gott sagte nichts.

Ich sagte Mum.

Mum sagte Oh, Gott, oh, bitte.

Ich sagte Mum.

Mum sagte Oh oh oh.

Ich sagte Mum, lass uns hinsetzen, komm schon, Mum.

Ich hielt ihre Hand, die kalt war, und wir gingen zu den Stühlen. Es war niemand dort, außer dem Vogel draußen vor dem Fenster, und wir setzten uns und Mums rosa Nägel gruben sich in meine Haut. Ich sagte ein Gebet in meinem Kopf und dann nach dem Gebet wünschte ich, ich wäre ein Römer, weil ich dann mehr Götter hätte und die Römer konnten so lange Gebete sagen, bis sie einen Gott fanden, der helfen konnte.

Der Vogel drehte ruckartig seinen Kopf wie ein Dinosaurier und ich glaube, er sieht mich mit seinen Augen, die nicht blinzeln, an und er fliegt davon in den Himmel, aber es ist zu dunkel, um was zu sehen, und die Nägel graben sich immer tiefer und ich tue nichts, ich atme nur ein und aus und ein und aus.